Studienwissen kompakt

Lehrbücher der Reihe „Studienwissen kompakt" bieten in kurzen prüfungsrelevanten Lerneinheiten einen Überblick und Einstieg in ein Fach bzw. in eine Teildisziplin und vermitteln Orientierungswissen. Alle Themen werden didaktisch gut strukturiert aufbereitet. Abschließende Lernkontrollen, Transferaufgaben und Empfehlungen zum Weiterlesen und –lernen wirken sich nachhaltig auf den Lernerfolg aus. Als Lernhilfen sowohl zur gezielten Klausurvorbereitung als auch für ein begleitendes Selbststudium geeignet!

Weitere Bände in der Reihe ► http://www.springer.com/series/13388

Thomas Egner

Internationale Steuerlehre

2., vollständig überarbeitete Auflage

Thomas Egner
Otto-Friedrich-Universiät Bamberg
Bamberg, Bayern, Deutschland

ISSN 2363-9539　　　　　ISSN 2363-9547　(electronic)
Studienwissen kompakt
ISBN 978-3-658-25323-3　　　ISBN 978-3-658-25324-0　(eBook)
https://doi.org/10.1007/978-3-658-25324-0

Die Deutsche Nationalbibliothek verzeichnet diese Publikation in der Deutschen Nationalbibliografie; detaillierte bibliografische Daten sind im Internet über http://dnb.d-nb.de abrufbar.

Springer Gabler
© Springer Fachmedien Wiesbaden GmbH, ein Teil von Springer Nature 2015, 2019
Das Werk einschließlich aller seiner Teile ist urheberrechtlich geschützt. Jede Verwertung, die nicht ausdrücklich vom Urheberrechtsgesetz zugelassen ist, bedarf der vorherigen Zustimmung des Verlags. Das gilt insbesondere für Vervielfältigungen, Bearbeitungen, Übersetzungen, Mikroverfilmungen und die Einspeicherung und Verarbeitung in elektronischen Systemen.
Die Wiedergabe von allgemein beschreibenden Bezeichnungen, Marken, Unternehmensnamen etc. in diesem Werk bedeutet nicht, dass diese frei durch jedermann benutzt werden dürfen. Die Berechtigung zur Benutzung unterliegt, auch ohne gesonderten Hinweis hierzu, den Regeln des Markenrechts. Die Rechte des jeweiligen Zeicheninhabers sind zu beachten.
Der Verlag, die Autoren und die Herausgeber gehen davon aus, dass die Angaben und Informationen in diesem Werk zum Zeitpunkt der Veröffentlichung vollständig und korrekt sind. Weder der Verlag, noch die Autoren oder die Herausgeber übernehmen, ausdrücklich oder implizit, Gewähr für den Inhalt des Werkes, etwaige Fehler oder Äußerungen. Der Verlag bleibt im Hinblick auf geografische Zuordnungen und Gebietsbezeichnungen in veröffentlichten Karten und Institutionsadressen neutral.

Springer Gabler ist ein Imprint der eingetragenen Gesellschaft Springer Fachmedien Wiesbaden GmbH und ist ein Teil von Springer Nature
Die Anschrift der Gesellschaft ist: Abraham-Lincoln-Str. 46, 65189 Wiesbaden, Germany

Vorwort

■■ **Rahmenbedingungen**

Aus dem nationalen Kontext ist bekannt, dass jedes wirtschaftliche Tun, sei es erwerbs- oder konsumbezogen, steuerliche Folgen auslöst. Bei grenzüberschreitenden Handlungen sind die steuerlichen Folgen dementsprechend größer, da die Steuergesetzgebung zweier Staaten zu beachten ist. Diese Steuerrisiken sind auch nicht neu, da die Besteuerung des grenzüberschreitenden Handels in Form von Zöllen eine der ersten Formen der Besteuerung und damit des Internationalen Steuerrechts darstellte.

Durch die Globalisierung der Wirtschaft entstehen fast zwangsläufig regelmäßig steuerrelevante Kontakte der Steuerpflichtigen ins Ausland. Darunter fällt bereits das Downloaden einer Datei gegen Entgelt von einem ausländischen Server mit der Frage nach dem anzuwendenden Umsatzsteuersatz. Das globale Denken führt dazu, dass nicht nur Einkommensquellen weltweit verlagert werden, sondern dass die Steuerpolitik neben Aspekten der Infrastruktur, des Arbeitsplatzangebots oder des Sozialen Klimas einen Standortfaktor für die Wahl des Wohn- und Unternehmenssitzes darstellt.

Betroffen ist nicht mehr nur ein kleiner Kreis von „Exoten" sondern eine Vielzahl von Steuerpflichtigen: Studenten mit Auslandspraktikum, ins Ausland entsandte Mitarbeiter, Kapitalanlagen im Ausland oder grenzüberschreitende Erbfälle sind inzwischen alltägliche Sachverhalte, die steuerliche Folgen in mehreren Ländern auslösen.

Noch größere Bedeutung erlangt die Besteuerung grenzüberschreitender Handlungen bei Unternehmen: Warenlieferungen, Dienstleistungen, Dividenden und Zinszahlungen über die Grenze gelten als normale Geschäftsvorfälle. Besonders betroffen sind Konzerne, da ein großer Teil des ständig wachsenden Welthandels konzernintern erfolgt. Den globalen Konzernstrukturen stehen dabei eine Vielzahl nationaler Steuersysteme gegenüber, die es zu beachten gilt. Nicht wenige Unternehmen haben sich in diesem internationalen „Steuerchaos" bereits verfangen.

Für Unternehmen und Bürger bergen diese grenzüberschreitenden Transaktionen die Gefahr der Doppelbesteuerung. Aus Sicht der Finanzverwaltung drohen demgegenüber Steuerrisiken durch Gestaltungen, mit denen Steuersubstrat in niedrig besteuernde Länder (Steueroasen) verlagert werden soll. Vor allem während der Finanzkrise haben derartige Gestaltungen in der Öffentlichkeit Empörung hervorgerufen und sogar das Konsumverhalten beeinflusst.

Dies zeigt, wie wichtig es ist, sich bei grenzüberschreitenden Transaktionen Gedanken über die steuerlichen Folgen zu machen. Die internationale Steuerlehre beschäftigt sich mit allen steuerlichen Fragestellungen, die sich aus grenzüberschreitenden Handlungen ergeben, sodass zwei oder mehrere Staaten einen Steuerzugriff ausüben können. Gegenstand der Betrachtung sind neben dem jeweiligen nationalen Steuerrecht auch bi- oder multilaterale Vereinbarungen zwischen den beteiligten Ländern, die geschlossen werden, um eine Benachteiligung grenzüberschreitender Handlungen zu verhindern. Gerade innerhalb der Europäischen Union mit der Zielsetzung eines einheitlichen Binnenmarkts führt dies zu erheblichen Einflüssen auf die nationale Steuergesetzgebung.

Steuerliche Überlegungen sind in zwei Richtungen relevant: Zum einen sind im Inland ansässige Bürger und Unternehmen betroffen, die im Ausland steuerrelevante Handlungen vollziehen, sogenannte Outbound-Sachverhalte. Dem stehen zum anderen Inbound-Sachverhalte gegenüber, wenn Steuerausländer im Inland aktiv werden.

Vor diesem Hintergrund ist eine aktive internationale Steuerplanung von Bedeutung, um eine Mehrfachbelastung desselben Sachverhalts zu vermeiden. Im Rahmen der Steuerplanung ist neben dem materiellen Steuerrecht auch die Höhe der Steuerbelastung relevant. Verschiedene Studien zeigen (siehe ◘ Tab. 1), dass dabei nicht nur die Tarifhöhe und die Bemessungsgrundlage ausschlaggebend sind, sondern auch formelle Rahmenbedingungen zu beachten sind.

Es gilt hervorzuheben, dass internationale Steuergestaltung kein Verbrechen oder auch nur moralisch anrüchig ist. Die Rechtsprechung hat anerkannt, dass jeder Steuerpflichtige das Recht hat, seine Angelegenheiten so zu gestalten, dass eine möglichst niedrige Steuerzahlung

Tab. 1 Steuerlastanalyse

Tax type	Total Tax & Contribution Rate (%)	Time to comply (hours)	Number of payments
World average (2017)	40,4	237	23,8
EU & EFTA	39,3	161	11,9
Middle East	24,4	144	17,1
Central Asia & Eastern Europe	32,8	220	15,9
Asia Pacific	36,4	197	21,9
North America	39,1	182	8,2
Central America & Caribbean	42,3	203	29,8
Africa	47,0	285	35,5
South America	52,5	547	22,6

Quelle: PWC, Paying Taxes analysis 2019
(▶ http://www.pwc.com/gx/en/paying-taxes/)

resultiert. Dementsprechend stellen steuerplanerische Überlegungen ein Instrument betriebswirtschaftlicher Vernunft dar. Allerdings setzt der Gesetzgeber der internationalen Steuergestaltung dort berechtigte Grenzen, wo die rechtlichen Gestaltungen nicht mehr mit der wirtschaftlichen Realität übereinstimmen.

Die Frage der gerechten Aufteilung von Steuersubstrat zwischen den Ländern ist ein aktuelles Thema der Politik. Dabei können zwei Trends identifiziert werden, die die Bedeutung der internationalen Steuerlehre noch einmal unterstreichen.

Zum einen soll der Informationsaustausch zwischen den Ländern verstärkt werden, damit Steuerhinterziehung durch Vermögens- und Einkommensverlagerungen eingegrenzt werden kann, zum anderen soll gerade im Unternehmensbereich auf Betreiben der OECD die Wertschöpfung stärker für die Verteilung des Steuersubstrats herangezogen werden. Das BEPS-Projekt und dessen Umsetzung in der EU sowie in Deutschland prägen die steuerpolitischen Entwicklungen der letzten Jahre. Dem wird in der zweiten Auflage dieses Lehrbuchs Rechnung getragen.

▪▪ Konzeption

Im Rahmen dieses Lehrbuchs sollen Grundkenntnisse der internationalen Steuerlehre vermittelt werden, um die Relevanz von Steuerwirkungen bei grenzüberschreitenden Sachverhalten besser beurteilen zu können. Zum besseren Verständnis findet neben einer systematisch-theoretischen eine sachverhaltsorientierte Vorgehensweise Anwendung. Dabei erfolgt eine Unterscheidung nach natürlichen Personen und Unternehmen.

Ausgehend von den Grundbegriffen der internationalen Steuerlehre wird zunächst die Konzeption von Steuerbelastungsvergleichen diskutiert, um für die jeweiligen Sachverhalte methodisch adäquat die zu berücksichtigenden Steuerkomponenten bestimmen zu können. Anschließend wird die steuerliche Behandlung ausgewählter Outbound- und Inbound-Sachverhalte dargestellt. Schwerpunktmäßig werden dabei ertragsteuerliche Fragestellungen aufgegriffen. Abschließend wird exemplarisch ein Überblick über die Methoden der Steuergestaltung gegeben sowie Regelungen zur Missbrauchsbekämpfung aufgezeigt.

Zielsetzung dieses Lehrbuchs ist es, einen Überblick über die internationalen steuerlichen Zusammenhänge zu geben, damit im Rahmen betriebswirtschaftlicher Entscheidungen steuerliche Fragestellungen bewusst angegangen werden können und die Steuerbelastung nicht als scheinbar unbeeinflussbare Größe betrachtet werden muss oder gar unberücksichtigt bleibt.

Mein Dank gilt allen, die zum Gelingen dieses Buches beigetragen haben. Vor allem bedanke ich mich bei den Mitarbeitern des Lehrstuhls, Frau M. Sc. Verena Kaul, Herrn Dr. Patrick Geißler, Herrn M. Sc. Matthias Gries und Herrn M. Sc. Johannes Stößel für Ihre wertvolle Unterstützung.

Inhaltsverzeichnis

1	**Grundfragen**	1
1.1	Ansatzpunkte der Besteuerung	3
1.1.1	Subjektbezogene Ansatzpunkte	3
1.1.2	Objektbezogene Ansatzpunkte	7
1.2	**Problem der Doppelbesteuerung**	11
1.3	**Vermeidung der Doppelbesteuerung**	12
1.3.1	Überblick	12
1.3.2	Methoden zur Vermeidung der Doppelbesteuerung	13
1.3.3	Unilaterale Maßnahmen	19
1.3.4	Doppelbesteuerungsabkommen	23
1.4	**Steuerharmonisierung in der Europäischen Union**	33
1.4.1	Überblick	33
1.4.2	Unionsrecht	33
1.4.3	Harmonisierung indirekter Steuern	35
1.4.4	Harmonisierung direkter Steuern	43
1.4.5	Verfahrensrecht	52
1.5	**Lern-Kontrolle**	53
	Literatur	55
2	**Internationale Steuersysteme und Steuerbelastung**	57
2.1	Internationaler Steuer- und Standortwettbewerb	58
2.2	**Heterogenität von Steuersystemen**	63
2.2.1	Überblick	63
2.2.2	Vielfalt der Steuerarten	64
2.2.3	Unternehmenssteuersysteme	67
2.3	**Messung der Steuerbelastung**	70
2.3.1	Qualitative Methoden	70
2.3.2	Quantitative Methoden	71
2.3.3	Grenzen von Steuerbelastungsvergleichen	89
2.4	**Lern-Kontrolle**	91
	Literatur	93

3	**Outbound-Sachverhalte**	95
3.1	**Unbeschränkte Steuerpflicht**	98
3.1.1	Unbeschränkte Steuerpflicht in der Einkommensteuer	98
3.1.2	Unbeschränkte Steuerpflicht in der Körperschaftsteuer	100
3.2	**Wegzugsbesteuerung**	100
3.2.1	Natürliche Person	100
3.2.2	Juristische Person	103
3.2.3	Funktionsverlagerung	105
3.3	**Vermeidung der Doppelbesteuerung**	109
3.3.1	Anrechnungsmethode	109
3.3.2	Freistellungsmethode	112
3.4	**Unternehmerische Betätigung im Ausland**	112
3.4.1	Direktgeschäfte	112
3.4.2	Betriebsstätten	114
3.4.3	Rechtsförmliche Investitionen	119
3.5	**Grenzüberschreitende Arbeitnehmertätigkeit**	129
3.5.1	Grenzpendler	129
3.5.2	Expatriates	130
3.6	**Ausländische Kapitalanlagen im Privatvermögen**	134
3.7	**Auslandsverluste**	135
3.7.1	Einschränkung der Verlustberücksichtigung durch § 2a EStG	136
3.7.2	Finale Verluste	139
3.8	Lern-Kontrolle	141
	Literatur	144

4	**Inbound-Sachverhalte**	145
4.1	**Beschränkte Steuerpflicht**	148
4.1.1	Beschränkte Einkommensteuerpflicht	148
4.1.2	Beschränkte Körperschaftsteuerpflicht	152
4.2	**Steuerfolgen des Zuzugs**	152
4.2.1	Natürliche Person	152
4.2.2	Juristische Person	154
4.3	**Steuerpflichtige Einkünfte im Sinne des § 49 EStG**	156
4.3.1	Tatbestände des § 49 EStG	156
4.3.2	Besondere Vorschriften der Einkommens- und Steuerermittlung	158
4.4	**Unternehmerische Betätigung im Inland**	161
4.4.1	Direktgeschäfte	162
4.4.2	Betriebsstätten	162
4.4.3	Rechtsförmliche Investitionen	165

4.5	Grenzüberschreitende Arbeitnehmertätigkeit	170
4.5.1	Grenzpendler	170
4.5.2	Impatriates	171
4.6	Inländische Kapitalanlagen im Privatvermögen	172
4.7	Lern-Kontrolle	173
	Literatur	175
5	**Steuergestaltung und Missbrauchsbekämpfung**	**177**
5.1	**Zum Stand der Diskussion**	179
5.2	**Formen der Steuergestaltung**	180
5.2.1	Hintergrund und Legitimität von Steuergestaltungen	180
5.2.2	Instrumente der Steuergestaltung	182
5.3	**Maßnahmen zur Missbrauchsbekämpfung**	195
5.3.1	Maßnahmen auf Ebene der OECD	195
5.3.2	Europäische Union	201
5.3.3	Nationalstaatliche Maßnahmen	203
5.4	**Verrechnungspreise**	215
5.5	**Lern-Kontrolle**	223
	Literatur	226

Serviceteil
Tipps fürs Studium und fürs Lernen 228

Grundfragen

1.1 Ansatzpunkte der Besteuerung – 3
1.1.1 Subjektbezogene Ansatzpunkte – 3
1.1.2 Objektbezogene Ansatzpunkte – 7

1.2 Problem der Doppelbesteuerung – 11

1.3 Vermeidung der Doppelbesteuerung – 12
1.3.1 Überblick – 12
1.3.2 Methoden zur Vermeidung der Doppelbesteuerung – 13
1.3.3 Unilaterale Maßnahmen – 19
1.3.4 Doppelbesteuerungsabkommen – 23

1.4 Steuerharmonisierung in der Europäischen Union – 33
1.4.1 Überblick – 33
1.4.2 Unionsrecht – 33
1.4.3 Harmonisierung indirekter Steuern – 35
1.4.4 Harmonisierung direkter Steuern – 43
1.4.5 Verfahrensrecht – 52

1.5 Lern-Kontrolle – 53

Literatur – 55

© Springer Fachmedien Wiesbaden GmbH, ein Teil von Springer Nature 2019
T. Egner, *Internationale Steuerlehre*, Studienwissen kompakt,
https://doi.org/10.1007/978-3-658-25324-0_1

Lern-Agenda

Im Rahmen der Steuererhebung stellt sich immer die grundsätzliche Frage, „Wer muss für was wie viel an Steuern bezahlen?".
- Hinter dem „wer" steht die Frage nach dem Steuerpflichtigen,
- hinter dem „für was" steht die Frage nach dem erfüllten Tatbestand, und
- hinter dem „wie viel" steht die Frage nach der Höhe der Steuer, berechnet aus Bemessungsgrundlage und Tarif.

Bei den hier näher zu betrachtenden internationalen Sachverhalten stellt sich vor allem auch die Frage, welcher Fiskus Steuern erheben darf:
- Wenn Herr X grenzüberschreitend tätig ist und im Land A arbeitet, aber im Land B wohnt,
- wenn die X-GmbH aus dem Land A im Land B eine Dienstleistung erbringt,
- wenn Frau Z ihr im Land A erarbeitetes Geld im Land B anlegt oder
- wenn der in Mailand wohnhafte Herr X ein Grundstück in München seinen Kindern in Kanada und Schweden vererbt.

Derartige Sachverhalte können dazu führen, dass in mehreren Ländern Steuern fällig werden, sodass es zu einer Doppel- oder Mehrfachbesteuerung kommt. Die internationale Staatengemeinschaft ist sich hier weitgehend einig, dass die Zielsetzung in einer Einmalbesteuerung liegt, sodass unilaterale und bilaterale Regelungen zur Vermeidung der Doppelbesteuerung geschaffen wurden.
Ein besonderes Konstrukt stellt dabei die EU dar, deren Zielsetzung in der Schaffung eines gemeinsamen Binnenmarkts der beteiligten Länder liegt. Soweit steuerliche Regelungen bestehen, die das Funktionieren eines solchen Binnenmarkts behindern, sind diese zu beseitigen.

Struktur des Grundlagenteils

Ansatzpunkte der Besteuerung berechtigen betroffene Länder zur Steuererhebung	Ansatzpunkte der Besteuerung	► Abschn. 1.1
Bei unterschiedlich konzipierten Steuern und Steuersystemen können unterschiedliche Personen betroffen sein	Formen der Doppelbesteuerung	► Abschn. 1.2
Unilateral und bilateral bestehen mehrere Methoden zur Vermeidung der Doppelbesteuerung	Vermeidung der Doppelbesteuerung	► Abschn. 1.3
Die Schaffung des Europäischen Binnenmarkts wirkt sich auch auf das nationale Steuerrecht aus	Europäische Union	► Abschn. 1.4

1.1 Ansatzpunkte der Besteuerung

Ansatzpunkt der Besteuerung können sowohl subjektive als auch objektive Merkmale sein. Unter subjektiven Merkmalen versteht man die Eigenschaften der handelnden Person. Bei objektiven Merkmalen steht demgegenüber der steuerpflichtige Vorgang im Mittelpunkt.

1.1.1 Subjektbezogene Ansatzpunkte

Bei natürlichen Personen ist in der Regel der Wohnsitz der erste Anknüpfungspunkt für die Steuerpflicht. Bei juristischen Personen entspricht dies dem Sitz der Gesellschaft. Im deutschen Steuerrecht werden die beiden Anknüpfungspunkte in § 8 Abgabenordnung (AO) und § 11 AO definiert.

> **Merke!**
>
> Der **Wohnsitz** einer natürlichen Person liegt dort, wo sich eine für die dauerhafte Nutzung bestimmte Wohnung befindet.

Der Begriff der Wohnung setzt voraus, dass diese zum dauerhaften Bewohnen geeignet ist, somit über einen entsprechenden Kälteschutz sowie die notwendigen sanitären Anlagen verfügen muss, die aber nicht zwingend in den Wohnräumen liegen müssen. Ein dauerhaft aufgestellter Wohnwagen kann dies bereits erfüllen. Ein angemietetes möbliertes Zimmer ebenso. Außerdem muss der Steuerpflichtige über die Wohnung verfügen können, wie dies zum Beispiel bei Eigentum oder Miete der Fall ist. Eine Gefängniszelle ist somit ebenso wenig geeignet wie ein Gästezimmer. Zudem müssen eine objektive Nutzungsmöglichkeit sowie der subjektive Wille für eine Wohnbenutzung gegeben sein.

Die An- und Abmeldung bei den Ordnungsbehörden stellt ein Indiz für die Begründung oder Aufgabe eines Wohnsitzes dar. Es können auch mehrere Wohnsitze vorliegen. Wird ein Arbeitnehmer ins Ausland versetzt und begründet dort einen Wohnsitz, behält aber im Inland eine Wohnung bei, die er jederzeit aufgrund ihrer Ausstattung benutzen kann, so ist anzunehmen, dass auch der Wohnsitz im Inland weiter bestehen bleibt.

> **Merke!**
>
> Der **Sitz einer Gesellschaft** wird in der Regel durch die Satzung oder den Gesellschaftsvertrag, ausnahmsweise auch durch Gesetz festgelegt.

Der Sitz einer Gesellschaft ist regelmäßig objektiv und eindeutig feststellbar, da er zwingend im Handelsregister einzutragen ist.

Bei den Ertragsteuern, aber auch bei der Erbschaftsteuer, sind der Wohnsitz und der Sitz von entscheidender Bedeutung und begründen eine unbeschränkte Steuerpflicht. Folge der unbeschränkten Steuerpflicht ist, dass das Welteinkommen einer natürlichen oder juristischen Person in Deutschland steuerpflichtig ist. Bei der Erbschaftsteuer ist die gesamte Bereicherung eines Erben steuerpflichtig, unabhängig davon, wo das Vermögen belegen ist.

Neben dem Wohnsitz dient als ergänzender steuerlicher Anknüpfungspunkt auch der gewöhnliche Aufenthalt, der aber nur dann in Betracht kommt, wenn nicht bereits ein Wohnsitz im jeweiligen Land vorliegt. Der gewöhnliche Aufenthalt ist ebenfalls hinreichend, eine unbeschränkte Steuerpflicht auszulösen.

> **Merke!**
>
> Lassen die äußeren Umstände erkennen, dass jemand an einem Ort nicht nur vorübergehend verweilen möchte, so ist ein **gewöhnlicher Aufenthalt** anzunehmen. Dabei ist ein bestimmter Mindestaufenthalt nicht erforderlich. Ein Aufenthalt von mehr als sechs Monaten führt grundsätzlich zu einem gewöhnlichen Aufenthalt, wobei kurzfristige Unterbrechungen (z. B. Urlaub) keine Rolle spielen. Bei privaten Aufenthalten verlängert sich die Frist auf ein Jahr.

Die Definition in § 9 AO lässt erkennen, dass somit auch ein Hotelaufenthalt, der keinen Wohnsitz begründet, zu einer unbeschränkten Steuerpflicht führen kann. Der gewöhnliche Aufenthalt erlangt vor allem bei zwei Fallkonstellationen Bedeutung:

- Die betroffene Person kann nicht wirtschaftlich über seine Wohnung verfügen, sodass kein Wohnsitz begründet wird. Neben dem Hotelfall betrifft dies zum Beispiel auch Insassen von Gefängnissen oder Asylbewerberheimen, da eine Freiwilligkeit des Aufenthalts nicht erforderlich ist.
- Daneben sind grenzüberschreitende Sachverhalte möglich, bei denen jemand in einem Land seinen Wohnsitz hat, sich aber aus beruflichen oder privaten Gründen häufig auch in einem anderen Land aufhält und die zeitliche Grenze von sechs Monaten überschreitet.

1.1 · Ansatzpunkte der Besteuerung

Beispiel: Gewöhnlicher Aufenthalt
Herr Müller übt seine berufliche Tätigkeit weitgehend in Spanien aus, sodass er sich gewöhnlich von Montag bis Donnerstag (50 Wochen im Jahr) in Barcelona und Madrid aufhält. Dabei übernachtet er regelmäßig im Hotel. Seine Familie wohnt in Deutschland.
Neben dem in Deutschland bestehenden Wohnsitz erfüllt Herr Müller in Spanien die Voraussetzungen eines gewöhnlichen Aufenthalts, da er sich mehr als 183 Tage (50 Wochen × 4 Tage = 200 Tage) dort aufhält.

Für die Beurteilung der Umstände, ob ein nicht nur vorübergehender Aufenthalt vorgesehen ist, ist eine Ex-ante-Betrachtung vorzunehmen. Soweit ein vorzeitiger Abbruch des geplanten Aufenthalts vorgenommen wird, ist dennoch ein gewöhnlicher Aufenthalt für die tatsächliche Zeit der Anwesenheit anzunehmen.

Kein gewöhnlicher Aufenthalt wird begründet, wenn ein Wohnsitz im Ausland besteht und nur die berufliche Tätigkeit im Inland ausgeführt wird, wobei der Steuerpflichtige täglich in seine Wohnung zurückkehrt.

Bei einem gewöhnlichen Aufenthalt durch Überschreiten der Aufenthaltsfristen handelt es sich bei der sechsmonatigen, in der Regel beruflichen, Frist um eine nicht widerlegbare Vermutung, bei der Jahresfrist dagegen um eine widerlegbare Vermutung.

Beispiel: Gewöhnlicher Aufenthalt
Ein deutscher Fußballverein verpflichtet einen niederländischen Spieler für eine Saison. Nach drei Monaten kehrt er mangels Perspektive wieder nach Hause zurück. In der Zwischenzeit wohnte er in einem Hotel.
Der Spieler begründet einen gewöhnlichen Aufenthalt, da er für mindestens ein Jahr in Deutschland verweilen wollte. Die nachträgliche Auflösung des Vertrags ändert die Ex-ante-Beurteilung nicht.

Der gewöhnliche Aufenthalt ist aufgegeben, wenn sich der Steuerpflichtige mehr als ein Jahr im Ausland aufhält. Soweit er sich mehr als sechs Monate im Ausland aufhält, ist von einer Aufgabe auszugehen, wenn der private und berufliche Lebensmittelpunkt ins Ausland verlagert wurden.

Für juristische Personen besteht ebenfalls neben dem Sitz der Gesellschaft im Ort der Geschäftsführung ein weiterer Anknüpfungspunkt der Besteuerung. Auch der Ort der Geschäftsführung begründet regelmäßig eine unbeschränkte Steuerpflicht.

> **Merke!**
>
> **Ort der Geschäftsleitung:** Nach § 10 AO entspricht die Geschäftsleitung dem Mittelpunkt der geschäftlichen Oberleitung.

Die geschäftliche Oberleitung wird normalerweise durch den Vorstand bzw. die Geschäftsführer ausgeübt. In Ausnahmefällen können ggf. auch aktive Mehrheitsgesellschafter die Geschäfte tatsächlich führen, wenn die laufenden Geschäfte durch diese Personen wesentlich beeinflusst werden.

Der Mittelpunkt der geschäftlichen Oberleitung ist dort anzunehmen, wo die Willensbildung erfolgt und die Maßnahmen der regelmäßigen Geschäftsführung ihren Ausgangspunkt haben. Die Maßnahmen des Aufsichtsrates im Sinne einer Überwachung der Geschäftsführung spielen keine Rolle.

In einigen Ländern ist als weiterer steuerlicher Anknüpfungspunkt die Staatsangehörigkeit von Bedeutung. Dies gilt insbesondere für die USA (US-citizen, § 7701 (a) (30) A Internal Revenue Code (IRC)). In diesem Fall besteht unbeschränkte Steuerpflicht selbst dann, wenn die entsprechende Person weder einen Wohnsitz noch einen gewöhnlichen Aufenthalt in den USA hat. Dies führt regelmäßig zu Erfassungsproblemen, weshalb die USA insbesondere den ausländischen Banken erhebliche Informationspflichten auferlegt hat.

Auch Deutschland knüpft in Ausnahmefällen die Besteuerung an die Nationalität als Voraussetzung für die Steuerpflicht. § 2 Abs. 1 Außensteuergesetz (AStG) sieht vor, dass „eine natürliche Person, ... als Deutscher ..." im Fall der Auswanderung unter bestimmten Bedingungen auch ohne anderen Anknüpfungspunkt der Besteuerung weiterhin steuerpflichtig ist.

Die subjektbezogenen Anknüpfungspunkte führen regelmäßig zu einer umfassenden Steuerpflicht. Die Gestaltung dieser Ansatzpunkte ist aber regelmäßig mit weitreichenden Folgen für die natürlichen Personen verbunden. Dennoch finden sich immer wieder Beispiele für entsprechende Gestaltungen:

Beispiel: Verlagerung des Wohnsitzes
Der französische Schauspieler Gerard Depardieu hat seinen Wohnsitz nach Russland verlagert, nachdem in Frankreich der Spitzensteuersatz der Einkommensteuer auf 75 % erhöht werden sollte. Der entsprechende Steuersatz in Russland lag bei 13 %. Zudem hat er die französische Nationalität abgelegt.

Aufgabe der Staatsangehörigkeit als Steuersparinstrument
Die Anknüpfung der Besteuerung an der Nationalität kann im Einzelfall auch zu deren Ablegung führen, um Steuern zu sparen. Der Mitbegründer von Facebook, Eduardo Saverin, hat bei der Börsenplatzierung von Facebook seine US-Staatsbürgerschaft abgelegt, um einer Steuerpflicht zu entgehen. Sein damaliger Wohnsitzstaat Singapur hat Veräußerungsgewinne bei Aktien nicht besteuert.

Auch bei den Unternehmen ist die Verlagerung des steuerrelevanten Sitzes bzw. der Geschäftsleitung von Bedeutung und durchaus in der Unternehmenspraxis beobachtbar. Dies galt insbesondere für die USA aufgrund der hohen Körperschaftsteuersätze von bis zu 35 % (Bundessteuer).

Beispiel: Flucht aus den USA – „Tax Inversion"
Nach US-Recht können Gesellschaften ihren Sitz ins Ausland verlagern, wenn mindestens 20 % der Aktionäre Ausländer sind. Deshalb haben einige Unternehmen im Ausland, zum Beispiel Europa, Unternehmen übernommen, um anschließend ihren Sitz dorthin zu verlagern. Ein Beispiel ist Ingersoll Rand, die Firma, die die Werkzeuge für die vier Präsidentenköpfe im Fels von Mount Rushmore geliefert hat. Sie hat ihren Firmensitz auf diese Weise nach Irland verlegt. Dort beträgt der Steuersatz auf die Unternehmensgewinne 12,5 %.
Jedoch hat die US-Finanzverwaltung im September 2014 Maßnahmen ergriffen, nachdem zwischen 2011 und 2014 insgesamt elf „Umzüge" realisiert wurden und sich 22 weitere in Planung befanden. Es gilt nun: „Wenn der überwiegende Teil des fusionierten Unternehmens in Amerika liegt, muss der steuerliche Sitz in den USA bleiben."
(Quelle: Jahn, T.: Obamas Griff in die Trickkiste. Handelsblatt (HB) vom 08.08.2014, S. 12; Jahn, T.: Auf der Flucht gestoppt. HB vom 24.09.2014, S. 16)

Allerdings hat die USA zum 01.01.2018 die Bundeskörperschaftsteuer deutlich auf 21 % gesenkt. Auch Deutschland hat Gegenmaßnahmen ergriffen, um Verlagerungen in Steueroasen zu erschweren. Vor allem ist darauf zu achten, dass mit der Verlagerung des Wohnsitzes auch der gewöhnliche Aufenthalt zu verlagern ist. Ausländische Scheinwohnsitze wurden in der Vergangenheit bereits mehrmals aufgedeckt.

1.1.2 Objektbezogene Ansatzpunkte

Neben der Anknüpfung am Steuersubjekt greifen die Staaten regelmäßig auch an den Steuertatbeständen selbst an. Zielsetzung ist, am Ort der Tatbestandsverwirklichung (Einkommensentstehung, Umsatz) die Besteuerung durchzuführen. Diese auch als Quellenprinzip oder Ursprungsprinzip bezeichnete Methode wird parallel zu subjektbezogenen Ansatzpunkten verwendet und hat bei den Ertragsteuern den Vorteil, Steuergestaltungen entgegenzuwirken. Um zum Beispiel der deutschen Einkommensteuerpflicht zu entgehen, ist es nicht ausreichend, den Wohnsitz zu verlagern, zusätzlich müssen auch die Einkommensquellen mitverlagert werden.

> **Merke!**
>
> Das **Quellenprinzip** bestimmt, dass im Falle des Fehlens subjektiver Ansatzpunkte der Besteuerung am Ort der Tatbestandsverwirklichung die Besteuerung erfolgt.

Bei den Ertragsteuern ist somit die Einkommensquelle entscheidend für die Besteuerung, bei der Erbschaft- und Vermögensteuer die Belegenheit des Vermögens. Das Quellenprinzip begründet hierbei meist die beschränkte Steuerpflicht. Danach sind nur die inländischen Einkünfte bzw. das inländische Vermögen steuerpflichtig.

Eine besondere Ausprägungsform des Quellenprinzips ist die Betriebsstätte. Werden Unternehmen in einem anderen Land tätig, ohne dazu eine rechtlich selbstständige Einheit zu begründen, kann unter bestimmten Bedingungen eine Betriebsstätte (§ 12 AO) vorliegen.

> **Merke!**
>
> Als **Betriebsstätte** gilt jede rechtlich unselbstständige feste Geschäftseinrichtung, die der Unternehmenstätigkeit dient.

Eine Betriebsstätte kann durch ein gewerbliches Unternehmen, aber auch im Rahmen der Land- und Forstwirtschaft sowie bei selbstständiger Tätigkeit begründet werden.

Neben einer allgemeinen Begriffsbestimmung werden ergänzend Einzelbeispiele aufgezählt. Ausreichend kann auch bereits eine hinreichend lange Betätigung in einem Land sein (Montagebetriebsstätte), auch wenn keine feste Geschäftseinrichtung begründet wird.

Wesentliche Voraussetzung für eine Betriebsstätte ist nach der Rechtsprechung, dass eine nicht nur vorübergehende Verfügungsmacht des Unternehmens über die Geschäftseinrichtung besteht, vielmehr muss eine Rechtsposition vorliegen, die dem Unternehmen ohne seine Mitwirkung nicht ohne weiteres entzogen werden kann. Ein zivilrechtliches oder wirtschaftliches Eigentum muss jedoch nicht gegeben sein, Miet- oder Pachtverhältnisse sind ausreichend.

1.1 · Ansatzpunkte der Besteuerung

Beispiel: Montagebetriebsstätte
Ein in Italien ansässiges Unternehmen (I-AG) bekommt den Auftrag für den Autobahnausbau zwischen Nürnberg und Bamberg. Für den Ausbau dieses Autobahnabschnittes wird mit einer Bauzeit von zwölf Monaten gerechnet.
Nach § 12 Nr. 8a AO liegt in Deutschland eine (Montage)Betriebsstätte vor, wenn die Bauzeit sechs Monate überschreitet. Nach dem Quellenprinzip ist das italienische Unternehmen mit dem steuerlichen Ergebnis dieser Betriebsstätte in Deutschland beschränkt körperschaftsteuerpflichtig (§ 2 Nr. 1 KStG).

Soweit im Rahmen eines Doppelbesteuerungsabkommens (DBA) eine abweichende Definition gegeben ist, wird dadurch § 12 AO verdrängt.

Neben der Betriebsstätte kann auch ein ständiger Vertreter eine Steuerpflicht begründen. Dabei wird zwar keine feste Geschäftseinrichtung begründet, jedoch eine natürliche oder juristische Person, die in diesem Land ansässig ist, beschäftigt, um Vertragsabschlüsse herbeizuführen.

> **Merke!**
> Besorgt eine weisungsgebundene natürliche oder juristische Person nachhaltig die Geschäfte für ein Unternehmen, liegt ein **ständiger Vertreter** vor.

In § 13 AO wird insbesondere auf das Einholen von Aufträgen, das Abschließen von Verträgen sowie das Vorhalten von Warenbeständen und deren Auslieferung hingewiesen.

Beispiel: Ständiger Vertreter
Die italienische I-AG beschäftigt in Deutschland Salvatore I., der in Deutschland die Verhandlungen mit potenziellen Auftraggebern führt und Verträge unterschriftsreif vorbereitet. Die Verträge werden anschließend in Italien von der Geschäftsleitung der I-AG unterschrieben. Salvatore I. betreibt seine Tätigkeit von seiner Wohnung aus. Die I-AG verfügt über keine Geschäftseinrichtungen in Deutschland.
Salvatore I. ist ständiger Vertreter der I-AG in Deutschland. Die I-AG ist mit den anteiligen Gewinnen, die auf die Tätigkeit des Salvatore I. entfallen, in Deutschland körperschaftsteuerpflichtig.

Eine weitere Form der objektbezogenen Ansatzpunkte ist das Transaktionsprinzip. Dieses vor allem bei den indirekten Steuern (z. B. Umsatzsteuer) verwendete Prinzip existiert in zwei Ausprägungsformen. Beim Ursprungslandprinzip ist das leistungserbringende Unternehmen bestimmend für den Ort der Besteuerung. Beim Bestimmungslandprinzip richtet sich der Ort der Besteuerung nach dem Empfängerunternehmen.

> **Merke!**
>
> Beim **Transaktionsprinzip** bestimmt sich die Steuerpflicht nach dem Ort der Leistungserbringung. Dieser kann entweder beim leistenden Unternehmen oder beim Empfänger liegen.

Für Verbrauchsteuern ist das Bestimmungslandprinzip maßgeblich. Ausnahmen bestehen nur in Höhe enger Freimengen für den persönlichen Gebrauch, wenn zum Beispiel Kaffee, Alkohol oder Zigaretten aus dem Urlaub mitgebracht werden.

Bei den Verkehrsteuern, insbesondere der Umsatzsteuer, finden beide Prinzipien bei grenzüberschreitenden Leistungen Anwendung. Nach § 3 Abs. 6 Umsatzsteuergesetz (UStG) stellt das Ursprungslandprinzip den Regelfall dar, allerdings besteht eine Reihe von Ausnahmen, bei denen das Bestimmungslandprinzip Anwendung findet, zum Beispiel bei innergemeinschaftlichen Lieferungen zwischen Unternehmen, dem Erwerb von Neufahrzeugen durch Privatpersonen oder im Versandhandel.

In ◘ Abb. 1.1 sind die Ansatzpunkte der Besteuerung noch einmal zusammengefasst.

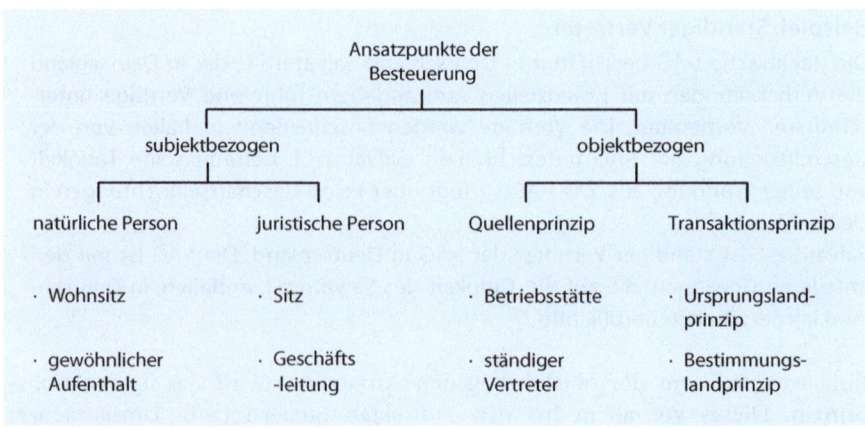

◘ **Abb. 1.1** Ansatzpunkte der Besteuerung

1.2 Problem der Doppelbesteuerung

Das Nebeneinander mehrerer Formen von Ansatzpunkten der Besteuerung führt bei grenzüberschreitenden Sachverhalten regelmäßig zur Doppelbesteuerung.

Beispiel: Doppelbesteuerung
Eine natürliche Person mit Wohnsitz in Deutschland und einem Mietwohnobjekt in Italien unterliegt einer Doppelbesteuerung nach dem Wohnsitzprinzip und dem Territorialprinzip.
Eine grenzüberschreitende Lieferung unterliegt der Doppelbesteuerung mit Umsatzsteuer, wenn im einen Land das Ursprungslandprinzip und im anderen Land das Bestimmungslandprinzip Anwendung findet.

Aus steuerlicher Sicht sind demzufolge grenzüberschreitende Sachverhalte wirtschaftlich gegenüber reinen Inlandsgeschäften benachteiligt. In einer globalisierten Welt mit hohem internationalen Kapital- und Warenaustausch erscheint dies wenig sinnvoll.

Von einer Doppelbesteuerung im juristischen Sinne wird aber nur dann gesprochen, wenn
- das gleiche Steuersubjekt hinsichtlich
- des gleichen Steuerobjekts mit
- einer vergleichbaren Steuer
- im identischen Besteuerungszeitraum belastet wird.

Im Unterschied dazu wird von einer wirtschaftlichen Doppelbelastung gesprochen, wenn sich Steuersubjekt, Steuerobjekt, Steuerart und/oder Steuerzeitraum unterscheiden.

Beispiele: Juristische Doppelbesteuerung
Der Steuerpflichtige Udo Huber aus Bamberg kauft italienische Anleihen und erhält in 2018 dafür Zinsen von 500 €.
Die Zinsen unterliegen in Italien einer Quellensteuer von 26 % und in Deutschland der Abgeltungsteuer von 25 %. Es liegt eine juristische Doppelbesteuerung vor, da alle vier Merkmale zutreffen.

Wirtschaftliche Doppelbelastung
Udo Huber erwirbt zudem italienische Aktien, die zu einer Gewinnausschüttung führen. Der Gewinn der italienischen AG unterliegt der italienischen Körperschaftsteuer von 24 %,

die Ausschüttung einer italienischen Quellensteuer von 26 % sowie in Deutschland der Abgeltungsteuer.
Durch die italienische Quellensteuer und die deutsche Abgeltungsteuer liegt wiederum eine juristische Doppelbesteuerung vor, bezüglich der italienischen Körperschaftsteuer und der deutschen Abgeltungsteuer jedoch nur eine wirtschaftliche Doppelbelastung. Als Steuersubjekt unterliegt in Italien die AG der Körperschaftsteuer bezüglich des Steuerobjekts „Gewinn", in Deutschland dagegen das Steuersubjekt „Aktionär" der Einkommensteuer mit dem Steuerobjekt „Dividende".

Die Unterscheidung zwischen juristischer Doppelbesteuerung und wirtschaftlicher Doppelbelastung kann im Einzelfall schwierig sein. Hintergrund dieser Unterscheidung ist, dass bei juristischer Doppelbesteuerung häufig ein Anspruch auf Entlastungsmaßnahmen von der Doppelbesteuerung besteht, nicht dagegen bei wirtschaftlicher Doppelbelastung.

Probleme hinsichtlich des Steuersubjekts können sich zum Beispiel bei der Erbschaftsteuer ergeben, wenn im Land der Erben eine Erbanfallsteuer erhoben wird (Erbe = Steuersubjekt) im Land des Vererbenden dagegen eine Nachlasssteuer besteht („Vererbender" = Steuersubjekt). Eine derartige Nachlasssteuer wird zum Beispiel in den USA erhoben. Da jedoch die wirtschaftliche Belastung beim Erben liegt, wird von einer juristischen Doppelbesteuerung ausgegangen.

Auch hinsichtlich der erhobenen Steuerarten können im Einzelfall Probleme auftreten. So wird die in Portugal erhobene Erbersatzsteuer, die italienische Hypothekarsteuer oder die in Kanada anfallende „Capital Gains Tax" als nicht zur Erbschaftsteuer vergleichbar angesehen, sodass es im Erbfall nur zu einer wirtschaftlichen Doppelbelastung kommt (H E 21 Erbschaftsteuer-Hinweise).

1.3 Vermeidung der Doppelbesteuerung

1.3.1 Überblick

Liegt eine juristische Doppelbesteuerung vor, wird die daraus resultierende hohe Belastung meist als ungerechtfertigt angesehen, sodass Entlastungsmaßnahmen erfolgen.

Vor diesem Hintergrund wurden zum einen bilaterale Verträge zur Verhinderung der Doppelbesteuerung abgeschlossen, sog. Doppelbesteuerungsabkommen.

1.3 · Vermeidung der Doppelbesteuerung

> **Merke!**
>
> **Doppelbesteuerungsabkommen** (DBA) sind bilaterale Verträge zwischen zwei Ländern, in denen vereinbart wird, wie die (juristische) Doppelbesteuerung durch verschiedene Maßnahmen reduziert bzw. vermieden werden kann.

DBA beziehen sich in der Regel entweder auf die Besteuerung des Einkommens und des Vermögens oder die Besteuerung von Erbvorgängen. Zum anderen bestehen unilaterale Maßnahmen einzelner Staaten zur Vermeidung oder Begrenzung der Doppelbesteuerung. Diese Regelungen greifen nur dann, wenn kein DBA vorliegt.

Die größte Reichweite erzielen multilaterale Vereinbarungen – wie zum Beispiel innerhalb der EU –, die eine Doppelbesteuerung vermeiden sollen. Durch die EU soll ein europäischer Binnenmarkt entstehen, der durch die Besteuerung nicht behindert werden darf. Dementsprechend sind Doppelbesteuerungen zu vermeiden. Dies gilt sowohl für die direkten als auch die indirekten Steuern.

1.3.2 Methoden zur Vermeidung der Doppelbesteuerung

Methodisch stehen für die Vermeidung bzw. Minderung der Doppelbesteuerung mehrere Verfahren zur Verfügung:
- Freistellungsmethode,
- Anrechnungsmethode,
- Abzugsmethode,
- Pauschalierungsmethode.

1.3.2.1 Freistellungsmethode

Bei der Freistellungsmethode verzichtet einer der beteiligten Staaten auf eine Besteuerung, sodass nur in einem Staat der jeweilige Sachverhalt der Besteuerung unterliegt. Diese Methode wird häufig im Rahmen von DBA vereinbart, weniger dagegen unilateral.

Die Freistellungsmethode wird häufig – so auch in Deutschland – mit einem Progressionsvorbehalt versehen, da ansonsten durch eine Einkünfteverteilung auf verschiedene Länder ein Progressionsvorteil erzielt werden kann. Dies gilt insbesondere bei der Einkommensteuer dann, wenn einem beschränkt Steuerpflichtigen bei bestimmten Einkünften auch der tarifliche Grundfreibetrag gewährt wird.

> **Auf den Punkt gebracht: Vorgehensweise beim Progressionsvorbehalt**
> 1. Ermittlung der Steuer auf die in- und ausländischen Einkünfte,
> 2. Berechnung des durchschnittlichen Steuersatzes,
> 3. Anwendung des durchschnittlichen Steuersatzes auf die inländischen Einkünfte.

In Deutschland sieht § 32b Einkommensteuergesetz (EStG) vor, dass sich der Steuersatz für die inländischen Einkünfte nach der Höhe der inländischen und ausländischen Einkünfte bemisst.

Beispiel: Progressionsvorbehalt
Die in Deutschland ansässige Frau Erika Schmidt bezieht aus einem Mietwohngrundstück auf den Philippinen Einkünfte von 25.020 €. Ihr inländisches zu versteuerndes Einkommen beträgt ohne diese Einkünfte 27.002 €.
Nach Art. 6 des DBA zwischen Deutschland und den Philippinen steht den Philippinen das alleinige Besteuerungsrecht zu. Nach Art. 24 Abs. 1 des DBA darf Deutschland den Progressionsvorbehalt (§ 32b Abs. 1 Nr. 3 EStG) anwenden.
Für das gesamte zu versteuernde Einkommen von 52.022 € ergäbe sich eine Einkommensteuer (Tarif 2019) von 13.102 €. Dies entspricht einem Durchschnittssteuersatz von 25,19 %. Bei Anwendung dieses Durchschnittssteuersatzes auf die inländischen steuerpflichtigen Einkünfte ergibt sich eine Steuer von 6801 €. Die tarifliche Einkommensteuer auf die inländischen Einkünfte wäre nur bei 4373 € gewesen.
Der Progressionsvorbehalt führt somit zu einer Mehrsteuer von 2428 €.

Der Progressionsvorbehalt kann sich sowohl positiv als auch negativ auf den Steuersatz auswirken. Nach der Rechtsprechung des Bundesfinanzhof (BFH) kann durch ausländische Verluste der Steuersatz auch auf null sinken (H 32b EStH).

Im Ergebnis richtet sich die Höhe der Besteuerung nach dem Steuerniveau im Investitionsland, ggf. erhöht um eine Progressionswirkung im Inland.

1.3.2.2 Anrechnungsmethode

Bei der Anrechnungsmethode wird in beiden betroffenen Staaten eine Besteuerung durchgeführt, allerdings wird die Steuer des einen Landes im anderen Land auf die dort erhobene Steuer angerechnet. Diese Methode wird zum einen häufig in DBA vereinbart, findet aber auch unilateral Anwendung.

Die Anrechnung findet aber regelmäßig in Höhe der inländischen Steuer seine Grenzen. Das Heimatland ist nicht bereit, ausländische Steuer über die inländische Steuer hinaus zu erstatten. Diese nur begrenzte Anrechnung führt

1.3 · Vermeidung der Doppelbesteuerung

dazu, dass sich die Gesamtbelastung am jeweils höheren Steuerniveau von In- und Ausland orientiert.

Beispiel: Anrechnung
Der in Deutschland ansässige Franz Bauer erzielt in Italien Kapitaleinkünfte von 1000 €, auf die eine Quellensteuer von 20 % einbehalten wird. In Deutschland erzielt er zusätzlich Kapitaleinkommen von 5000 €, worauf Abgeltungsteuer (25 %) anfällt.
Die deutsche Abgeltungsteuer auf das gesamte Kapitaleinkommen beträgt 1500 € (25 % von 6000 €). Darauf wird die italienische Steuer von 200 € angerechnet, sodass in Deutschland noch 1300 € abzuführen sind. Es erfolgt eine vollständige Anrechnung, da die inländische Steuer (250 €) größer ist als die anzurechnende ausländische Steuer (200 €).

Im Rahmen der Anrechnungsmethode sind noch weitere Einschränkungen denkbar und verbreitet.

> **Auf den Punkt gebracht**
> *Overall-Limitation:* Der Anrechnungshöchstbetrag für die Summe aller ausländischen Steuern ergibt sich aus der inländischen Steuer auf die Summe aller ausländischen Einkünfte.
> *Per-Country-Limitation:* Der Anrechnungshöchstbetrag wird je Land ermittelt, indem die inländische Steuer auf sämtliche Einkünfte aus einem Land berechnet wird.
> *Overall-Basket-Limitation:* Der Anrechnungshöchstbetrag wird je Einkunftsart bestimmt, indem die inländische Steuer auf alle Einkünfte einer Einkunftsart aus allen Ländern berechnet wird.
> *Per-Country-per-Basket-Limitation:* Der Anrechnungshöchstbetrag wird für jedes Land bezüglich jeder Einkunftsart separat betrachtet.
> *Per-Item-Limitation:* Für jeden einzelnen Sachverhalt wird der Anrechnungshöchstbetrag ermittelt.

1.3.2.3 Abzugsmethode

Die Abzugsmethode greift bei juristischer Doppelbesteuerung und wirtschaftlicher Doppelbelastung. Hierbei wird die im Ausland gezahlte Steuer von der Bemessungsgrundlage im Heimatland des Steuerpflichtigen abgezogen. Dies führt zu keiner vollständigen Aufhebung der Doppelbesteuerung sondern nur zu einer Minderung.

Im Einzelfall kann die Abzugsmethode auch zu günstigeren Ergebnissen wie die Anrechnungsmethode führen, wenn letztere aufgrund eines geringen Anrechnungspotenzials nur eine geringe Anrechnung zulässt.

1.3.2.4 Pauschalierungsmethode

Die Pauschalierungsmethode mindert die Doppelbesteuerung dadurch, dass nicht die volle Steuer erhoben wird, sondern nur eine ermäßigte Besteuerung. Dies kann in beiden beteiligten Ländern erfolgen.

Im Investitionsland erfolgt dies häufig in Form vereinfachter Quellensteuern, um nicht ansässigen Steuerpflichtigen eine aufwendige Steuerveranlagung zu ersparen. Dies hat für das Quellenland zudem den Vorteil, die Erfassungsprobleme zu reduzieren, da die jeweilige Auszahlungsstelle für den Einbehalt der Quellensteuer verantwortlich ist.

Für den Wohnsitzstaat kommt eine Ermäßigung durch Pauschalierung in der Regel nur infrage, wenn kein DBA vorliegt und die ausländischen Steuern zur inländischen Besteuerung nur schwer vergleichbar sind, sodass eine Anrechnung kaum möglich ist.

1.3.2.5 Wirkungsvergleich der Anrechnungs- und Freistellungsmethode

Beide Methoden verfolgen die Zielsetzung, die Doppelbesteuerung vollständig zu vermeiden. Der Unterschied liegt jedoch im Steuerniveau. Während bei der Anrechnungsmethode stets das höhere Steuerniveau anfällt, wobei dies in der Regel das Steuerniveau des (Wohn-)Sitzlandes des Investors sein wird, kommt bei der Freistellungsmethode das Steuerniveau des Investitionslandes zum Tragen.

Die Frage nach dem Steuerniveau hat erhebliche Auswirkungen auf die Wettbewerbswirkungen des Steuerrechts.

> **Auf den Punkt gebracht: Wettbewerbswirkungen**
> Mit der Freistellungsmethode wird Kapitalimportneutralität erreicht, mit der Anrechnungsmethode (meist) die Kapitalexportneutralität.

Kapitalimportneutralität bedeutet, dass der im Ausland agierende Steuerpflichtige mit seiner Auslandstätigkeit ebenso besteuert wird, wie eine im ausländischen Staat ansässige Person. Dies wird dadurch erreicht, dass der Sitzstaat auf die Besteuerung verzichtet (Freistellungsmethode) und es zur ausschließlichen Besteuerung im Quellenstaat kommt. Als Konsequenz hieraus kann sich auch ein Steuervorteil gegenüber inländischen Investitionen ergeben, wenn das inländische Steuerniveau über demjenigen des Auslands liegt.

1.3 · Vermeidung der Doppelbesteuerung

Kapitalexportneutralität bedeutet demgegenüber, dass durch die Anrechnungsmethode die im Ausland auf die Auslandstätigkeit gezahlte Steuer im Inland angerechnet wird. Dadurch greift das Steuerniveau des Sitzstaates des Investors. Der Investor ist somit indifferent gegenüber dem Investitionsort, da jeweils das inländische Steuerniveau Geltung erlangt. Soweit im Ausland das Steuerniveau niedriger ist, entsteht jedoch ein Wettbewerbsnachteil für den grenzüberschreitend agierenden Steuerpflichtigen.

Anhand von ◘ Tab. 1.1 zeigt sich, dass bei der Anrechnungsmethode die Inlandsinvestition und die Auslandsinvestition identisch hoch (−4) belastet werden (Kapitalexportneutralität). Wenn das ausländische Steuerniveau (50 %) jedoch über demjenigen im Inland (40 %) liegt, bleibt dieses erhalten. Ausländische Investitionsanreize werden durch die Anrechnungsmethode neutralisiert, wie der Fall 10 %/30 % aufzeigt. Dies bedeutet, dass der Steuersatz für ausländische Investoren auf 10 % reduziert wird, während ausländische Inlandsfälle mit 30 % besteuert werden. Der grenzüberschreitende Investor profitiert hiervon jedoch nicht.

Bei der Freistellungsmethode kommt es demgegenüber zur Beibehaltung des Steuervorteils, sodass der grenzüberschreitende Investor ein Nettoergeb-

◘ **Tab. 1.1** Wirkungsweise der Anrechnungs- und Freistellungsmethode

s_A	S_A	A/A	s_I	S_I	I/I	I/A
Freistellungsmethode						
40 %	−4	6	40 %	−4	6	6
30 %	−3	7	40 %	−4	6	7 (P↓)
10 %/30 %	−1/−3	7	40 %	−4	6	9 (P↓)
Anrechnungsmethode						
40 %	−4	6	40 %	−4	6	6
30 %	−3	7	40 %	−4 (3)	6	6
10 %/30 %	−1/−3	7	40 %	−4 (1)	6	6
50 %	−5	5	40 %	−4 (4)	6	5

s_A = Steuersatz im Ausland; S_A = Steuer im Ausland; s_I = Steuersatz im Inland; S_I = Steuer im Inland
A/A = Steuerlast bei Investition des Ausländers im Ausland (ausländischer Inlandsfall)
I/I = Steuerlast bei Investition des Inländers im Inland (Inlandsfall)
I/A = Steuerlast bei grenzüberschreitender Investition
(P↓) = zusätzlich noch Minderung durch Progressionsvorbehalt

nis von 9 erzielt, während im reinen Inlandfall nur 6 als Ertrag verbleiben. Ansonsten entspricht die Steuerbelastung des Auslandsfalls derjenigen des grenzüberschreitenden Sachverhalts (= Kapitalimportneutralität).

Bei dieser Betrachtung ist jedoch nicht berücksichtigt, dass in vielen Fällen einer Steuerbelastung auch eine Steuerentlastung gegenübersteht. Dies kann anhand eines Finanzierungsbeispiels verdeutlicht werden.

Beispiel: Grenzüberschreitende Finanzierung
Ein deutscher Kapitalgeber finanziert durch ein Darlehen von 100 einen ausländischen Kapitalnehmer durch einen Kredit mit einer Laufzeit von einem Jahr. Bei einem Zinssatz von 10 % beträgt die Rückzahlung 110.
Das Steuerniveau im Ausland beträgt 30 %, in Deutschland 50 %. Der ausländische Staat erhebt eine Quellensteuer in Höhe seines Steuerniveaus.
Bei der Anrechnungsmethode kommt es zu einer Entlastung des kapitalaufnehmenden Unternehmens von 3 und zu einer Steuerbelastung des Kapitalgebers von 5. Der Nachsteueraufwand des Unternehmens ist höher als der Nettoertrag des Kapitalgebers. Die Konstellation erscheint unattraktiv.

Kapitalnehmer	t_0 -100	t_1 $+110$	Kapitalgeber
$s_A = 30\%$	Ausland	Inland	$s_I = 50\%$
Anrechnungsmethode			
-10 $\underline{+3}$ $\underline{7}$	$(+10)$ -3		$+7$ $\underline{/.\ 2}$ $\underline{5}$
= Nachsteueraufwand einer inländischen Finanzmittelbeschaffung	Investitions-/ Finanzierungs- neutralität		= Nachsteuererfolg einer Indlandsanlage

Anrechnungsmethode
Bei der Freistellungsmethode kommt es demgegenüber zu einem Gleichlauf von Be- und Entlastung. Allerdings wird sich das kapitalaufnehmende Unternehmen fragen, ob es nicht den gebotenen Zinssatz absenken kann, da der ausländische

1.3 · Vermeidung der Doppelbesteuerung

Investor eine Rendite von 7 % erzielt, während er bei reinen Inlandsanlagen in seinem (Wohn-)Sitzstaat nur 5 % erzielen kann. Würde der Kapitalnehmer nur einen Zinssatz von 7,14 % bieten (statt 10 %) wäre der Kapitalgeber gerade indifferent zwischen reiner Inlandsanlage und grenzüberschreitender Darlehensvergabe.

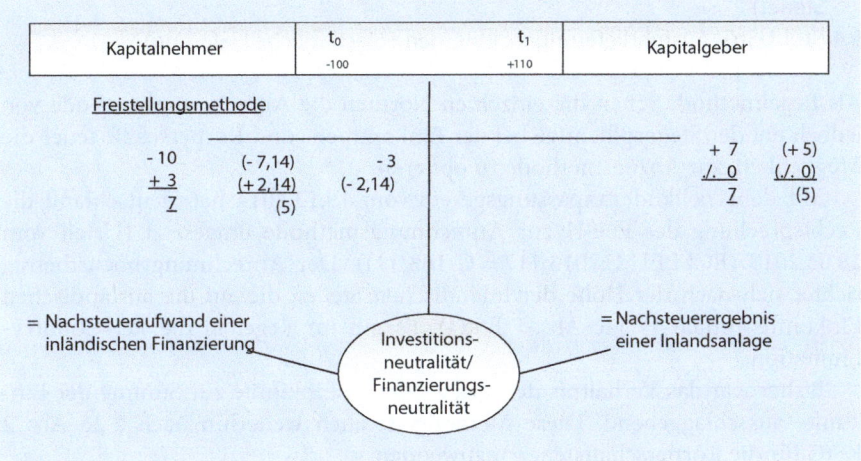

Freistellungsmethode

Das Beispiel zeigt, dass internationale Steuersatzdifferenzen in Abhängigkeit von der Entlastungsmethode auch Anpassungsreaktionen der Marktteilnehmer hervorrufen werden. Zudem ist jeweils zwischen der Investitionsneutralität (= Sicht des Kapitalgebers) und der Finanzierungsneutralität (= Sicht des Kapitalnehmers) zu differenzieren.

Für die Steuerpolitik ist jeweils abzuwägen, welche Zielsetzung (Kapitalimport- oder Kapitalexportneutralität) erreicht werden soll. Durch die Anrechnungsmethode werden zudem alle im Ausland gesetzten steuerlichen Investitionsanreize neutralisiert.

1.3.3 Unilaterale Maßnahmen

Im deutschen Steuerrecht kommen bei den Ertragsteuern sowie der Erbschaftsteuer die Anrechnungsmethode, die Abzugsmethode sowie die Pauschalierungsmethode zur Anwendung. Die Freistellungsmethode ist nicht vorgesehen. Diese findet jedoch bei der Umsatzsteuer Anwendung, indem Exportleistungen unter Beibehaltung des Vorsteuerabzugs steuerbefreit sind.

Beispiel: Unilaterale Regelungen
§ 34c EStG (Steuerermäßigung bei ausländischen Einkünften)
§ 26 Körperschaftsteuergesetz (KStG) (Besteuerung ausländischer Einkunftsteile)
§ 21 Erbschaft- und Schenkungsteuergesetz (ErbStG) (Anrechnung ausländischer Steuer)
§ 4 Nr. 1 UStG (Ausfuhrlieferungen; innergemeinschaftliche Lieferung)

Als Regelmethode sehen die einzelnen Normen die Anrechnungsmethode vor, jedoch hat der Steuerpflichtige bei der Einkommen- und Körperschaftsteuer die Möglichkeit, zur Abzugsmethode zu optieren.

Mit dem Zollkodexanpassungsgesetz vom 19.12.2014 hat Deutschland die Rechtsprechung des EuGH zur Anrechnungsmethode umgesetzt (Urteil vom 28.02.2013 (ECLI:EU:C:2013:117 = C-168/11)). Der Anrechnungshöchstbetrag richtet sich nach der Höhe der inländischen Steuer, die auf die ausländischen Einkünfte entfällt (§ 34c Abs. 1 EStG). Es gilt im Regelfall die Per-Country-Limitation.

Bisher war das Verhältnis der ausländischen Einkünfte zur Summe der Einkünfte ausschlaggebend. Diese Methode ist auch weiterhin nach § 26 Abs. 2 KStG für die Körperschaftsteuer anzuwenden.

$$\text{Anrechnungshöchstbetrag} = \frac{\text{ausländische Einkünfte}}{\text{Summe der Einkünfte}} \cdot \text{inländische Steuer}$$

Allerdings wird dadurch die Anrechnungsquote zu niedrig ausgewiesen, da die Summe der Einkünfte nicht um Sonderausgaben und außergewöhnliche Belastungen reduziert wird. Der BFH hat das EuGH-Urteil am 18.12.2013 umgesetzt (Az. I R 71/10).

Seit dem VZ 2015 berechnet sich der Anrechnungshöchstbetrag nach § 34c Abs. 1 EStG dadurch, dass der durchschnittliche Steuersatz, der sich bei einer Veranlagung des gesamten in- und ausländischen Einkommens ergeben würde, auf die ausländischen Einkünfte angewendet wird.

Beispiel: Anrechnungsmethode
Der unbeschränkt steuerpflichtige Rüdiger Ratlos (ledig) erzielt inländische Einkünfte aus Gewerbebetrieb von 101.000 € sowie ausländische Einkünfte aus Vermietung und Verpachtung von 6000 €. Es liegt kein DBA vor. Im Ausland wurde

1.3 · Vermeidung der Doppelbesteuerung

eine Steuer auf die Vermietungseinkünfte von 2000 € erhoben. Es liegen Sonderausgaben von 1000 € vor.
Lösung bis VZ 2014:
Die Summe der Einkünfte beträgt somit 107.000 € (§ 2 Abs. 1 EStG), das zu versteuernde Einkommen 106.000 €. Unter Vernachlässigung weiterer Abzüge ergäbe sich nach § 32a EStG eine inländische Steuer von 36.281 €.

$$\text{Anrechnungshöchstbetrag} = \frac{6000}{107.000} \cdot 36.281 = 2034$$

Im Ergebnis kann somit die gesamte ausländische Steuer angerechnet werden.
Lösung ab VZ 2015:
Es ergibt sich ein durchschnittlicher Steuersatz von 34,23 % (36.281 €/106.000 €). Die maximal anrechenbare Steuer beträgt 34,23 % von 6000 € = 2054 €. Diese liegt aufgrund der Sonderausgaben über dem Betrag nach der Altregelung.

Die Höhe der ausländischen Einkünfte ist dabei nach deutschem Steuerrecht zu ermitteln. Bei teilweise steuerbefreiten Dividenden nach § 3 Nr. 40 EStG bleibt die volle ausländische Steuer anrechenbar. Die ausländische Steuer kann nur angerechnet werden, wenn sie im Ausland keinem Ermäßigungsanspruch mehr unterliegt.

Für Einkünfte aus Kapitalvermögen enthält § 32d Abs. 1 und 5 EStG eine eigene Anrechnungsvorschrift (Per-Item-Limitation). Soweit Einkünfte der EU-Zinsrichtlinie unterliegen und eine Quellensteuer erhoben wurde, greifen die Anrechnungsgrenzen des § 32d EStG nicht. Vielmehr sieht § 14 Zinsinformations-Verordnung (ZIV) eine unbegrenzte Anrechnung nach § 36 EStG vor. Die Einkünfte aus Kapitalvermögen nach § 32d EStG gehen nicht in die ausländischen Einkünfte bzw. die Summe der Einkünfte ein.

Die Anrechnungsregelung in § 21 ErbStG ist entsprechend ausgestaltet. Der Anrechnungshöchstbetrag ermittelt sich aus dem Verhältnis des Auslandsvermögens zum Gesamtvermögen. Es findet die Per-Country-Limitation Anwendung. Der Steuertyp – Erbanfallsteuer oder Nachlasssteuer – spielt nach der Rechtsprechung des BFH keine Rolle (BFH vom 06.03.1990, Bundessteuerblatt (BStBl.). II 1990, S. 786). Es erfolgt eine anteilige Anrechnung beim Erben entsprechend seinem Anteil am Nachlass.

Die entsprechenden Entlastungsmaßnahmen greifen jedoch nur, wenn die Voraussetzungen der juristischen Doppelbesteuerung und des Vorliegens ausländischer Einkünfte (§ 34d EStG) bzw. ausländischen Vermögens (§ 21 Abs. 2 ErbStG) erfüllt werden. Soweit demgegenüber nach deutschem Recht inländische Einkünfte oder Inlandsvermögen vorliegen, finden die Entlastungsmaßnahmen keine Anwendung und es wäre Aufgabe des ausländischen Staates, die Doppelbelastung zu mindern. Allerdings steht es im Ermessen der Finanzverwaltung im Wege des Billigkeitserlasses eine durch die Doppelbesteuerung entstehende übermäßige Besteuerung zu mindern.

Beispiel: Doppelbesteuerung mit Erbschaftsteuer
Der verstorbene Eduard Ewig mit Wohnsitz in München vererbt seiner Tochter Edeltraud, ebenfalls wohnhaft in München, ein bei einer Bank in Paris angelegtes Festgeld von 5 Mio. €.
Die Tochter ist in Deutschland mit dem ererbten Weltvermögen unbeschränkt erbschaftsteuerpflichtig. Zudem ist sie in Frankreich nach dem Belegenheitsprinzip beschränkt erbschaftsteuerpflichtig. Eine Anrechnung der französischen Erbschaftsteuer entfällt, da im Ausland angelegtes Kapitalvermögen nach § 21 Abs. 2 ErbStG i. V. m. § 121 Bewertungsgesetz (BewG) kein Auslandsvermögen darstellt. § 21 ErbStG sieht dies jedoch als Voraussetzung für die Anrechnung der ausländischen Steuer vor. Der BFH hat die Konsequenz der Doppelbesteuerung bestätigt, aber einen teilweisen Steuererlass im Billigkeitswege nach §§ 163, 227 AO angeregt (BFH vom 19.06.2013, BStBl. 2013 II, S. 746).
Ein Abzug der französischen Steuer von der Bemessungsgrundlage ist nach § 10 Abs. 8 ErbStG nicht möglich, da die ausländische Steuer eine eigene Steuerlast darstellt. Diese Rechtsauffassung verletzt nach der Rechtsprechung des EuGH nicht das EU-Recht (EuGH vom 12.02.2009, ECLI:EU:C:2009:92 = C-67/08, Slg. 2009, I-883).
Soweit ein DBA besteht – was mit Frankreich seit 2006 der Fall ist (Anwendung ab 03.04.2009) –, würde die Doppelbesteuerung entfallen, da das alleinige Besteuerungsrecht Deutschland zustehen würde.

Nach § 34c Abs. 2 EStG ist alternativ die Abzugsmethode zulässig. Abzugsfähig sind nur die Steuern, die auf im Inland steuerpflichtige Erträge entfallen. Bei partieller Steuerpflicht ist ein anteiliger Abzug vorzunehmen. Die Abzugsmethode kann auch angewendet werden, wenn ausländische DBA-Einkünfte mit Anrechnungsmethode vorliegen und im DBA die Abzugsmethode nicht vorgesehen ist (R 34c Abs. 5 Einkommensteuer-Richtlinien (EStR)). Das Wahlrecht zur Abzugsmethode muss für alle Einkünfte aus einem Staat einheitlich ausgeübt werden. Soweit eine Steuer nicht anrechenbar ist, weil keine der Einkommensteuer vergleichbare Steuer vorliegt oder keine ausländischen Einkünfte nach § 34d EStG gegeben sind, ist von Amts wegen abzuziehen.

Die Pauschalierungsmethode ist nach § 34c EStG in das Ermessen der Finanzverwaltung (§ 5 AO) gestellt. Anwendung kann die Methode finden,

wenn volkswirtschaftliche Interessen dafür sprechen oder das Anrechnungsverfahren nur schwer anzuwenden ist. Um eine einheitliche Rechtsanwendung zu gewährleisten hat die Finanzverwaltung durch zwei Verwaltungsanweisungen die Grundfälle der Anwendung geregelt.
- Arbeitnehmertätigkeit (Auslandstätigkeitserlass vom 31.10.1983, BStBl. I, S. 470),
- Unternehmenstätigkeit (Pauschalierungserlass vom 10.04.1984, BStBl. I, S. 252).

Nach dem Auslandstätigkeitserlass wird der Steuersatz auf bestimmte Arbeitnehmereinkünfte mit 0 % pauschaliert – also steuerfrei gestellt –, wenn eine Entsendung über mindestens 3 Monate durch einen inländischen Arbeitgeber in ein Nicht-DBA-Land erfolgt und eine begünstigte Tätigkeit vorliegt. Begünstigt ist zum Beispiel die Suche und Gewinnung von Bodenschätzen sowie die Inbetriebnahme von Maschinen und Anlagen. Steuerfrei sind insbesondere Zulagen, Prämien und Zuschüsse des Arbeitgebers für Aufwendungen, die durch den Auslandseinsatz verursacht werden.

Beim Pauschalierungserlass wird ein Steuersatz von 25 % (ohne Progressionsvorbehalt) festgesetzt, sodass nur noch Personengesellschaften die Methode in Anspruch nehmen werden. Die Einkünfte müssen zum Beispiel aus einer ausländischen gewerblichen Betriebsstätte oder einer Mitunternehmerschaft in einem Nicht DBA-Staat stammen.

Beide Regelungen sind als Maßnahmen der Exportförderung anzusehen.

1.3.4 Doppelbesteuerungsabkommen

Weltweit wurden über 2500 Doppelbesteuerungsabkommen abgeschlossen. Den allermeisten DBA liegen dabei die Musterabkommen von zwei Organisationen zugrunde:
- OECD-Musterabkommen (OECD-MA), oder
- das UN-Musterabkommen.

1.3.4.1 Muster-Doppelbesteuerungsabkommen

Die beiden Organisationen unterscheiden sich mit ihren Musterabkommen hinsichtlich der Zielgruppenausrichtung. Während sich die OECD-Musterabkommen an Industriestaaten wenden und somit von wirtschaftlich gleichwertigen Vertragspartnern ausgehen, richtet sich das UN-Musterabkommen vor allem an den Interessen von Entwicklungsländern aus.

Nachdem anfangs meist nur Industriestaaten untereinander DBA abgeschlossen haben, entwickelte zunächst die OECD (Organization for Economic Cooperation and Development) ein Musterabkommen zur Vermeidung der Doppelbesteuerung des Einkommens und des Vermögens. Das erste Musterabkommen wurde 1963 mit dem dazugehörigen OECD-Musterkommentar veröffentlicht. Der OECD-Musterkommentar erläutert die im Musterabkommen enthaltenen Regelungen und dient als Auslegungshilfe bei Zweifelsfragen. 1966 veröffentlichte die OECD ein weiteres Musterabkommen zur Vermeidung der Doppelbesteuerung der Nachlässe und Erbschaften, welches 1982 um Schenkungen erweitert wurde.

Als zunehmend mehr Entwicklungsländer DBA mit Industrieländern abgeschlossen haben, hat die UNO 1980 ein Muster-DBA veröffentlicht, das besonders auf die Ungleichgewichte der Kapitalströme zwischen den Vertragspartnern ausgerichtet war. Die beiden Abkommen haben sich inzwischen deutlich angenähert. Das UN-Musterabkommen ist 2017 aktualisiert worden.

Wegen der größeren Bedeutung wird im Folgenden nur noch auf die OECD-MA eingegangen. Neben den beiden Musterabkommen hat die OECD weitere steuerliche Mustervereinbarungen und Standards veröffentlicht, die das internationale Steuerrecht prägen.

> **Auf den Punkt gebracht: Steuerrelevante Veröffentlichungen der OECD**
> — OECD-Musterabkommen zur Vermeidung der Doppelbesteuerung des Einkommens und des Vermögens (Stand: Dezember 2017)
> — OECD-Musterkommentar zum OECD-Musterabkommen zur Vermeidung der Doppelbesteuerung des Einkommens und des Vermögens (Dezember 2017)
> — OECD-Musterabkommen zur Vermeidung der Doppelbesteuerung der Erbschaften und Nachlässe (Juni 1982)
> — OECD-Verrechnungspreisrichtlinie für multinationale Unternehmen und Steuerverwaltungen (Juli 2017)
> — OECD-Mustervereinbarung über den Austausch von Informationen in Steuersachen (April 2002)
> — OECD-Standard für den automatischen Informationsaustausch über Finanzkonten in Steuersachen (März 2017)

Zunächst wird auf das Musterabkommen zur Vermeidung der Doppelbesteuerung bei Einkommen und Vermögen eingegangen, anschließend wird das Erbschaftsteuer-Musterabkommen betrachtet.

1.3.4.2 Aufbau des OECD-Musterabkommens Einkommen und Vermögen

Das OECD-MA untergliedert sich in sieben Abschnitte (◘ Tab. 1.2). Ausgehend vom Geltungsbereich des Abkommens, werden Begriffsbestimmungen vorgenommen. Anschließend werden die Einkommenskategorien betrachtet. Dem folgt die Besteuerung des Vermögens. Im Zentrum stehen die Methodenartikel zur Verteilung der Besteuerungsbefugnisse. Ergänzend werden besondere Bestimmungen aufgenommen. Das Musterabkommen endet mit den Schlussbestimmungen.

Der Geltungsbereich des DBA wird zum einen über die betroffenen Steuern geregelt. Dies sind in der Regel die Einkommen- und die Körperschaftsteuer sowie Zuschlagsteuern wie der Solidaritätszuschlag. Zu regeln ist zudem, inwieweit neben den Steuern des Zentralstaats auch Steuern nachgeordneter Gebietskörperschaften einbezogen werden. Daneben ist die Vermögensteuer beinhaltet.

Die Klärung, inwieweit Personengesellschaften anspruchsberechtigt sind, da die Besteuerung häufig transparent auf Ebene der Gesellschafter erfolgt, und wann Ansässigkeit vorliegt, erfolgt unter den Begriffsbestimmungen. Bei transparenter Besteuerung ist die Ansässigkeit des Gesellschafters entscheidend. Daneben sieht das OECD-MA eine eigenständige Definition der Betriebsstätte vor.

> **Merke!**
>
> **OECD-Betriebsstätte (Art. 5)**
> 1. „Im Sinne dieses Abkommens bedeutet der Ausdruck „Betriebsstätte" eine feste Geschäftseinrichtung, durch die die Geschäftstätigkeit eines Unternehmens ganz oder teilweise ausgeübt wird.
> 2. Der Ort der „Betriebsstätte" umfasst insbesondere
>   a) einen Ort der Leitung,
>   b) eine Zweigniederlassung,
>   c) eine Geschäftsstelle,
>   d) eine Fabrikationsstätte,
>   e) eine Werkstatt, und
>   f) ein Bergwerk, ein Öl- oder Gasvorkommen, einen Steinbruch oder eine andere Stätte der Ausbeutung von Bodenschätzen.
> 3. Eine Bauausführung oder Montage ist nur dann eine Betriebsstätte, wenn ihre Dauer 12 Monate überschreitet."

Tab. 1.2 Aufbau des OECD-Musterabkommens

Abschnitt	Artikel	Regelungsinhalt
1. Geltungsbereich des Abkommens	1 2	Unter das Abkommen fallende Personen Unter das Abkommen fallende Steuern
2. Begriffsbestimmungen	3 4 5	Allgemeine Begriffsbestimmungen Ansässige Personen Betriebsstätte
3. Besteuerung des Einkommens	6 7 8 9 10 11 12 13 (14) 15 16 17 18 19 20 21	Einkünfte aus unbeweglichem Vermögen Unternehmensgewinne Seeschifffahrt und Luftfahrt Verbundene Unternehmen Dividenden Zinsen Lizenzgebühren Gewinne aus der Veräußerung von Vermögen *(Selbstständige Arbeit – aufgehoben)* Einkünfte aus unselbstständiger Arbeit Aufsichtsrats- und Verwaltungsratsvergütungen Künstler und Sportler Ruhegehälter Öffentlicher Dienst Studenten Andere Einkünfte
4. Besteuerung des Vermögens	22	Vermögen
5. Methoden zur Vermeidung der Doppelbesteuerung	23 A 23 B	Befreiungsmethode Anrechnungsmethode
6. Besondere Bestimmungen	24 25 26 27 28 29 30	Gleichbehandlung Verständigungsverfahren Informationsaustausch Amtshilfe bei der Erhebung von Steuern Mitglieder diplomatischer Missionen und konsularischer Vertretungen Anspruch auf Vergünstigungen Ausdehnung des räumlichen Geltungsbereichs
7. Schlussbestimmungen	31 32	Inkrafttreten Kündigung

1.3 · Vermeidung der Doppelbesteuerung

Im Vergleich zur Definition in § 12 AO ist die Frist für Montage-Betriebsstätten länger. Damit kann die Konstellation entstehen, dass nach deutschem Recht bereits eine Betriebsstätte vorliegt, nach dem DBA jedoch nicht. In einem solchen Fall verdrängt die DBA-Definition die nationale Regelung.

Die allgemeine Definition sowie die Aufzählungsbeispiele weisen kleinere Unterschiede auf, die insbesondere dem OECD-Musterkommentar zu entnehmen sind. Dies betrifft vor allem sogenannte Dienstleistungs-Betriebsstätten. Dies leitet sich daraus ab, dass die Geschäftstätigkeit „durch" die Geschäftseinrichtung ausgeübt wird. Der Musterkommentar führt dazu aus, dass bereits die regelmäßige Anwesenheit eines Malers in einem fremden Gebäude eine Betriebsstätte begründen kann, da der Ort der Tätigkeit zur Geschäftseinrichtung wird (Rz. 17 zu Art. 5). Die nach deutscher Auffassung notwendige Verfügungsgewalt tritt damit in den Hintergrund. Umgekehrt geht § 12 AO von einem weiteren Betriebsstättenbegriff als das OECD-MA aus, da in Art. 5 Abs. 4 OECD-MA einige Hilfstätigkeiten ausdrücklich vom Betriebsstättenbegriff ausgenommen sind (Warenlager, Einkaufsstellen), während sie nach § 12 AO gerade eine Betriebsstätte begründen. Allerdings wurde durch die Reform 2017 eingeschränkt, dass bei einer Zersplitterung der Tätigkeit in einem Staat in Form mehrerer Hilfsbetriebsstätten eine Gesamtbetrachtung zu erfolgen hat, um missbräuchliche Gestaltungen zu vermeiden.

Der ständige Vertreter wird im OECD-MA in Art. 5 Abs. 5 als Form der Betriebsstätte vergleichbar zu § 13 AO geregelt.

Im dritten Teil des OECD-MA werden die einzelnen Einkünftekategorien definiert, die nicht mit den jeweiligen nationalen Einkunftsarten übereinstimmen müssen. In diesen Artikeln wird festgelegt, welcher Staat das Besteuerungsrecht hat. Dies können beide oder auch nur ein Staat sein. Die Definition des MA ist insofern von Bedeutung, als die Entlastungsmethoden des fünften Teils auf die einzelnen Artikel Bezug nehmen.

Von besonderer Bedeutung ist die Abgrenzung in Art. 7 Abs. 4 des MA. Danach ist bei Unternehmensgewinnen zu beachten, dass die Artikel zu anderen Einkünftekategorien subsidiär sind. Allerdings bleiben die anderen Artikel insofern anzuwenden, als keine Betriebsstätte vorliegt, sodass der Quellenstaat eine entsprechende Besteuerung durchführen kann. Bei Betriebsstätten (Art. 7) und verbundenen Unternehmen (Art. 9) wird der Fremdvergleichsgrundsatz für die Gewinnabgrenzung festgelegt. Dies bedeutet, dass Geschäftsbeziehungen zwischen Stammhaus und Betriebsstätte ebenso wie zwischen Konzerngesellschaften wie unter fremden Dritten abzuwickeln sind. Damit sollen Gewinnverschiebungen zwischen den Unternehmens- bzw. Konzernteilen verhindert werden.

Die besonderen Bestimmungen umfassen zum einen das Verständigungsverfahren (Art. 25), das notwendig wird, wenn unterschiedliche Auffassungen über den Inhalt des DBA dazu führen, dass die Doppelbesteuerung nicht vermieden wird. Dies kann zum Beispiel die Zuordnung eines Sachverhalts zu einer Einkunftsart betreffen oder die Bestimmung von Fremdvergleichspreisen. Zu beachten ist, dass Verständigungsverfahren nicht zwingend erfolgreich sein müssen. Zum anderen wird der Informationsaustausch (Art. 26) zwischen den beteiligten Staaten geregelt. Dabei wird zwischen einer kleinen und einer großen Auskunftsklausel unterschieden.

Bei der kleinen Auskunftsklausel werden nur Informationen zur Durchführung des DBA übermittelt. Demgegenüber umfasst die große Auskunftsklausel zusätzlich Informationen zu nicht im DBA geregelten Sachverhalten, die zur Durchsetzung innerstaatlichen Rechts bei anderen Steuerarten notwendig sind.

Bezüglich der Informationsweitergabe ist zwischen den Auskünften mit und ohne Ersuchen zu unterscheiden (◘ Abb. 1.2). Soweit erst ein Ersuchen auf Auskunft notwendig ist, muss die anfragende Finanzverwaltung erst über einen hinreichenden Anfangsverdacht verfügen, um eine Ermittlung in einem anderen DBA-Staat veranlassen zu können. Gerade im Bereich der Kapitaleinkünfte hatten einige Länder hier weitgehende Einschränkungen vorgenommen, um ein bestehendes Bankgeheimnis zu schützen. Deren Wirkung ist seit 2017 entfallen, da die in 2014 durch die OECD beschlossenen Maßnahmen gegen Steuerhinterziehung einen automatisierten Auskunftsaustausch vorsehen (Common Reporting Standard, CRS). Nationale Schranken finden dadurch keine Anwendung mehr (siehe auch Abschn. 5.3.1).

Bei Auskünften ohne Ersuchen wird zwischen Spontanauskünften und dem automatischen Auskunftsverkehr unterschieden. Bei letzterem werden im Vor-

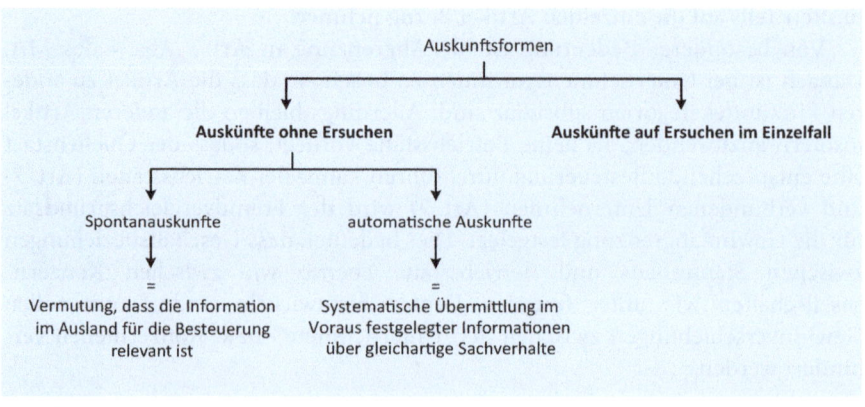

◘ **Abb. 1.2** Formen des Auskunftsaustausches

hinein durch die beteiligten Finanzverwaltungen die zu übermittelnden Informationen festgelegt, sodass den Finanzbeamten kein Entscheidungsermessen – wie bei Spontanauskünften – offen steht. Der automatische Auskunftsverkehr findet insbesondere in der EU Anwendung und wurde in Deutschland unabhängig von bestehenden DBA im EU-Amtshilfegesetz (§ 7 EUAHiG) umgesetzt.

Art. 27 regelt zudem die Amtshilfe bei der Erhebung der Steuern, da es den jeweiligen nationalen Finanzbehörden nicht erlaubt ist, im Ausland Amtshandlungen durchzuführen. Dementsprechend muss die Steuererhebung durch die jeweiligen inländischen Finanzbehörden auf Bitten des jeweils anderen Staats erfolgen.

1.3.4.3 Entlastungsmethoden des OECD-Musterabkommens

Für die Anwendung der Entlastungsartikel ist zunächst entscheidend, wie in den Einkommensartikeln das Besteuerungsrecht verteilt ist. Dabei sind drei Formulierungen zu unterscheiden, aus denen das Besteuerungsrecht abzuleiten ist (◘ Tab. 1.3).

◘ **Tab. 1.3** Zuweisung des Besteuerungsrechts im OECD-Musterabkommen

„[…] können im anderen Staat besteuert werden"	„[…] können nur in dem Vertragsstaat besteuert werden […]"	„[…] dürfen […] nicht besteuert werden"
Die Besteuerung ist in beiden Vertragsstaaten zulässig. In den Methodenartikeln ist eine Maßnahme zur Verhinderung der Doppelbesteuerung notwendig	Es bedarf keiner Entlastungsmaßnahmen in den Methodenartikeln, da es zu keiner Doppelbesteuerung kommen kann (Ex-ante-Freistellung)	Einem der Vertragsstaaten wird die Besteuerung verboten. Auch hier kann es von vornherein zu keiner Doppelbesteuerung kommen (Ex-ante-Freistellung)
Art. 6	Art. 8	Art. 20
Art. 7	Art. 12	
Art. 10	Art. 13 Abs. 3	
Art. 11	Art. 18	
Art. 13 Abs. 1 u. 2	Art. 19	
Art. 15	Art. 21	
Art. 16		
Art. 17		

Nur wenn beide Staaten ein Besteuerungsrecht besitzen (Spalte 1) ist die Vermeidung der Doppelbesteuerung durch die Anwendung der Methodenartikel (Anrechnung, Freistellung) notwendig.

Es wird jedoch ergänzend festgehalten, dass bei der Anrechnungsmethode ein Anrechnungshöchstbetrag durch die jeweilige inländische Steuer auf diese Einkünfte besteht. Zudem ist bei der Freistellungsmethode der Progressionsvorbehalt vorgesehen. Darüber hinaus sieht das OECD-MA in Art. 23 A Abs. 4 eine Rückfallklausel vor, um eine doppelte Nichtbesteuerung zu vermeiden. Übt der steuerberechtigte Staat das Besteuerungsrecht nicht aus, darf der andere Staat die Einkünfte doch besteuern.

Da in den DBA die Details zur Methodendurchführung nicht geregelt sind, finden subsidiär die Regelungen in den Einzelsteuergesetzen Anwendung. Dies gilt insbesondere auch für die Anrechnungsgrenzen in Höhe der jeweiligen nationalen Steuer.

1.3.4.4 Besonderheiten der deutschen DBA-Politik

Deutschland hat derzeit knapp 100 DBA abgeschlossen und somit eines der umfangreichsten Netze zur Vermeidung internationaler Doppelbesteuerung. Am 22.08.2013 wurde erstmals auch eine Verhandlungsgrundlage für Doppelbesteuerungsabkommen (VG DBA) veröffentlicht, nachdem andere Staaten (USA, Belgien, Österreich) bereits früher Muster-DBA verabschiedet haben.

Hintergrund
Die Verhandlungsgrundlage findet sich unter ▶ https://www.bundesfinanzministerium.de/Content/DE/Standardartikel/Themen/Steuern/Internationales_Steuerrecht/Allgemeine_Informationen/2013-08-22-Verhandlungsgrundlage-DBA-deutsch.pdf?__blob=publicationFile&v=3

Inhaltlich orientiert sich die Verhandlungsgrundlage weitgehend am OECD-MA, jedoch besteht eine Reihe von Abweichungen im Detail. Darüber hinaus enthält die Verhandlungsgrundlage weitere Regelungen, die im OECD-MA keine Entsprechung finden, um eine doppelte Nichtbesteuerung (weiße Einkünfte) zu vermeiden. Wesentliche Unterschiede beziehen sich auf:

- Art. 2 Abs. 4 enthält eine Informationspflicht gegenüber dem Vertragspartner hinsichtlich relevanter Steueränderungen.
- Der Betriebsstättenbegriff in Art. 5 der VG DBA orientiert sich an der klassischen Definition (ohne Dienstleistungs-Betriebsstätten). Für Bau- und Montage-Betriebsstätten ist eine Frist von zwölf Monaten vorgesehen.
- Hinsichtlich der Abgrenzung der Unternehmensgewinne wird in der VG DBA (Art. 7) die Selbstständigkeitsfiktion des OECD-MA übernommen

1.3 · Vermeidung der Doppelbesteuerung

("Authorized OECD Approach", AOA), allerdings soll nach Art. 7 Abs. 3 der VG DBA der zur Gegenberichtigung aufgerufene Staat nur dann zur Vermeidung der Doppelbesteuerung gezwungen sein, wenn er der Erstberichtigung zugestimmt hat (siehe auch ▶ Abschn. 5.4).
- Im Rahmen von Art. 10 VG DBA (Dividenden) ist eine niedrigere Schachtelbeteiligungsgrenze vorgesehen (10 % statt 25 %). Zudem wird darauf hingewiesen, dass auch ein Nullsteuersatz möglich ist. Zur Missbrauchsbekämpfung findet sich unter Nr. 1 des Protokolls zum VG DBA, ein Besteuerungsrecht von Dividenden, wenn im anderen Staat die Dividende den Gewinn gemindert hat.
- Bei Zinsen ist ein ausschließliches Besteuerungsrecht des Ansässigkeitsstaates vorgesehen, nicht dagegen ein Quellensteuerrecht des Schuldnerlandes.
- Für den Fall des Wegzugs regelt Art. 13 Abs. 6 ein Besteuerungsrecht an einem fiktiven Veräußerungsgewinn von Gesellschaftsanteilen, wenn die natürliche Person mindestens fünf Jahre ansässig war. Der fiktive Veräußerungspreis soll gleichzeitig als Anschaffungskosten im Zuzugsstaat gelten.
- Im Rahmen der Entlastungsmethoden (Art. 22 VG DBA) ist die Freistellungsmethode mit Progressionsvorbehalt als Regelmethode vorgesehen. Allerdings besteht eine Reihe von Einschränkungen. Anzuwenden ist die Freistellungsmethode vor allem bei Einkünften aus unternehmerischer Betätigung, unselbstständiger Tätigkeit sowie Grundbesitz im anderen Vertragsstaat. In allen anderen Fällen ist nach Art. 22 Abs. 1 Nr. 3 VG DBA die Anrechnungsmethode anzuwenden.
- Einschränkend zur Freistellungsmethode beinhaltet Art. 22 Abs. 1 Nr. 4 VG DBA eine Aktivitätsklausel für Unternehmensgewinne und Dividenden. Zudem sieht Art. 22 Abs. 1 Nr. 5b VG DBA eine Subject-to-tax-Klausel vor, sodass das Besteuerungsrecht auf Deutschland übergeht, wenn der andere Staat sein Besteuerungsrecht nicht ausübt.
- Neben einigen Verfahrensregelungen ist Art. 28 VG DBA ohne Vorbild im OECD-MA. Danach bleiben die nationalen Missbrauchsvorschriften vom DBA unberührt. Im Ergebnis wird dadurch die Frage nach einen „treaty override" durch deutsche Missbrauchsregelungen hinfällig.

Deutlich sichtbar wird, dass ein besonderes Gewicht auf die Vermeidung der doppelten Nichtbesteuerung gelegt wird. Zudem sollen die nationalen Missbrauchsvorschriften über die DBA verstärkt abgesichert werden (siehe auch ▶ Abschn. 5.3.3.3).

1.3.4.5 OECD-Musterabkommen (Erbschaftsteuer)

Das Musterabkommen ist für Nachlässe, Erbschaften und Schenkungen anzuwenden, wenn der Erblasser bzw. der Schenker in mindestens einem der Vertragsstaaten im Zeitpunkt des Todes bzw. im Zeitpunkt der Schenkung seinen Wohnsitz hat bzw. hatte. Unter das Abkommen fallen Steuern unabhängig von der Erhebungsform, die sich auf den Nachlass, die Erbschaft bzw. die Schenkung beziehen. Damit sind sowohl Erblassersteuern als auch Steuern auf die Bereicherung der Erben Gegenstand des Abkommens.

Nach Begriffsbestimmungen zu Wohnsitz und Vermögen werden im dritten Abschnitt die Besteuerungsregeln bestimmt. Es wird zwischen unbeweglichem Vermögen (Art. 5), beweglichem Vermögen einer Betriebsstätte (Art. 6) und anderem Vermögen (Art. 7) unterschieden. Art. 8 regelt den Schuldenabzug.

Bei unbeweglichem Vermögen – auch als Teil einer Betriebsstätte – gilt das Belegenheitsprinzip („kann im anderen Staat besteuert werden"). Gleiches gilt für das Vermögen einer Betriebsstätte. Bei anderem Vermögen ist demgegenüber nur eine Besteuerung im Wohnsitzstaat zulässig. Der Schuldenabzug erfolgt bei unbeweglichem Vermögen sowie bei Betriebsstätten von der jeweiligen Vermögensart und mindert das im anderen Staat zu besteuernde Vermögen. Andere Schulden sind dem Wohnsitzstaat zuzurechnen. Negative und positive Salden aus unbeweglichem Vermögen und Betriebsstätten sind miteinander zu verrechnen. Soweit dann immer noch ein negativer Saldo besteht, kann er auf den anderen Vertragsstaat übertragen werden.

Nach Art. 9A und 9B sind als Entlastungsmaßnahmen für das unbewegliche Vermögen und das Betriebsstättenvermögen die Freistellungs- und die Anrechnungsmethode vorgesehen. Für die Freistellungsmethode kann ein Progressionsvorbehalt vereinbart werden, bei der Anrechnungsmethode begrenzt sich die Anrechnung auf die Höhe der anteiligen inländischen Steuer auf das ausländische Vermögen.

Deutschland hat nur wenige Erbschaftsteuer-DBA abgeschlossen (Dänemark, Frankreich, Griechenland, Schweden, Schweiz und USA). Bei den DBA mit Dänemark und Schweden handelt es sich um kombinierte Abkommen, die sowohl Steuern auf das Einkommen und Vermögen sowie Erbschaften und Schenkungen umfassen. Im § 19 Abs. 2 ErbStG ist bei Anwendung der Freistellungsmethode aufgrund eines DBA ein Progressionsvorbehalt vorgesehen.

1.4 Steuerharmonisierung in der Europäischen Union

1.4.1 Überblick

Durch die Europäische Union wurde ein wirtschaftlicher Binnenmarkt ohne Handelshemmnisse mit 28 Ländern, über 500 Mio. Einwohnern und einer Wirtschaftskraft (BIP) von 15,3 Billionen € (2017) geschaffen. Allerdings wird 2019 durch den Austritt Großbritanniens („Brexit") der Binnenmarkt erstmals wieder schrumpfen (BIP 2,3 Mrd. €). Innerhalb dieses Binnenmarktes soll es keine steuerlichen Restriktionen geben, insbesondere soll es zu keiner Doppelbesteuerung grenzüberschreitender Vorgänge kommen. Entsprechende Maßnahmen sind bereits im EU-Primärrecht angelegt und finden ihre Umsetzung im Sekundärrecht. Da die Mitgliedsstaaten aber weiterhin Souveränität in Steuerangelegenheiten genießen, steht den Harmonisierungsbestrebungen ein intensiver Steuerwettbewerb gegenüber.

1.4.2 Unionsrecht

Die Grundlage der Europäischen Union bilden der Vertrag über die Europäische Union (EUV) und der Vertrag zur Arbeitsweise der EU (AEUV). Während der EUV Grundlagenbestimmungen wie die Ziele und die Organe der EU enthält, beinhaltet der AEUV vor allem die verfahrensrechtlichen Vorgehensweisen sowie einige institutionelle Bestimmungen.

Der EUV ist 1992 in Maastricht abgeschlossen worden und liegt derzeit in der Fassung von Lissabon (2007) zugrunde. Der AEUV geht auf den Vertrag von Rom zur Gründung der Europäischen Wirtschaftsgemeinschaft (1957) zurück. Er erhielt Namen und Fassung durch den Vertrag von Lissabon (2007).

Das Unionsrecht unterteilt sich in das primäre und das sekundäre Unionsrecht.

> **Merke!**
>
> Das **primäre Unionsrecht** umfasst den Vertrag über die Arbeitsweise der EU (AEUV), die dazugehörigen Protokolle sowie die Beitrittserklärungen der Mitgliedstaaten.
>
> Das **sekundäre Unionsrecht** umfasst die auf Basis des AEUV ergangenen Rechtsakte (Art. 288 AEUV):

- Verordnungen,
- Richtlinien,
- Beschlüsse,
- Empfehlungen und Stellungnahmen.

Verordnungen stellen unmittelbar geltendes Recht in allen Mitgliedstaaten dar. Dementsprechend müssen sie durch die Mitgliedstaaten nicht in nationales Recht umgesetzt werden, doch wird dies häufig vorgenommen. Im steuerlichen Bereich sind bisher keine Verordnungen erlassen worden, jedoch basiert das Zollrecht auf Verordnungen, dem Unionszollkodex und dem gemeinsamen Zolltarif.

Richtlinien stellen kein unmittelbar geltendes Recht dar. Sie entfalten ihre Wirkung nur durch die Umsetzung in nationales Recht. Bei fehlerhafter oder verspäteter Umsetzung können sich die EU-Bürger unmittelbar auf die Richtlinie berufen. Richtlinien sind das im Steuerrecht dominierende Mittel der Harmonisierung.

Verordnungen und Richtlinien werden nach Art. 294 AEUV auf Vorschlag der EU-Kommission vom Europäischen Parlament und dem EU-Rat beschlossen. Für die Harmonisierung von entscheidender Bedeutung ist die Beschlussfassung im Europäischen Rat. In Bereichen ohne Harmonisierungsauftrag im EUV bzw. AEUV ist Einstimmigkeit erforderlich (Art. 115 AEUV). Dies gilt u. a. bei den direkten Steuern, was die Harmonisierung deutlich erschwert. In einigen Fällen haben einzelne Länder die Verabschiedung von Richtlinien bzw. deren Änderung verzögert oder verhindert. Soweit ein Harmonisierungsauftrag vorliegt, erfolgen Entscheidungen mit qualifizierter oder einfacher Mehrheit. Dies würde auch auf die indirekten Steuern zutreffen, doch sieht Art. 113 AEUV ausdrücklich das Einstimmigkeitserfordernis vor.

Beschlüsse sind unmittelbar rechtswirksam und stellen Einzelfallentscheidungen dar. Wenden sich die Beschlüsse an bestimmte Adressaten (z. B. Mitgliedstaaten), ergibt sich eine Rechtswirkung nur gegen diese. Im steuerlichen Kontext sind Beschlüsse vor allem im Beihilferecht relevant, wenn Mitgliedstaaten durch Steuervergünstigungen gegen das Beihilfeverbot verstoßen.

Die Empfehlungen und Stellungnahmen sind rechtlich nicht verbindlich, bringen jedoch den Willen der EU-Kommission bzw. des EU-Rates zum Ausdruck. Von Bedeutung sind der „Verhaltenskodex für die Unternehmensbesteuerung" (siehe auch ▶ Abschn. 5.3.2) sowie das „Übereinkommen über die Beseitigung der Doppelbesteuerung im Falle von Gewinnberichtigungen zwischen verbundenen Unternehmen (EU-Schiedskonvention)" (90/436/EWG) (siehe auch ▶ Abschn. 5.4).

1.4 · Steuerharmonisierung in der Europäischen Union

Der Europäische Gerichtshof ist das oberste Rechtsprechungsorgan der EU und nach Art. 19 EUV für die Auslegung der EU-Verträge verantwortlich. Die nationalen Finanzgerichte können eine Rechtsfrage dem EuGH vorlegen (Vorabentscheidungsverfahren; Art. 267 AEUV), wenn dies für den Rechtsstreit erforderlich ist und EU-Recht betroffen ist. Der EuGH entscheidet nicht unmittelbar über den einzelnen Streitgegenstand. Er beantwortet vielmehr die durch die nationalen Gerichte vorgelegten Fragen. Die nationalen Gerichte sind an die Entscheidung des EuGH gebunden und müssen diese auf den konkreten Streitgegenstand anwenden.

Eine Besonderheit sieht der EUV für den Fall vor, dass sich die derzeit 28 EU-Mitgliedsstaaten nicht einigen können, aber mindestens 9 Länder ein besonderes Interesse an einer Harmonisierung bekunden. Im Wege der verstärkte Zusammenarbeit (Art. 20 EUV; Art. 326–334 AEUV) ist es diesen Staaten dann auf Beschluss des Europäischen Rates möglich, eine Harmonisierung vorzunehmen. Diese Vorgehensweise sollte bei der Finanztransaktionssteuer im steuerlichen Bereich erstmalig beschritten werden, jedoch konnte bisher keine Einigung erzielt werden.

1.4.3 Harmonisierung indirekter Steuern

Nach Art. 110–113 AEUV besteht auf dem Gebiet der indirekten Steuern ein ausdrücklicher Harmonisierungsauftrag, da unterschiedliche indirekte Steuern als Binnenmarkthemmnis offenkundig waren. Eine Harmonisierung ist dann vorzunehmen, wenn dies für die Funktionsfähigkeit des Binnenmarkts notwendig ist. Darüber hinaus begründet Art. 28 EUV die Zollunion, sodass weder Warenkontrollen an den Grenzen noch Einfuhr- oder Ausfuhrzölle (Art. 30 AEUV) im Binnenmarkt zulässig sind. Zudem ist in Art. 31 AEUV ein gemeinsamer Zolltarif nach Außen vorgesehen.

> **Auf den Punkt gebracht**
> „Der Rat erlässt gemäß einem besonderen Gesetzgebungsverfahren und nach Anhörung des Europäischen Parlaments und des Wirtschafts- und Sozialausschusses einstimmig die Bestimmungen zur Harmonisierung der Rechtsvorschriften über die Umsatzsteuern, die Verbrauchsabgaben und sonstige indirekte Steuern, soweit diese Harmonisierung für die Errichtung und das Funktionieren des Binnenmarkts und die Vermeidung von Wettbewerbsverzerrungen notwendig ist."
> Art. 113 AEUV

Dieser unmittelbare Harmonisierungsauftrag hat dazu geführt, dass die wesentlichen indirekten Steuern – Umsatzsteuer wie Verbrauchsteuern – harmonisiert sind. Daneben zählen auch die Kapitalverkehrsteuern zu den indirekten Steuern.

1.4.3.1 Umsatzsteuer

Die Umsatzsteuer ist in der EU als wichtigste indirekte Steuer weitgehend harmonisiert. Dies betrifft zum einen das Umsatzsteuersystem und zum anderen die Bemessungsgrundlage. Hier bestehen allerdings eine Reihe nationaler Wahlrechte. Der Umsatzsteuersatz ist nicht vereinheitlicht, jedoch besteht eine Untergrenze von 15 %.

Als Umsatzsteuersystem findet seit 1968 das Netto-Allphasenumsatzsteuersystem Anwendung. Die Rechtsgrundlage findet sich heute in der Richtlinie 2006/112/EG vom 28.11.2006 über das gemeinsame Mehrwertsteuersystem (Amtsblatt (Abl.) L 347 vom 11.12.2006, S. 1). Die Richtlinie regelt auch, welche Umsätze dem Regelsteuersatz unterliegen bzw. für welche Umsätze der ermäßigte Steuersatz zur Anwendung kommen darf.

> **Auf den Punkt gebracht: Begründung zur Harmonisierung der Umsatzsteuer**
> „Voraussetzung für die Verwirklichung des Ziels, einen Binnenmarkt zu schaffen ist, dass in den Mitgliedstaaten Rechtsvorschriften über die Umsatzsteuern angewandt werden, durch die die Wettbewerbsbedingungen nicht verfälscht und der freie Waren- und Dienstleistungsverkehr nicht behindert werden. Es ist daher erforderlich, eine Harmonisierung der Rechtsvorschriften über die Umsatzsteuern im Wege eines Mehrwertsteuersystems vorzunehmen, um soweit wie möglich die Faktoren auszuschalten, die geeignet sind, die Wettbewerbsbedingungen sowohl auf nationaler Ebene als auch auf Gemeinschaftsebene zu verfälschen".
> (Quelle: Einführung zur Richtlinie 2006/112/EG, Absatz 4.)

Bei der Allphasen-Umsatzsteuer wird auf jeder Umsatzebene Umsatzsteuer erhoben. Die Umsatzsteuer wird durch den Leistungsempfänger an den Leistungserbringer bezahlt und von diesem an das Finanzamt abgeführt. Unternehmerische Leistungsempfänger können sich in der Regel die Umsatzsteuer vom Finanzamt wieder erstatten lassen, sodass letztendlich nur Leistungen an private Endkunden der Umsatzsteuerbelastung unterliegen.

Für grenzüberschreitende Leistungen zwischen Unternehmen finden besondere Regelungen Anwendung. Dabei wird die Abführungsverpflichtung

1.4 · Steuerharmonisierung in der Europäischen Union

der Umsatzsteuer auf den Leistungsempfänger übertragen (§ 13a Abs. 1 Nr. 2 UStG). Dieser kann die abzuführende Umsatzsteuer mit seinem Vorsteuererstattungsanspruch verrechnen (§ 15 Abs. 1 Nr. 3 UStG). Das leistungsempfangende Unternehmen leistet nur noch den Nettobetrag an das leistende Unternehmen. Systemtechnisch werden eine steuerfreie innergemeinschaftliche Lieferung/Leistung beim leistenden Unternehmen (§ 6a UStG i. V. m. § 4 Nr. 1b UStG) sowie ein steuerpflichtiger innergemeinschaftlicher Erwerb beim Leistungsempfänger (§ 1 Abs. 1 Nr. 5 i. V. m § 3d UStG) angenommen. Eine innergemeinschaftliche Lieferung ist nur als steuerfrei zu behandeln (§ 6a Abs. 1 UStG), wenn der Unternehmer den Gegenstand der Lieferung in das übrige Gemeinschaftsgebiet befördert oder versendet und der Abnehmer Unternehmer ist, der den Gegenstand der Lieferung für sein Unternehmen erworben hat. Der Nachweis, dass der empfangende Unternehmer tatsächlich Unternehmer ist, erfolgt durch die Umsatzsteueridentifikationsnummer (USt-IdNr.), welche in der Rechnung nach § 14a Abs. 3 UStG anzugeben ist. Die USt-IdNr. ist eine unternehmensspezifische Kombination aus zwei Großbuchstaben (sog. Ländercode) und bis zu 12 alphanumerischen Ziffern. Nach § 27a Abs. 1 UStG wird sie in Deutschland allen Unternehmern durch das Bundeszentralamt für Steuern auf Antrag zugeteilt. Da der Erbringer der innergemeinschaftlichen Lieferungen bei einer unberechtigten Steuerfreistellung für die Umsatzsteuer haftet, ist eine Überprüfung der Echtheit einer USt-IdNr. zumindest bei Neukunden sinnvoll und kann über das Bundeszentralamt für Steuern online europaweit erfolgen.

Werden Lieferungen und Leistungen von EU-Unternehmern exportiert (Ausfuhrlieferung, § 6 UStG), sind diese von der Umsatzsteuer befreit (§ 4 Nr. 1a UStG), da systematisch davon ausgegangen wird, dass im aufnehmenden Drittstaat die Lieferungen und Leistungen dem dortigen Umsatzsteuersystem unterliegen. Dies verhindert eine Doppelbesteuerung. Soweit das Importland keine Umsatzsteuer erhebt, kommt es zu keiner Umsatzsteuerbelastung, was dem Bestimmungsland entspricht. So erfahren EU-Exporteure keinen Wettbewerbsnachteil im Importland.

Im Umkehrschluss werden alle Lieferungen von Gegenständen, die von einem Drittstaat (§ 1 Abs. 2a S. 3 UStG) in die EU erbracht werden, der Einfuhrumsatzsteuer unterworfen (§ 1 Abs. 1 Nr. 4 UStG). Steuerpflichtig bzw. Steuerschuldner ist derjenige, der die Zollschuld anmeldet oder derjenige, für den die Zollanmeldung abgegeben wird (Art. 77 Abs. 3 UZK). § 13a Abs. 2 UStG verweist auf § 21 Abs. 2 UStG, sodass die Vorschriften für Zölle (Unionszollkodex, UZK) für die Einfuhrumsatzsteuer gelten. Die Steuer entsteht im Regelfall nach Art. 77 Abs. 1 lit. a UZK, wenn die Ware in den freien Verkehr überführt wird.

Im Mittelpunkt der Diskussion über die Wettbewerbswirkungen des EU-Mehrwertsteuersystems steht die Frage nach der Anwendung des Ursprungs- oder des Bestimmungslandprinzips. Beim Ursprungslandprinzip richtet sich die Höhe der Besteuerung nach dem Mitgliedstaat des leistenden Unternehmens, beim Bestimmungslandprinzip nach dem Mitgliedstaat des Empfängers.

Als Grundprinzip fungiert das Ursprungslandprinzip. Bei Lieferungen (§ 3 Abs. 6 UStG) und bei Leistungen (§ 3a Abs. 1 UStG) ist der Ort der Lieferung bzw. Leistung dort, wo die Beförderung/Versendung beginnt bzw. dort, wo der Unternehmer sein Unternehmen betreibt. Allerdings wird diese Grundregel durch eine Vielzahl von Ausnahmen durchbrochen. Gerade bei grenzüberschreitenden Lieferungen und Leistungen an Endkunden wird regelmäßig auf das Bestimmungslandprinzip gewechselt (§ 3c UStG). Vom Ursprungslandprinzip kann ein Endkunde in der Regel nur dann profitieren, wenn er die Ware im anderen Mitgliedstaat erwirbt und selbst über die Grenze befördert. Auch dies ist aber nicht in allen Fällen möglich, da zum Beispiel beim Erwerb eines neuen Kraftfahrzeugs durch einen Endkunden in einem anderen Mitgliedstaat ein innergemeinschaftlicher Erwerb durch den Endkunden angenommen wird (§ 1b UStG). Beim innergemeinschaftlichen Erwerb wird nach § 3d UStG der Ort dort festgelegt, wo sich der Gegenstand am Ende der Beförderung befindet. Dies wird meist im Sitzland des Erwerbers sein.

Als Bemessungsgrundlage dient der Wert der Gegenleistung (Entgelt, § 10 UStG). Die Einfuhrumsatzsteuer wird nach dem Zollwert der Ware erhoben (§ 11 Abs. 1 UStG). Zu erhebende Verbrauchsteuern sind Teil der Umsatzsteuer-Bemessungsgrundlage.

Die ursprüngliche Zielsetzung der Kommission sah eine Harmonisierung der Umsatzsteuersätze in einer Bandbreite von 14–20 % für den Normalsteuersatz und von 5–9 % für den ermäßigten Steuersatz vor (KOM (87)321). Dies konnte jedoch nicht durchgesetzt werden, sodass die Richtlinie 92/77/EWG vom 19.10.1992 lediglich den bis heute geltenden Mindeststeuersatz von 15 % enthält. Dieser Mindestsatz findet sich auch in Absatz 29 der Einführung sowie in Art. 97 der Mehrwertsteuersystemrichtlinie. Zudem sind ein oder zwei ermäßigte Steuersätze über 5 % auf die im Anhang III der Mehrwertsteuersystemrichtlinie aufgeführten Gegenstände und Dienstleistungen möglich (Art. 98 und Art. 99). Darüber hinaus können einige Mitgliedstaaten einen besonders ermäßigten Steuersatz anwenden. Ergänzend ist für eine Reihe von Waren und Dienstleistungen ein Nullsteuersatz möglich, wenn diese bereits zum 01.01.1991 galten (Art. 110). Erhöhte Steuersätze auf Luxusgüter sind nicht vorgesehen. Die Umsatzsteuersätze werden regelmäßig durch die EU veröffentlicht, zuletzt mit Stand 01.07.2018 (taxud.c.1(2018) – DE; ▶ https://ec.europa.eu/taxation_customs/sites/taxation/files/resources/documents/taxation/vat/how_vat_works/rates/vat_rates_en.pdf)

Die Regelsteuersätze variieren (Juli 2018) zwischen 17 % (Luxemburg) und 27 % (Ungarn). Deutschland liegt mit 19 % im hinteren Mittelfeld. Mit Ausnahme von Dänemark wenden alle Mitgliedstaaten mindestens einen ermäßigten Steuersatz an. Fünf Länder (Frankreich, Irland, Italien, Luxemburg und Spanien) setzen stark ermäßigte Steuersätze unter 5 % ein.

Seit 2016 berät die EU über eine Reform des Mehrwertsteuersystems (Aktionsplan Mehrwertsteuer), sodass die Zielsetzung des Bestimmungslandprinzips erreicht werden soll. Erste Maßnahmen zur Vereinfachung (z. B. bei Reihengeschäften) wurden im Dezember 2018 beschlossen.

1.4.3.2 Verbrauchsteuern

Verbrauchsteuern mussten für ein Funktionieren des Binnenmarkts ebenfalls harmonisiert werden. Wie bei der Umsatzsteuer ist die Höhe der Steuersätze in der Regel nicht einheitlich festgelegt. Demgegenüber sind der Steuergegenstand, Steuerbefreiungen sowie die Bemessungsgrundlage harmonisiert. Allerdings betrifft dies nicht alle Verbrauchsteuern innerhalb der EU. Man unterscheidet zwischen den harmonisierten Verbrauchsteuern und den rein nationalen, nicht harmonisierten Steuern. Für die nachfolgenden Verbrauchsteuern ist eine Harmonisierung vorgenommen worden:

- Energiesteuer, geregelt im Energiesteuergesetz (EnergieStG),
- Stromsteuer, geregelt im Stromsteuergesetz (StromStG),
- Tabaksteuer, geregelt im Tabaksteuergesetz (TabStG),
- Alkoholsteuer, geregelt im Alkoholsteuergesetz (AlkStG),
- Biersteuer, geregelt im Biersteuergesetz (BierStG), und die
- Schaumwein-/Zwischenerzeugnissteuer, geregelt im Gesetz zur Besteuerung von Schaumwein und Zwischenerzeugnissen (SchaumwZwStG).

In rein nationaler Kompetenz werden die
- Kaffeesteuer, geregelt im Kaffeesteuergesetz (KaffeeStG) und die
- Sondersteuer auf Alkopops, geregelt im Alkopopsteuergesetz (AlkopopStG),

erhoben.

> **Auf den Punkt gebracht: Rechtsgrundlagen zur Harmonisierung**
> — Systemrichtlinie (Richtlinie 2008/118/EG des Rates vom 16. Dezember 2008 über das allgemeine Verbrauchsteuersystem und zur Aufhebung der Richtlinie 92/12/EWG):
>   — Festschreibung der Grundlagen des innergemeinschaftlichen Verbrauchsteuersystems für Energieerzeugnisse und elektrischer Strom, Alkohol, alkoholische Getränke und Tabakwaren.
> — Strukturrichtlinien (Richtlinie 92/83 -Alkohol-, Richtlinie 2011/64 -Tabakwaren-, Richtlinie 2003/96 -Energieerzeugnisse und elektrischer Strom-):
>   — Bestimmung der verbrauchsteuerpflichtigen Waren, Festlegung von verwendungsorientierten Steuerbefreiungen und Steuerermäßigungen.
> — Steuersatzrichtlinien (Richtlinie 2011/64 -Tabakwaren-, Richtlinie 2003/96 -Energieerzeugnisse und elektrischer Strom-, Richtlinie 92/84 -Alkohol-):
>   — Von den EU-Mitgliedstaaten festgelegte Mindeststeuersätze für die einzelnen verbrauchsteuerpflichtigen Waren.
> — Verordnung zur Beförderung (Verordnung Nr. 3649/92):
>   — Festlegung der Begleitdokumente für die Beförderungsverfahren.
> — EMCS-Verordnung (Verordnung (EG) Nr. 684/2009 der Kommission vom 24. Juli 2009 zur Durchführung der Richtlinie 2008/118/EG des Rates in Bezug auf die EDV-gestützten Verfahren für die Beförderung verbrauchsteuerpflichtiger Waren unter Steueraussetzung).
>
> (Quelle: ► www.zoll.de)

Da die Steuersätze in der EU noch nicht vollständig harmonisiert sind, ist sowohl der gewerbliche als auch der private Warenverkehr beschränkt. Im gewerblichen Verkehr findet das Bestimmungslandprinzip Anwendung. Dies bedeutet, dass bei grenzüberschreitenden Warenlieferungen nach Deutschland die inländischen Verbrauchsteuersätze gelten. Dazu wurde ein Überwachungssystem mit Steuerlagersystem geschaffen. Die Waren werden unversteuert über die innergemeinschaftliche Grenze geliefert, wenn diese aus einem überwachten Lager in ein anderes überwachtes Lager oder zu einem zugelassen und registrierten Empfänger geliefert werden. Soweit bereits versteuerte Ware über die Grenze verbracht wird, kommt es zur Entsteuerung des Lieferanten.

Bei Privatpersonen ist die Einfuhr verbrauchsteuerpflichtiger Waren auf den Eigenbedarf beschränkt. Dafür sind die in ◘ Tab. 1.4 aufgeführten Mengen maßgebend. Für Bewohner im Grenzgebiet zu EU-Drittstaaten reduzieren sich die Freimengen.

1.4 · Steuerharmonisierung in der Europäischen Union

◻ Tab. 1.4 Richtmengen zum Eigenbedarf verbrauchsteuerpflichtiger Waren

Verbrauchsteuer-pflichtige Ware	Richtmenge innerhalb der EU	Freimenge Nicht-EU Regelfall	Freimengen Nicht-EU Ausnahmen
Zigaretten	800 Stück oder	200 Stück oder	40 Stück oder
Zigarillos	400 Stück oder	100 Stück oder	20 Stück oder
Zigarren	200 Stück oder	50 Stück oder	10 Stück oder
Rauchtabak	1 kg	250 g	50 g
Spirituosen (Rum, Wodka, Whisky)	10 l	1 l (> 22 Volumenprozent) Oder 2 l (≤ 22 Volumenprozent)	0
Zwischenerzeugnisse (z. B. Sherry, Portwein)	20 l		0
Alkopops	10 l		0
Schaumwein	60 l	4 l	0
Bier	110 l	16 l	0
Kaffee	10 kg	Wertgrenze 300 € für alle sonstigen Waren	Wertgrenze 90 € für alle sonstigen Waren

Quelle: ▶ www.zoll.de

Bei Mineralölprodukten die zu Heizzwecken benutzt werden, ist generell Steuerpflicht gegeben. Bei Kraftstoffen, die im PKW mitgeführt werden, ist neben der Tankfüllung des Kraftfahrzeugs ein Reservekanister mit 20 Litern (10 l bei Nicht-EU-Ländern) befreit.

Erfolgt die gewerbliche Einfuhr aus Drittstaaten, besteht grundsätzlich Verbrauchsteuerpflicht, sodass es zu einer Doppelbesteuerung kommt. Bei der gewerblichen Ausfuhr in Drittstaaten kann es ebenfalls zu einer Doppelbesteuerung kommen, da nur bei der Tabak- und Kaffeesteuer eine Entlastung vorgesehen ist.

1.4.3.3 Kapitalverkehrsteuern

Die Kapitalverkehrsteuern weisen eine eher geringere Bedeutung auf. Harmonisiert ist in der EU einzig (seit 1969) die Gesellschaftsteuer. Seit 1985 ist den Mitgliedstaaten die Möglichkeit eingeräumt worden, die Gesellschaftsteuer abzuschaffen, wovon Deutschland 1992 Gebrauch gemacht hat. Hintergrund der

Harmonisierungsbestrebungen ist, dass erhebliche Belastungsunterschiede bestehen, die zu Wettbewerbsverzerrungen führen und den freien Kapitalverkehr behindern (Einführung, Abs. 2).

In der Richtlinie wird ausgeführt, dass die Abschaffung in allen Mitgliedstaaten die sinnvollste Lösung wäre, dies jedoch nicht durchzusetzen ist (Einführung, Abs. 5). Allerdings dürfen nur die Mitgliedstaaten die Gesellschaftsteuer erheben, die sie bereits am 01.01.2006 erhoben haben.

Inhaltlich können (Eigen-)Kapitalzuführungen zu Kapitalgesellschaften, Umstrukturierungen von Kapitalgesellschaften und die Ausgabe bestimmter Wertpapiere und Obligationen mit einem Steuersatz von höchstens 1 % besteuert werden.

Eine besondere Bedeutung hat jüngst das Bestreben einiger Mitgliedstaaten erhalten, eine Finanztransaktionssteuer im Wege der „verstärkten Zusammenarbeit" einzuführen. Nachdem im Januar 2009 erste Überlegungen der G20 angestellt wurden, eine weltweit geltende Finanztransaktionssteuer zu etablieren, um die Finanzbranche an den Kosten der Finanzkrise zu beteiligen, wurde schnell offensichtlich, dass eine globale Einigung kaum zu erreichen ist. Vor diesem Hintergrund hat die EU-Kommission im September 2011 einen EU-Richtlinienvorschlag vorgelegt, der jedoch keine Umsetzungschancen hatte.

Beispiel: Der Weg zur Finanztransaktionssteuer in der EU
- September 2011: Die EU-Kommission legt einen Richtlinienentwurf vor.
- Mitte 2012: EU-Ministerrat sieht keine Möglichkeit der Einigung innerhalb der EU-Mitgliedstaaten.
- September 2012: Anfrage von 11 Mitgliedstaaten bezüglich einer „verstärkten Zusammenarbeit" bei der Einführung einer Finanztransaktionssteuer.
- Dezember 2012 – Januar 2013: Zustimmung der Gremien der EU: Kommission, Rat und Parlament, insbesondere Beschluss des Rates vom 22.01.2013 zu einer Ermächtigung zu einer verstärkten Zusammenarbeit im Bereich der Finanztransaktionssteuer.
- 14.02.2013: Vorschlag für eine Richtlinie des Rates über die Umsetzung einer verstärkten Zusammenarbeit (11 Staaten) im Bereich der Finanztransaktionssteuer (KOM/2013/71).
- 30.04.2014: EuGH lehnt Klage Großbritanniens gegen die Finanztransaktionssteuer ab (C-209/13 = ECLI:EU:C:2014:283).
- Dezember 2015: Estland scheidet aus dem Kreis der Länder zur verstärkten Zusammenarbeit aus.
- Dezember 2018: In der Sitzung der Euro-Gruppe wird eine Börsensteuer diskutiert, deren Mittel dem EU-Haushalt zufließen sollen.

Zielsetzung ist es mit der Besteuerung von Finanztransaktionen die Volatilität der Kapitalmärkte zu reduzieren und die Stabilität der Finanzmärkte zu erhöhen. Die Finanztransaktionssteuer ist wegen ihrer Auswirkungen heftig umstritten. Insbesondere Großbritannien fürchtet negative Auswirkungen auf den Bankenplatz London, obwohl Großbritannien selbst nicht teilnimmt.

Steuerpflichtig sollen Transaktionen sein, bei denen mindestens ein Transaktionspartner in den teilnehmenden Staaten ansässig ist. Zudem soll jede Transaktion von in den teilnehmen Staaten ausgegebenen Finanzinstrumenten steuerpflichtig sein. Dies soll die Verlagerung von Finanztransaktionen in nicht teilnehmende EU-Staaten bzw. Drittstaaten vermeiden. Frankreich und Italien haben vorab bereits eine Finanztransaktionssteuer eingeführt.

1.4.4 Harmonisierung direkter Steuern

Mangels eines umfassenden Harmonisierungsauftrags ist eine Rechtsangleichung der direkten Steuern auf Ebene der EU nur in engen Grenzen möglich. Die Souveränität zur Steuergesetzgebung steht alleine den Nationalstaaten zu. Allerdings sind die Mitgliedsstaaten verpflichtet ihre nationalen Gesetze, also auch die Steuergesetze, im Einklang mit den Vorgaben der Europäischen Verträge auszugestalten.

1.4.4.1 Richtlinien im Bereich der direkten Steuern

Grundlage für Harmonisierungsmaßnahmen können nur die Art. 114–118 AEUV bilden. Diese stellen somit auch die Grundlage für die wenigen existierenden Richtlinien im Bereich der direkten Steuern dar.

Aufgrund des geltenden Subsidiaritätsprinzips sowie der Erfordernis der Einstimmigkeit, muss eine besondere Beeinträchtigung des Binnenmarkts vorliegen, die nur durch einheitliche Regelungen in der gesamten EU behoben werden kann.

> **Auf den Punkt gebracht: Richtlinien zur Harmonisierung direkter Steuern**
> — Richtlinie über das gemeinsame Steuersystem der Mutter- und Tochtergesellschaften verschiedener Mitgliedstaaten (Mutter-Tochter-Richtlinie – 2011/96/EU).
> — Richtlinie über eine gemeinsame Steuerregelung für Zahlungen von Zinsen und Lizenzgebühren zwischen verbundenen Unternehmen verschiedener Mitgliedstaaten (Zins- und Lizenzgebührenrichtlinie – 2003/49/EG).

— Richtlinie über das gemeinsame Steuersystem für Fusionen, Spaltungen, die Einbringung von Unternehmensteilen und den Tausch von Anteilen, die Gesellschaften verschiedener Mitgliedstaaten betreffen (Fusionsrichtlinie – 2009/133/EU).
— Richtlinie im Bereich der Besteuerung von Zinserträgen (Zinsrichtlinie – 2003/48/EG; bis 31.12.2015).

- **Mutter-Tochter-Richtlinie**

Die Mutter-Tochter-Richtlinie wurde erstmals in 1990 (Richtlinie 90/435/EWG vom 23.07.1990 (Abl. L 225, S. 6)) verabschiedet. In 2003 erfolgte eine Überarbeitung (Richtlinie 2003/123/EG vom 22.12.2003, Abl. 2004 L 7, S. 41), die die Voraussetzungen absenkte und den Anwendungsbereich erweitert hat. Am 30.11.2011 wurde die Richtlinie als RL 2011/96/EU neu gefasst und veröffentlicht. Die letzte Änderung erfolgte durch die Richtlinie 2015/121 v. 27.1.2015 (ABl L 21 S. 1).

Mit der Mutter-Tochter-Richtlinie soll das Problem der Doppelbesteuerung von Dividenden bei Ausschüttungen im Konzern gelöst werden. Abhängig vom Körperschaftsteuersystem kann es dazu kommen, dass Gewinne von Kapitalgesellschaften der Körperschaftsteuer unterliegen, bei der Ausschüttung zusätzlich eine Quellensteuer anfällt und auf Ebene der dividendenempfangenden Kapitalgesellschaft im Konzern erneut Körperschaftsteuer anfällt. Kapitalgesellschaftskonzerne würden dadurch deutlich höher als Einheitsgesellschaften besteuert. Zudem würde die Höhe der Besteuerung im hohen Maße von der Länderkombination von ausschüttenden und empfangenden Mitgliedstaat abhängen.

Durch die Mutter-Tochter-Richtlinie wird festgelegt, dass bei Ausschüttungen von Tochtergesellschaften an die Muttergesellschaft keine Quellensteuer erhoben werden darf. Zudem muss der Staat der Muttergesellschaft die Freistellungsmethode anwenden, sodass letztendlich nur die Steuerbelastung der Tochtergesellschaft verbleibt. Alternativ kann auch die Anrechnungsmethode zur Anwendung kommen, allerdings muss dann eine Anrechnung bis auf Ebene der Enkelgesellschaften erfolgen.

Voraussetzung für die Anwendung der Mutter-Tochter-Richtlinie ist, dass eine Beteiligung von mindestens 10 % vorliegt. Die Mitgliedstaaten können zudem eine Haltedauer von zwei Jahren als Voraussetzung vorsehen. Die Richtlinie findet nur in Bezug auf EU-Staaten Anwendung, nicht dagegen bei EWR-Staaten.

In Deutschland ist die Mutter-Tochter-Richtlinie in § 43b EStG für den Inbound-Fall (inländische Tochtergesellschaft einer ausländischen Muttergesellschaft) in Form der Quellensteuerbefreiung umgesetzt. Die Beteiligung muss zum Zeitpunkt der Dividendenzahlung seit mindestens zwölf Monaten im Besitz der Muttergesellschaft sein.

Die Freistellung für Outbound-Sachverhalte (ausländische Tochter der inländischen Mutter) erfolgt in § 8b KStG entsprechend zu Inlandssachverhalten. Die Mutter-Tochter-Richtlinie umfasst auch die Gewerbesteuer, sodass die Schachtelbeteiligungsgrenze von 15 % auf 10 % sinkt (§ 8 Nr. 5 i. V. m. § 9 Nr. 7 Gewerbesteuergesetz (GewStG)). Die Regelung gilt auch für Dividenden aus den EWR-Staaten.

In § 50d Abs. 3 EStG finden sich Regelungen zur Einschränkungen des Missbrauchs der Mutter-Tochter-Richtlinie. Dies betrifft insbesondere die Zwischenschaltung von Gesellschaften, die selbst keinen Anspruch auf die Anwendung der Mutter-Tochter-Richtlinie haben (Drittstaaten-Muttergesellschaft).

Der EU-Rat hatte die EU-Kommission am 21.05.2013 im Zuge der BEPS-Diskussionen aufgefordert, eine Überarbeitung der Richtlinie vorzubereiten, um Steuerschlupflöcher zu schließen. Dementsprechend wurde durch die Änderungsrichtlinie 2015 eine Missbrauchsregelung aufgenommen. (siehe auch ▶ Abschn. 5.3.3.2).

- **Zins- und Lizenzrichtlinie**

Ähnlich wie bei Dividenden können auch bei grenzüberschreitenden Zins- und Lizenzzahlungen innerhalb der EU Doppelbesteuerungen auftreten, die den Wettbewerb verzerren.

Hintergrund: Historie
Ein Überblick über die Entwicklungsgeschichte sowie inhaltliche Details finden sich unter:
▶ https://ec.europa.eu/taxation_customs/business/company-tax/taxation-crossborder-interest-royalty-payments-eu-union_de

Mit der Zins- und Lizenzgebührenrichtlinie vom 03.06.2003 (Abl. L 157, S. 49 vom 26.06.2003) wird geregelt, dass bei konzerninternen Lizenz- und Zinszahlungen nur eine Besteuerung auf Ebene der Muttergesellschaft erfolgen darf. Eine Quellensteuer im Mitgliedstaat der Tochtergesellschaft ist nicht möglich. Die Regelungen finden auch Anwendung, wenn Leistender oder Empfänger der Zins- und Lizenzzahlungen eine Betriebsstätte eines Konzernunternehmens ist.

Als Anwendungsvoraussetzung sieht die Richtlinie eine Beteiligung von mindestens 25 % vor. Die Quellensteuerbefreiung greift auch bei Zins- und Lizenzgebühren zwischen zwei Tochtergesellschaften, wenn die Muttergesellschaft an beiden Tochtergesellschaften eine Beteiligung von mindestens 25 % hält. In Art. 5 sieht die Richtlinie ausdrücklich vor, dass bei Steuerhinterziehung, Steuerumgehung und Missbrauch die Anwendung der Richtlinie durch die Mitgliedstaaten verweigert werden darf. Zudem müssen die Zins- und Lizenzzahlungen dem Fremdvergleichsgrundsatz entsprechen.

In Deutschland erfolgte die Umsetzung in § 50g EStG. Die entsprechenden Missbrauchsnormen wurden übernommen. Soweit in einem DBA eine weitergehende Entlastung erfolgt, wird diese durch die Umsetzung der Zins- und Lizenzrichtlinie nicht eingeschränkt (§ 50g Abs. 5 EStG).

- **Fusionsrichtlinie**

Die Fusionsrichtlinie greift das Problem grenzüberschreitender Unternehmensrestrukturierungen in der EU auf. Während im nationalen Bereich die steuerrelevante Auflösung stiller Reserven durch Sondersteuergesetze vermieden wird – in Deutschland zum Beispiel durch das Umwandlungssteuergesetz (UmwStG) –, kommt es in grenzüberschreitenden Fällen regelmäßig zu diskriminierenden Steuerfolgen.

Die Fusionsrichtlinie wurde am 23.07.1990 erstmals verabschiedet (Abl. L 225, S. 1 vom 20.08.1990) und in 2005 durch die Änderungsrichtlinie 2005/19/EG (vom 17.02.2005, Abl. L 58/19 vom 04.03.2005) wesentlich überarbeitet sowie der Anwendungsbereich erweitert. Die Richtlinie wurde am 25.11.2009 als RL 2009/133/EG neu kodifiziert (Abl. L 310, S. 34)

Hintergrund: Historie
Ein Überblick über die Entwicklungsgeschichte sowie inhaltliche Details finden sich unter:
▶ https://ec.europa.eu/taxation_customs/business/company-tax/merger-directive_de

Durch die Richtlinie werden Restrukturierungen in der Form der Fusion (Verschmelzung), der Spaltung, der Abspaltung, der Einbringung von Unternehmensteilen und der Tausch von Anteilen steuerneutral ermöglicht. Zudem kann eine steuerneutrale Sitzverlegung der Europäischen Aktiengesellschaft und Europäischen Genossenschaft erfolgen. Die Besteuerung soll sowohl auf Unternehmensebene (stille Reserven der Wirtschaftsgüter) als auch auf Ebene der Anteilseigner (stille Reserven in den Anteilen) aufgeschoben werden. Voraussetzung ist nach der Richtlinie, dass Gesellschaften aus mehr als zwei EU/EWR-Staaten beteiligt sind.

In Deutschland erfolgte die Umsetzung durch das „Gesetz über steuerliche Begleitmaßnahmen zur Einführung der Europäischen Gesellschaft und zur Änderung weiterer steuerrechtlicher Vorschriften (SEStEG)" vom 07.12.2006, indem das UmwStG entsprechend ergänzt wurde, sodass grenzüberschreitende Umstrukturierungen der inländischen Reorganisation gleichgestellt sind.

1.4 · Steuerharmonisierung in der Europäischen Union

- **Zinsrichtlinie**

Die Zinsrichtlinie (2003/48/EG vom 03.06.2003, Abl. L 157, S. 38 vom 26.06.2003) war die erste Richtlinie, die die Besteuerung von Privatpersonen betraf. Hintergrund war nicht die Vermeidung einer Doppelbesteuerung sondern die Vermeidung einer doppelten Nichtbesteuerung. Dies war vor allem durch das Bankgeheimnis in einigen Mitgliedstaaten begründet.

Nachdem in einem ersten Schritt anonyme Kapitalanlagen in der EU 1991 durch die Geldwäscherichtlinie (91/308/EWG vom 10.06.1991, Abl. L 166, S. 77 vom 28.06.1991) untersagt wurden – in Art. 3 Abs. 1 wurde die Identifikationspflicht von Kunden eingeführt (in Deutschland in § 154 AO zu finden) –, sollte mit der Richtlinie die Steuerpflicht von Zinsen in der EU durchgesetzt werden.

Zur Sicherstellung der Besteuerung von Kapitaleinkünften im Wohnsitzstaat des Steuerpflichtigen wurde durch die Zinsrichtlinie der automatische Informationsaustausch über Zinseinkünfte natürlicher Privatpersonen eingeführt. Da nicht alle EU-Mitgliedstaaten hierzu bereit waren, wurde als Alternative ein Quellensteuerabzug ermöglicht.

Einige Mitgliedstaaten haben der Zinsrichtlinie nur unter dem Vorbehalt zugestimmt, dass auch mit Drittstaaten, deren Finanzplätze mit denen der EU konkurrieren, auf Vertragsbasis entsprechende Abkommen abgeschlossen werden. Derartige Abkommen wurden mit fünf Ländern (Schweiz, Andorra, Liechtenstein, Monaco und San Marino) und zehn assoziierten bzw. abhängigen Gebieten (z. B. die Kanalinseln) abgeschlossen.

Die Steuersätze waren zeitlich gestaffelt, sodass deren Anwendung zunehmend unattraktiver werden sollte, um die Zielsetzung eines umfassenden Informationsaustausches zu erreichen:
- Quellensteuerabzug ab 01.07.2005: 15 %
- Quellensteuerabzug ab 01.01.2008: 20 %
- Quellensteuerabzug ab 01.01.2011: 35 %

Die Umsetzung erfolgte in Deutschland durch § 45e EStG, der die Rechtsgrundlage für die Zinsinformationsverordnung beinhaltete. Die technische Abwicklung des Informationsaustausches erfolgte durch das Bundeszentralamt für Steuern.

Die EU-Zinsrichtlinie wurde durch die Richtlinie 2015/2060 v. 10.11.2015 (Abl. L 301, S. 1) aufgehoben. Ursächlich ist die Einführung des grenzüberschreitenden Datenaustausches bezüglich Kapitalerträgen durch die RL 2014/107

EU v. 16.12.2014 (Abl. L 359, S. 1), die einen automatischen Informationsaustausch nach dem OECD-Standard vorsieht. Gegenüber der EU-Zinsrichtlinie ist der Anwendungsbereich deutlich breiter, da auch Dividenden und andere Kapitalerträge erfasst sind. Auf Basis des OECD-Standards nehmen inzwischen (Stand Oktober 2018) mehr als 100 Staaten am Informationsaustausch teil. Auf deutscher Ebene erfolgte die Umsetzung durch das Finanzkonten-Informationsaustauschgesetz (FKAustG).

1.4.4.2 Rechtsprechung des EuGH

Von zentraler Bedeutung ist die Rechtsprechung des EuGH. Wegweisend für die Bindungswirkung der Rechtsprechung des EuGH war die Entscheidung in der Rs. Van Gend & Loos vom 05.02.1963 (ECLI:EU:C:1963:1 = 26/62). In diesem Verfahren hat das Gericht entschieden, dass das Europarecht uneingeschränkten Vorrang vor nationalem Recht hat. Über die entsprechenden Verweise im EWR-Abkommen vom 01.01.1994 gelten diese Vorgaben grundsätzlich auch für die Staaten des Europäischen Wirtschaftsraums.

> **Auf den Punkt gebracht: Staaten des EWR**
> Mit Vertrag vom 02.05.1992 (in Kraft getreten zum 01.01.1994) wurden zwischen der EU und der EFTA (ausgenommen die Schweiz) die Grundsätze des Binnenmarkts auch auf Island, Liechtenstein und Norwegen ausgedehnt.
> Bei Richtlinien ist jeweils zu beachten, ob diese sich nur auf die EU oder auch auf den EWR beziehen.

Der EuGH beruft sich in seiner Rechtsprechung vor allem auf die Grundprinzipien des gemeinsamen Binnenmarkts. Kernelement ist dabei das Diskriminierungsverbot in Art. 18 Abs. 1 AEUV. Danach dürfen die Angehörigen eines EU-Mitgliedstaats nicht besser gestellt werden, wie Angehörige anderer EU-Mitgliedstaaten. Dies kann entweder in Form einer offenen Diskriminierung, zum Beispiel durch Anknüpfung an die Staatsangehörigkeit, geschehen. Daneben sind auch sog. versteckte Diskriminierungen untersagt. Dies sind Ungleichbehandlungen, die als systematischer Ausfluss einer nationalen Norm auftreten. Beispiele hierfür sind Voraussetzung für eine Steuervergünstigung, die ein ausländischer Unionsbürger aufgrund seiner Ansässigkeit in einem anderen Mitgliedsstaat nicht erfüllen kann.

Beispiel: Diskriminierung
In der Rs. Gerritse (ECLI:EU:C:2003:340 = C-234/01) erzielte der niederländische Staatsbürger Gerritse in Deutschland beschränkt steuerpflichtige Einkünfte. Nach damaligem Recht unterlagen diese im Inland einer pauschalen Versteuerung. Im Gegenzug

1.4 · Steuerharmonisierung in der Europäischen Union

war der Abzug der Werbungskosten nicht zulässig. In einem vergleichbaren Inlandsfall hätte ein deutscher Staatsbürger die Werbungskosten im Rahmen des Besteuerungsverfahrens geltend machen können.
Der EuGH entschied, dass der grundsätzliche Ausschluss vom Werbungskostenabzug einen Verstoß gegen Europarecht darstellt.

Die Rechtsprechung des EuGH führte auf dieser Basis zu einer erheblichen Anzahl von Gesetzesanpassungen in Deutschland und den anderen EU-Staaten. Zwar entfalten die Urteile des EuGH eine direkte Bindungswirkung nur für die Adressaten in den am Verfahren beteiligten Mitgliedsstaaten, aufgrund der möglicherweise ähnlich gelagerten Regelungen und der somit gleichgelagerten Problematik sind sie jedoch auch für andere Staaten von Relevanz.

Konkretisiert wird das Binnenmarktprinzip durch die Grundfreiheiten, die durch die einzelnen Mitgliedstaaten gewährleistet werden müssen und die der EuGH bezüglich Diskriminierung prüft.

> **Auf den Punkt gebracht: Grundfreiheiten**
> Die rechtliche Grundlage für die Prüfung eines solchen Verstoßes bilden die im „Vertrag über die Arbeitsweisen" (AEUV) verankerten Grundfreiheiten:
> — Warenverkehrsfreiheit (Art. 34 AEUV),
> — Personenfreizügigkeit
>   — Arbeitnehmerfreizügigkeit (Art. 45 AEUV),
>   — Niederlassungsfreiheit (Art. 49 AEUV),
> — Dienstleistungsfreiheit (Art. 56 AEUV),
> — Kapital- und Zahlungsverkehrsfreiheit (Art. 63 AEUV).

Bereits die Frage nach der Einschlägigkeit der relevanten Grundfreiheit kann im konkreten Fall zu Problemen führen. Während die Zuordnung zum Schutzbereich der richtigen Grundfreiheit zumeist für die Rechtfertigungsprüfung von Bedeutung ist, hat speziell die Zuordnung zur Kapital- und Zahlungsverkehrsfreiheit noch weitergehende Konsequenzen. Diese wirkt nicht nur auf Sachverhalte innerhalb der EU, sondern besitzt einen auf Drittstaaten erweiterten Anwendungsbereich (Art. 63 Abs. 2 AEUV).

Um Kollisionsfälle zu lösen, stellt der EuGH auf die Wirkung der zu beurteilenden Norm ab. So könnte eine Investition in einem anderen Mitgliedstaat über eine Tochtergesellschaft unter dem Schutzbereich der Niederlassungsfreiheit oder dem Schutzbereich der Kapital- und Zahlungsverkehrsfreiheit subsumiert werden. In solchen Fällen ist die Niederlassungsfreiheit einschlägig, wenn die nationale Norm eine Beherrschungsmöglichkeit der Tochtergesellschaft verlangt. Sofern die Norm undifferenziert greift, also auch für sog.

Portfolio-Investitionen, ist die Kapitalverkehrsfreiheit, auch im Verhältnis zu Drittstaaten, anwendbar. Diese Differenzierung führte in Deutschland zur Abschaffung der Steuerbefreiung von Streubesitzdividenden (§ 8b Abs. 4 KStG), nachdem der EuGH eine EU-Ausländerdiskriminierung festgestellt hat.

Beispiel: Dividendenbesteuerung (Leitsatz des EuGH in der Rs. ECLI:EU:C:2011:670 = C-284/09 vom 20.10.2011)
Die Bundesrepublik Deutschland hat dadurch gegen ihre Verpflichtungen aus Art. 56 Abs. 1 EG[1)] verstoßen, dass sie für den Fall, dass die in Art. 3 Abs. 1 Buchst. a der Richtlinie 90/435/EWG des Rates vom 23.7.1990 über das gemeinsame Steuersystem der Mutter- und Tochtergesellschaften verschiedener Mitgliedstaaten in der durch die Richtlinie 2003/123/EG des Rates vom 22.12.2003 geänderten Fassung vorgesehene Mindestbeteiligung der Muttergesellschaft am Kapital der Tochtergesellschaft nicht erreicht ist, Dividenden, die an Gesellschaften mit Sitz in anderen Mitgliedstaaten ausgeschüttet werden, wirtschaftlich einer höheren Besteuerung unterwirft als Dividenden, die an Gesellschaften mit Sitz in der Bundesrepublik Deutschland ausgeschüttet werden.
Die Bundesrepublik Deutschland hat dadurch gegen ihre Verpflichtungen aus Art. 40 des Abkommens über den Europäischen Wirtschaftsraum vom 2.05.1992 verstoßen, dass sie Dividenden, die an Gesellschaften mit Sitz in Island oder in Norwegen ausgeschüttet werden, wirtschaftlich einer höheren Besteuerung unterwirft als Dividenden, die an Gesellschaften mit Sitz in der Bundesrepublik Deutschland ausgeschüttet werden.
[1)] Bezieht sich noch auf den alten EG-Vertrag; entspricht Art. 63 AEUV.

Allerdings kann ein konkreter Sachverhalt nur dann einen Verstoß gegen eine Grundfreiheit darstellen, wenn sich die benachteiligte Person hinsichtlich des verfolgten Ziels in einer objektiv vergleichbaren Situation mit einem fiktiven Inländer befindet.

Zudem führt nicht jeder Verstoß gegen eine Grundfreiheit im Ergebnis zu einem europarechtswidrigen Zustand. Vielmehr besteht für die Mitgliedsstaaten die Möglichkeit einer Rechtfertigung ihrer nationalen (diskriminierenden) Norm. Zu unterscheiden sind dabei geschriebene Rechtfertigungsgründe im Rahmen der einzelnen Grundfreiheiten (z. B. Art. 36 AEUV für die Warenverkehrsfreiheit oder Art. 52 AEUV für die Niederlassungsfreiheit) und ungeschriebene Rechtfertigungsgründe, die sich aus der Rechtsprechung des EuGH entwickelt haben.

Als solche wurden beispielsweise die Kohärenz (systematischer Aufbau) des Steuersystems oder zwingende Gründe des Allgemeininteresses, z. B. die Wahrung der Aufteilung der Besteuerungsbefugnisse zwischen den Mitgliedsstaaten, anerkannt. Ausdrücklich keinen Rechtfertigungsgrund stellen rein fiskalische Interessen der Mitgliedsstaaten dar.

Eine Rechtfertigung ist allerdings nur dann möglich, wenn die nationale Beschränkung verhältnismäßig (geeignet, angemessen und erforderlich) ist. Dies ist im Bereich der direkten Steuern regelmäßig dann nicht der Fall, wenn das gleiche Ziel mit einem für den Gebietsfremden milderen Mittel erreicht werden kann.

Beispiel: Angemessenheitsprüfung
In der Rs. Cadbury Schweppes (ECLI:EU:C:2006:544 = C-196/04) hat der EuGH grundsätzlich anerkannt, dass die Beschränkung der Niederlassungsfreiheit durch die (britische) Hinzurechnungsbesteuerung gerechtfertigt werden kann, wenn hierdurch missbräuchliche Gestaltungen (Scheinfirmen) verhindert werden sollen. Allerdings ist eine pauschale Missbrauchsvermutung nicht verhältnismäßig. Vielmehr kann das Ziel der Verhinderung missbräuchlicher Gestaltungen auch dann erreicht werden, wenn den Unternehmen die Möglichkeit eines Gegenbeweises für die tatsächliche wirtschaftliche Betätigung eingeräumt wird.
Vor dem Hintergrund dieses Urteils musste auch in Deutschland die Hinzurechnungsbesteuerung nach § 7–14 AStG angepasst werden, da auch hier kein Gegenbeweis vorgesehen war.

Da sich die Grundfreiheiten auf alle Lebensbereiche beziehen, werden nicht nur Unternehmen vor Diskriminierung geschützt, sondern auch natürliche Personen.

Für die nationalen Gesetzgeber hat die strenge Auslegung der Grundfreiheiten vor allem erhebliche Probleme bei der Einschränkung steuerlicher Begünstigungen zur Folge, die auch eine national geprägte Subventions- und Wirtschaftspolitik weitgehend unmöglich machen. Beispielhaft kann dies an einem Urteil des EuGH zu Immobilieninvestitionen aufgezeigt werden:

Beispiel: Abschreibungen von Immobilien
Mit Urteil vom 15.10.2009 (ECLI:EU:C:2009:625 = C-35/08) hat der EuGH einen Verstoß gegen die Kapitalverkehrsfreiheit darin gesehen, dass Deutschland die degressive Abschreibung auf Immobilien nach dem damaligen § 7 Abs. 5 EStG nur für inländische Gebäude zuließ. Bei im Ausland gelegenen vermieteten Immobilien (hier: Spanien) war nur die lineare Abschreibung nach § 7 Abs. 4 EStG möglich. Durch die degressive Abschreibung sollten Immobilieninvestitionen angeregt werden.
Die degressive Immobilienabschreibung wurde als Reaktion auf dieses Urteil abgeschafft.

Auf eine Reihe weiterer Urteile wird in den nachfolgenden Kapiteln zu Inbound- und Outbound-Sachverhalten, aber auch bei Missbrauchsbekämpfungsmaßnahmen einzugehen sein. Dabei zeigt sich die immer stärker werdende Differenzierung zwischen den EU-Mitgliedstaaten und Drittstaaten.

1.4.5 Verfahrensrecht

Um die Zusammenarbeit der Finanzverwaltungen zu stärken, wurden in der EU auch mehrere Richtlinien zum Verfahrensrecht verabschiedet:
- Richtlinie 2010/24/EU vom 16.03.2010 über die Amtshilfe bei der Beitreibung von Forderungen in Bezug auf bestimmte Steuern, Abgaben und sonstige Maßnahmen (Abl. L 84 vom 31.03.2010, S. 1)
- Richtlinie 2011/16/EU bezüglich der Verpflichtung zum automatischen Austausch von Informationen im Bereich der Besteuerung (Abl. L 64 vom 11.03.2011, S. 1)

Die Richtlinie 2010/24/EU schafft die Grundlage für die Durchsetzung von Steueransprüchen in anderen EU-Staaten, da es den jeweiligen nationalen Finanzbehörden an der Handlungskompetenz in ausländischen Staaten fehlt. In Deutschland wurde die Richtlinie durch das „Gesetz über die Durchführung von Amtshilfe bei der Beitreibung von Forderungen in Bezug auf bestimmte Steuern und Abgaben" (EU-BeitrG) vom 07.11.2011 umgesetzt. Eine ausländische Steuerforderung kann im Inland eingetrieben werden, wenn im Ausland ein Vollstreckungstitel vorliegt und der einzutreibende Betrag 1500 € überschreitet. Die Forderung darf nicht älter als fünf Jahre sein.

Das BMF hat ein Merkblatt zur zwischenstaatlichen Amtshilfe bei der Steuererhebung herausgegeben:
▶ https://www.bzst.de/DE/Steuern_International/Internationale_Amtshilfe/Beitreibung_Zustellung/Merkblaetter/Zwischenstaatliche_Steuererhebung.html?nn=31594

Mit der Richtlinie 2011/16/EU vom 15.02.2011 wurde die zwischenstaatliche Amtshilfe neu geregelt. Mit dem EU-Amtshilfegesetz (EUAHiG) wurde diese in Deutschland mit weitgehender Wirkung zum 01.01.2013 umgesetzt.

Im Mittelpunkt steht dabei die Schaffung einer direkten Kommunikationsmöglichkeit zwischen den einzelnen Ebenen der Finanzverwaltung. Als Grundlage dient dabei der Informationsaustausch nach Art. 26 OECD-MA (große Auskunftsklausel) und bezieht sich somit auf alle Steuerarten. Weiterhin wurde der automatische Auskunftsverkehr (§ 7 EUAHiG) unabhängig von bestehenden DBA eingeführt. Die Auskünfte werden ohne Anhörung des Steuerpflichtigen gegeben. Darüber hinaus sind nach § 8 EUAHiG auch Spontanauskünfte möglich, wenn die Informationen „anderen Mitgliedstaaten von Nutzen sein können". Die Möglichkeit zu Auskunftsersuchen (§ 4 EUAHiG) bleibt davon unberührt.

Neben dem Informationsaustausch wurden auch Regelungen für eine gleichzeitige Prüfung internationaler Konzerne geschaffen (§ 12 EUAHiG; sog. joint audits). Die dadurch gewonnenen Erkenntnisse werden zwischen den beteiligten Staaten ausgetauscht.

Das BMF hat sowohl ein umfangreiches Merkblatt zur Amtshilfe als auch zu joint audits herausgegeben. Für die entsprechenden Links und weitere Hinweise:
▶ https://www.bzst.de/DE/Steuern_International/Joint_Audit/joint_audit_node.html#doc75276bodyText1

1.5 Lern-Kontrolle

Kurz und bündig

Internationales Steuerrecht zwischen Steuerwettbewerb und Steuerharmonisierung:
Die Globalisierung des Wirtschaftens hat die Unterschiede in den jeweils nationalen Steuersystemen deutlich aufgezeigt. *Doppelbesteuerung* oder *doppelte Nichtbesteuerung* sind die Konsequenz. Mit DBA sowie unilateralen Maßnahmen soll dieses Problem gelöst werden. In der Regel wird durch die *Anrechnungs- und die Freistellungsmethode* die Doppelbesteuerung vermieden. Zudem sollen Wettbewerbsverzerrungen innerhalb der EU durch Harmonisierung verhindert werden, damit das Funktionieren des EU-Binnenmarkts gesichert wird. Während dies bei den indirekten Steuern weitgehend gelungen ist, hat bei den direkten Steuern vor allem der EuGH die Weichen gestellt.

❓ Let's check
1. Erläutern Sie die möglichen Ursachen einer Doppelbesteuerung.
2. Gehen Sie auf die Möglichkeiten zur Differenzierung von Doppelbesteuerungen ein.
3. Prüfen Sie den Umfang der inländischen Einkommensteuerpflicht in den folgenden Fällen:
    a) Dem in Salzburg lebenden Deutschen Z gehört ein vollvermietetes Fünffamilienhaus in Wedel/Holstein.
    b) Der Franzose F unterhält in Köln, wo er auch lebt, eine Import-Export-Unternehmung; in Nimes (Frankreich) gehört ihm ein vermietetes Einfamilienhaus.

Kapitel 1 · Grundfragen

c) Der Japaner S besuchte seinen Vetter Y vom 19.5.2018 bis 21.12.2018 in Düsseldorf.
d) Der Brite J unterhält in Leeds eine Metallwarenfabrik; zur Betreuung seiner 2018 in Hamburg neu gegründeten Zweigniederlassung hielt er sich insgesamt 210 Tage in einem Hamburger Hotel auf.
e) Die Dänin H wohnt in Abenra (Dänemark); alle 14 Tage fährt sie nach Flensburg, um dort günstig für sich und ihre Familie einzukaufen.

4. Der Steuerinländer Y erzielt ein zu versteuerndes Einkommen von insgesamt 154.000 €. Hiervon stammen 104.000 € aus dem Inland und 50.000 € aus den Niederlanden. Zudem fallen 4000 € Sonderausgaben an. Der Steuersatz in Deutschland beträgt 40 %. In den Niederlanden beläuft sich der Steuersatz auf 50 %. Weiterhin sei unterstellt, dass sämtliche Einkünfte derselben Einkunftsart zuzurechnen sind. Stellen Sie das Ergebnis einer Besteuerung für den Fall dar, dass kein DBA existiert und somit die Anrechnungsmethode nach § 34c Abs. 1 EStG Anwendung findet.

❓ Vernetzende Aufgaben

1. Im Rahmen der nationalen, deutschen Steuergesetze wird ein Steuerrechtsverhältnis durch zwei Arten von Anknüpfungsmomenten begründet. Zeigen Sie diese Anknüpfungsmomente auf. Überlegen Sie sich weitere Anknüpfungsmerkmale für die Begründung einer inländischen Steuerpflicht. Gehen alle Länder von denselben Anknüpfungsmerkmalen aus?
2. Welche Verfahren oder Methoden zur Minderung bzw. Vermeidung einer Doppelbesteuerung sind grundsätzlich möglich und wie funktionieren diese? Welche Veränderungen im Rahmen der internationalen Steuergesetzgebung würden solche Methoden obsolet machen?

ℹ️ Lesen und Vertiefen

- Bornhofen, M., Bornhofen, M.C.: Steuerlehre 1. Gabler, 39. Aufl., Wiesbaden (2018)
  Das Buch ermöglicht einen grundlegenden Einblick in die Struktur des nationalen (deutschen) Steuerrechts. Dies unterstützt das Verständnis internationaler Zusammenhänge.
- Brähler, G.: Internationales Steuerrecht. Gabler, 9. Aufl., Wiesbaden (2019)
  Der Verfasser erläutert detailliert die Grundlagen des internationalen Steuerrechts – Ein Standardwerk für die internationale betriebswirtschaftliche Steuerlehre.

Literatur

Brähler, G. (2019). *Internationales Steuerrecht* (9. Aufl.). Wiesbaden: Gabler.
Breithecker, V., & Klapdor, R. (2016). *Einführung in die Internationale Betriebswirtschaftliche Steuerlehre* (4. Aufl.). Berlin: Schmidt.
Brunsbach S, Endres D, Lüdicke J, Schnitger A (2013) Deutsche Abkommenspolitik – Trends und Entwicklungen 2012/2013. Ifst-Schriftenreihe, Bd. 492. Institut Finanzen und Steuern e. V., Berlin
Cloer, A., & Lavrelashvili, N. (2008). *Einführung in das Europäische Steuerrecht*. Berlin: Schmidt.
Kellermann, D. (2013). *Europäische Unternehmensbesteuerung. Harmonisierung der direkten Unternehmensbesteuerung* (2. Aufl.). Wiesbaden: Gabler.
Kudert, S. (2017). *Internationales Steuerrecht – leicht gemacht* (3. Aufl.). Berlin: E. v. Kleist.
OECD Taxing Wages, OECD-Publishing, Paris (2018)
Schmidt, L., Sigloch, J., & Henselmann, K. (2005). *Internationale Steuerlehre*. Wiesbaden: Gabler.
Wilke, K.-M. (2018). *Internationales Steuerrecht* (14. Aufl.). Berlin: NWB.

Internationale Steuersysteme und Steuerbelastung

2.1 Internationaler Steuer- und Standortwettbewerb – 58

2.2 Heterogenität von Steuersystemen – 63
2.2.1 Überblick – 63
2.2.2 Vielfalt der Steuerarten – 64
2.2.3 Unternehmenssteuersysteme – 67

2.3 Messung der Steuerbelastung – 70
2.3.1 Qualitative Methoden – 70
2.3.2 Quantitative Methoden – 71
2.3.3 Grenzen von Steuerbelastungsvergleichen – 89

2.4 Lern-Kontrolle – 91

Literatur – 93

© Springer Fachmedien Wiesbaden GmbH, ein Teil von Springer Nature 2019
T. Egner, *Internationale Steuerlehre*, Studienwissen kompakt,
https://doi.org/10.1007/978-3-658-25324-0_2

Lern-Agenda

Die Staaten stehen untereinander im Wettbewerb um Steuersubstrat. Durch ein attraktives Steuersystem soll die Ansiedlung von Unternehmen und Privatpersonen gefördert werden. Da die Steuersysteme sehr unterschiedlich aufgebaut sind, soll mittels Steuerbelastungsvergleichen versucht werden, steuergünstige Standorte zu ermitteln.
Der Steuerwettbewerb bezieht sich aber nicht nur auf Ertragsteuern, auch Verkehr- und Verbrauchsteuern sind betroffen.

Kapitelstruktur

Zwischen den Ländern besteht Wettbewerb um Steuersubstrat bei natürlichen Personen und Unternehmen	Internationaler Steuerwettbewerb	▶ Abschn. 2.1
Die Steuersysteme der Länder sind unterschiedlich aufgebaut	Heterogenität von Steuersystemen	▶ Abschn. 2.2
Zur Messung der Steuerbelastung stehen verschiedene Methoden zur Verfügung	Messung der Steuerbelastung	▶ Abschn. 2.3

Die Steuersysteme der einzelnen Länder sind historisch gewachsen, sodass sie sich mehr oder weniger unterscheiden. Zwar weisen gerade die Steuersysteme der Industriestaaten gewisse Gemeinsamkeiten auf, doch enden diese häufig bereits auf Ebene der Steuerarten. Eine Ausnahme hiervon bildet allenfalls die Europäische Union im Bereich der indirekten Steuern, da diese bezüglich System und Bemessungsgrundlage weitgehend harmonisiert wurden, um den einheitlichen Binnenmarkt zu ermöglichen.

2.1 Internationaler Steuer- und Standortwettbewerb

Die internationale Staatengemeinschaft führt einen intensiven Steuerwettbewerb um die Ansiedlung von Unternehmen und natürliche Personen.

Selbst innerhalb der Staaten bestehen regionale Steuerdifferenzen, die Konzerne regelmäßig in Form von Ausschreibungen nutzen. Solche Differenzen treten auf, wenn mehrere staatliche Ebenen Steuern erheben. In Deutschland sind dies neben dem Bund die Bundesländer und die Gemeinden. Eine regionale

2.1 · Internationaler Steuer- und Standortwettbewerb

Differenzierung ergibt sich vor allem durch die Gewerbesteuer, deren Steuersatz die jeweilige Gemeinde mitbestimmt, und die Grundsteuer sowie die Grunderwerbsteuer. In vielen Staaten ist es zudem üblich, dass bestimmte Steuern auf mehreren staatlichen Ebenen erhoben werden. So erheben in der Schweiz nicht nur der Zentralstaat sondern auch die Kantone und die Gemeinden Einkommensteuer. Auch in den USA wird auf drei Ebenen Einkommen- und Körperschaftsteuer erhoben (Bund, Bundesstaaten, Gemeinden).

Beispiel: VW Werk in Chattanooga
VW plante ein neues Werk in den USA zu bauen. 400 Städte hatten sich um die Ansiedlung beworben. Chattanooga im Bundesstaat Tennessee hat letztendlich den Zuschlag erhalten.
Insgesamt wurden VW finanzielle Zusagen in Höhe von ca. 577 Mio. US$ vom Bund, dem Bundesstaat und der Gemeinde über einen Zeitraum von 30 Jahren gewährt, darunter auch erhebliche Steuerrabatte (ca. 106 Mio. US$ State Tax Credits und ca. 133 Mio. US$ Local Property Tax Incentives).
Die Zuwendungen der staatlichen Ebenen sind durchaus rational begründbar, werden doch selbst nach Abzug der Steuervergünstigungen und sonstigen Subventionen noch erhebliche Steuerzahlungen des Investors erwartet. Zudem ist davon auszugehen, dass der Ankerinvestor weitere Investitionen durch Zulieferer auslöst.
(Quelle: Dörner, A.: Amerika beschenkt Volkswagen, HB vom 24.05.2011, S. 28; Fox F., Murray, M.N., Watts, A.B.: Economic and Sales Tax Revenue Effects of Volkswagen's Location of its Automobile Assembly Plant in Chattanooga, Tennessee, 2008. Zugriff über ▶ www.media.timesfreepress.com/docs/2008/08/VW_Economic_Impact_Study_0830.pdf.)

Die Bedeutung der Besteuerung nimmt deutlich zu, wenn es sich um weitgehend markt- und verkehrsunabhängige Investitionen handelt, wie zum Beispiel bei Finanzierungs- oder Lizenzierungsgesellschaften. Allgemein gilt der Grundsatz, dass immaterielle Werte leichter zu verlagern sind als materielle Werte. Infolgedessen finden sich derartige Unternehmen häufig in Steueroasen. Auch bei Privatpersonen ist dieses Vorgehen festzustellen, wie die seit Jahrzehnten anhaltende Diskussion um die Verlagerung von Kapitalvermögen zeigt.
   Als Instrumente des Steuerwettbewerbs finden vor allem zwei Vorgehensweisen Anwendung:
 - Zum einen kommt es zu einer allgemeinen Absenkung des Steuersatzniveaus. Dies begründet sich dadurch, dass aus psychologischer Sicht der Steuersatz eine besondere Anreizwirkung entfaltet. Es kann sich auch nur um Absenkungen für bestimmte Tätigkeitsbereiche handeln.

- Zum anderen werden steuerliche Anreize für die Unternehmensansiedlung gewährt. So wird die Schweiz dafür von der EU kritisiert, dass sie Auslandsgewinne steuerlich begünstigt und somit Unternehmen in die Schweiz lockt, die dort ansonsten keine wirtschaftlichen Interessen haben. Ähnliche Anreize werden auch für die Ansiedlung einzelner Personengruppen gewährt, z. B. für wohlhabende Steuerpflichtige oder bestimmte Berufsgruppen. Häufig trifft dies auch auf qualifizierte Mitarbeiter zu, die in ein Land entsendet werden („expatriates"). Die Maßnahmen umfassen für Unternehmen z. B.
    - die temporäre Aussetzung von Ertrag- und/oder Substanzsteuern,
    - vorgezogene Abschreibungen bzw. zusätzliche Abzüge von der Bemessungsgrundlage, oder
    - Steuergutschriften für Investitionen („tax credits").

Der internationale Steuerwettbewerb hat auch in Deutschland zu einem Absinken der Steuersätze geführt. Der Körperschaftsteuersatz wurde von 56 % in 1977 auf 15 % in 2019 gesenkt. Der Einkommensteuerspitzensatz wurde im gleichen Zeitraum vergleichsweise weniger von 56 % auf 45 % gesenkt. Die geringere Senkung der Einkommensteuersätze lässt sich dadurch begründen, dass der Wettbewerb bei den natürlichen Personen ohne gewerblichen Hintergrund deutlich geringer ist, da die Mobilität weniger ausgeprägt ist. Es ist generell festzustellen, dass eine Verlagerung der Einkommensquelle ins Ausland häufiger durchgeführt wird wie eine Wohnsitzverlagerung, da damit regelmäßig auch die soziale (familiäre) Ebene betroffen ist. Eine Tarifsenkung ist aber nicht mit einer Steuerlastsenkung gleichzusetzen, da letztere auch durch das Unternehmenssteuersystem und die Bemessungsgrundlage determiniert wird.

Beispiel: Steuersenkungen in Deutschland
- „Die Ertragsteuerbelastung von Kapitalgesellschaften und ertragstarken Personenunternehmen ist […] im Vergleich mit den übrigen Staaten der EU hoch. […] Auch bei privaten Haushalten besteht die Gefahr, dass Kapital ins Ausland transferiert wird, um der Besteuerung in Deutschland auszuweichen." (S. 1), Gesetzesentwurf der Bundesregierung zur Unternehmensteuerreform 2008, BT-Drs. 16/5377 vom 18.05.2007.
- „Die Steuertarife müssen deshalb gesenkt und das Unternehmensteuerrecht den nationalen und internationalen Herausforderungen angepasst werden." (S. 31), Kommission zur Reform der Unternehmensbesteuerung, Brühler Empfehlungen zur Reform der Unternehmensbesteuerung, Schriftenreihe des BMF, Heft 66, Stollfuß-Verlag 1999.

2.1 · Internationaler Steuer- und Standortwettbewerb

— „… so machen es insbesondere die Steuertarifsenkungen des Auslands wahrscheinlich, dass das derzeitige deutsche Steuerniveau die inländischen Unternehmen benachteiligt. Die Bundesrepublik muss daher prüfen, inwieweit sie den Steuersenkungen des Auslands folgen soll – allerdings nicht um den Preis von Haushaltsdefiziten." (S. 12), Wissenschaftlicher Beirat beim BMF, Gutachten zur Reform der Unternehmensbesteuerung, Schriftenreihe des BMF, Heft 43, Stollfuß-Verlag 1990.

Dennoch zeigen sich die Auswirkungen des Steuerwettbewerbs auch bei den privaten Einkünften. So hat Deutschland mit der Steuerreform 2008 auf anhaltende Kapitalabflüsse ins Ausland reagiert und die Abgeltungsteuer von 25 % auf Kapitalerträge eingeführt. Dies hatte zum Ziel, die Anreize für eine Verlagerung von Kapitalvermögen ins Ausland zu reduzieren und die Steuerpflichtigen dazu zu bewegen, im Ausland erzielte Kapitalerträge bei der deutschen Einkommensteuer zu deklarieren.

Vonseiten der EU wurde der Versuch unternommen, zwischen fairem und unfairem Steuerwettbewerb zu differenzieren. Von unfairem Steuerwettbewerb wird insbesondere dann gesprochen, wenn durch gezielte Maßnahmen Anreize zur Ansiedelung für ausländische Unternehmen geschaffen werden, die inländischen Unternehmen nicht zugänglich sind. Derartige Wettbewerbspraktiken sollen durch die EU-Staaten unterlassen werden.

Auch der faire Steuerwettbewerb soll nach dem Willen der EU begrenzt werden, da die Gefahr eines „race to the bottom" gesehen wird und letztendlich alle Staaten ein zu geringes Steueraufkommen generieren. Allerdings sind bisher alle Harmonisierungsversuche im Bereich der (Unternehmens)Steuersätze gescheitert. Zudem ist zu beachten, dass sich die Steuerlast aus mehreren Komponenten zusammensetzt. Neben dem Tarif ist die Bemessungsgrundlage von entscheidender Bedeutung. Zumindest in Deutschland wurde die Senkung der Steuersätze mit einer Verbreiterung und einem Vorziehen der Bemessungsgrundlage teilweise gegenfinanziert. Darüber hinaus ist das Unternehmenssteuersystem mit einzubeziehen, da sich die Gesamtsteuerbelastung aus der Steuerbelastung auf Unternehmens- und Gesellschafterebene zusammensetzt.

An erster Stelle einer Analyse des Steuerwettbewerbs und der spezifischen Wettbewerbsposition eines Landes muss aber die Frage nach dem Steuerartenmix stehen, da nicht alle erhobenen Steuern alle Steuerpflichtigen im gleichen Maße betreffen.

Beispiel: Standortwahl
Die Auswirkungen des Steuerwettbewerbs sowie die Bedeutung des Standortfaktors „Steuern" kann immer wieder an entsprechenden Pressemeldungen abgelesen werden:

„Fiat Chrysler verlässt Italien. [...] Für den steuerlichen Sitz in London sprechen vor allem niedrigere Steuern auf Dividenden." (Kort, K., HB vom 30.01.2014, S. 17) „Weatherford sagt der Schweiz bye-bye." Als Hintergrund wird die in der Schweiz anstehende Steuerreform gesehen, wobei nach dem Willen der EU die niedrige Besteuerung von Auslandsgewinnen in Vergleich zu Inlandsgewinnen einen unfairen Steuerwettbewerb darstellt (Alich, H., HB vom 04.04.2014, S. 23).

Die einzelnen Staaten und Regionen werben auch offen mit dem Standortfaktor „Steuern", so z. B. der Kanton Obwalden sowohl für Unternehmen als auch Privatpersonen (Tab. 2.1).

Während meist die Ertragsteuern in den Mittelpunkt gestellt werden, besteht ein vergleichbarer Steuerwettbewerb bei den Verkehr- und Verbrauchsteuern. In der EU wurde dieser Wettbewerb durch Steuerharmonisierung weitgehend eingeschränkt, um das Funktionieren des Binnenmarktes zu ermöglichen.

Bei der Umsatzsteuer (► Abschn. 1.4.3.1) wurde der Steuersatz nicht harmonisiert. Man konnte sich nur auf einen Mindestsatz einigen. Auch für die ermäßigten Umsatzsteuersätze wurden einheitliche Grenzen gezogen, jedoch blieben Umsetzungswahlrechte bestehen. Die Steuerverzerrungen machten in der Umsatzsteuer ausführliche Regelungen für den grenzüberschreitenden Handel notwendig. So war die Frage zu klären, welcher Umsatzsteuersatz gilt, wenn im Versandhandel grenzüberschreitend eingekauft wird. Um eine Ansiedlung von Unternehmen in Niedrigsteuerländern zu vermeiden, wurde für private Erwerber das Bestimmungslandprinzip eingeführt. Bei grenzüberschreitenden Lieferungen und Leistungen an Privatpersonen gilt in der Regel somit der Umsatzsteuersatz des Kundenstaates.

Tab. 2.1 Werbung des Kantons Obwalden

Unternehmen	Privatpersonen
„Obwalden – Ihr Schlüssel zum Erfolg Warum Obwalden als Ihr neuer Wirtschaftsstandort?"	„Ihr neues Heim in Obwalden Warum in Obwalden leben?"
„Attraktives Steuerklima: Obwalden verfügt über eines der lukrativsten Steuermodelle in Europa. Dank tiefen Gewinnsteuersätzen bleibt Ihrem Unternehmen mehr, um zu wachsen."	„Attraktives Steuerklima: Die Steuern im Kanton Obwalden befinden sich europaweit in einer Spitzenposition. Die tiefe Steuerbelastung bei Einkommen und Vermögen bietet Ihnen optimale finanzielle Rahmenbedingungen."

Quelle: ► www.iow.ch/home/

Bei den Verbrauchsteuern wurde ebenfalls eine weitgehende Harmonisierung vorgenommen (siehe ▶ Abschn. 1.4.3.2), allerdings sind für die Steuersätze meist Bandbreiten festgelegt. Eine übermäßige Nutzung von Steuersatzdifferenzen im Vergleich zu anderen EU-Staaten sowie Drittstaaten soll dadurch vermieden werden, dass verbrauchsteuerpflichtige Ware nicht unbegrenzt im Binnenmarkt verbracht werden darf.

2.2 Heterogenität von Steuersystemen

2.2.1 Überblick

Eine sehr einfache und weit verbreitete Methode der Steuerbelastungsmessung ist die Betrachtung der Steuerquote eines Landes. Dazu werden die gesamten Steuereinnahmen ins Verhältnis zum Bruttoinlandsprodukt gesetzt. Für Deutschland liegt die Steuerquote bei ca. 23 % (2016; Abgrenzung nach OECD). Eine Analyse über die Zeit zeigt, dass die Steuerquote zwar schwankt, langfristig aber stabil bleibt (Steuerquote 1965: 23,1 %; 1995: 22,1 %). In anderen Ländern ist diese Stabilität nicht gegeben. In Spanien ist die Steuerquote seit 1965 von 10,3 % auf 22,1 % in 2016 gestiegen, in Dänemark im gleichen Zeitraum von 28,2 % auf 45,9 %. Im internationalen Vergleich erscheint die deutsche Steuerquote niedrig, woraus man schließen könnte, dass Deutschland über eine sehr gute steuerliche Wettbewerbsposition verfügt.

Allerdings ist diese Sichtweise oberflächlich. Zum einen beinhaltet diese Betrachtung die durchschnittliche Belastung über alle Steuerarten. Zum anderen sind die Steuerquoten dadurch verzerrt, dass in den einzelnen Ländern die Sozialsysteme unterschiedlich ausgestaltet sind. Während in Deutschland ein Arbeitnehmer neben den Steuern auch Sozialversicherungsbeiträge aus seinem Einkommen leistet, werden in anderen Ländern diese Leistungen über das Steuersystem finanziert. Dementsprechend sind die Steuerquoten der Länder mit unterschiedlicher Finanzierung der Sozialsysteme nicht vergleichbar. Aussagekräftig wären allenfalls die Abgabenquoten (Abgaben/Bruttoinlandsprodukt), die sowohl die Steuerlast als auch die Sozialversicherungsbeiträge beinhalten (◘ Tab. 2.2).

Die Abgabenquoten sind international im Zeitablauf angestiegen. In Deutschland lag die Quote 1965 noch bei 31,6 %. In Dänemark spiegelt sich der Anstieg der Steuerbelastung auch in der Abgabenquote wider (1965: 29,1 %; 2016: 45,9 %). In Portugal hat sich die Abgabenquote in diesem Zeitraum quasi verdoppelt, von 15,7 % auf 34,4 %.

◨ Tab. 2.2 Steuer- und Abgabenquoten 2016 (Abgrenzung nach OECD)

Staat	Steuerquote (Tendenz) (%)	Abgabenquote (Tendenz) (%)
Deutschland	23,4 (↑)	37,6 (↑)
Frankreich	28,5 (→)	45,3 (→)
Großbritannien	26,9 (→)	33,2 (↑)
Irland	19,1 (↓)	23,0 (↓)
Italien	29,9 (↓)	42,9 (↓)
Luxemburg	26,4 (↓)	37,1 (→)
Schweden	34,1 (↑)	44,1 (↑)
Spanien	22,1 (→)	33,5 (→)
Schweiz	21,0 (↑)	27,8 (↑)
USA	19,8 (↑)	26,0 (↑)

Quelle: BMF, Monatsbericht 11/2018

Für die Frage der Standortanalyse bzw. die Wohnsitzwahl ist jedoch eine differenziertere Betrachtung der Steuerbelastung nach Steuerarten notwendig.

2.2.2 Vielfalt der Steuerarten

In Deutschland werden derzeit knapp 50 verschiedene Steuerarten erhoben. Neben einigen Hauptsteuerarten wie die Umsatzsteuer, die Einkommen- und Körperschaftsteuer, die Gewerbesteuer oder die Erbschaft- und Schenkungsteuer, werden auch viele kleinere Steuern wie die Schaumweinsteuer oder Hundesteuer sowie örtliche Verbrauchsteuern erhoben. Andere Länder weisen eine vergleichbare Vielfalt an Steuern auf.

Im Einzelnen bedeutet dies aber auch, dass Steuerartenunterschiede zwischen den Ländern bestehen. So stellt die Gewerbesteuer eine deutsche Besonderheit dar, die im Ausland weitgehend unbekannt ist und somit als Sonderbelastung für gewerbliche Unternehmen wirkt. In Österreich wird demgegenüber derzeit keine Erbschaftsteuer erhoben, was insbesondere einen erheblichen Vorteil bei der Nachfolgeplanung darstellt. Allerdings hat Deutschland das Erbschaftsteuer-DBA mit Österreich aufgekündigt, sodass ggf. in Deutschland Erbschaftsteuer anfällt, wenn der Vererbende oder der Erbe seinen Wohnsitz in Deutschland hat.

2.2 · Heterogenität von Steuersystemen

Ein erster Überblick über die Struktur der Steuerarten lässt sich durch die Einteilung in direkte und indirekte Steuern gewinnen. Direkte Steuern zeichnen sich dadurch aus, dass der Steuerschuldner mit dem Steuerträger übereinstimmt. Dies trifft zum Beispiel für die Ertragsteuern zu. Bei indirekten Steuern kommt es demgegenüber zu einer Steuerüberwälzung, die dazu führt, dass sich Steuerschuldner und Steuerträger unterscheiden. Die Überwälzung erfolgt über den Preis, wie zum Beispiel bei Verbrauchsteuern und der Umsatzsteuer.

Mittels des Verhältnisses von direkten und indirekten Steuern (◘ Abb. 2.1) lässt sich ein Steuersystem charakterisieren, da ein hoher Anteil indirekter Steuern als Indiz für eine hohe Konsumbelastung spricht, ein hoher Anteil der direkten Steuern demgegenüber für ein höheres Gewicht bei der Besteuerung der Einkommenserzielung. Ein Übergewicht der indirekten Steuern wird meist mit einer höheren Wettbewerbsfähigkeit in Verbindung gebracht, da die Unternehmen durch diese Steuern weniger belastet werden. Gleichzeitig gelten diese Systeme als weniger sozial ausgewogen, da mit indirekten Steuern nur eine geringe Umverteilung vorgenommen werden kann.

Deutschland weist eine in etwa hälftige Verteilung auf. Zwar können im Zeitablauf Schwankungen festgestellt werden, doch bleibt das Verhältnis auf lange Sicht in etwa konstant. Im internationalen Kontext sind die Verhältnisse unterschiedlich.

Wird diese Betrachtung auf der Ebene der Abgaben fortgeführt, zeigt sich, dass auch die Zusammensetzung der Einnahmen aus Abgaben unterschiedlich ist (◘ Abb. 2.2).

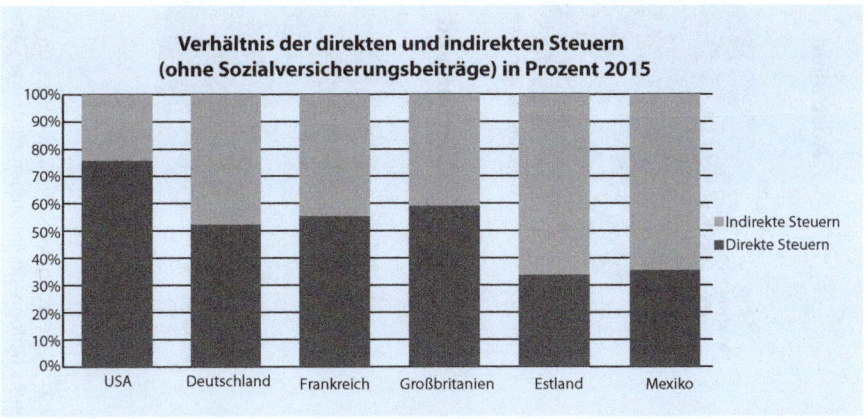

◘ **Abb. 2.1** Verhältnis der direkten und indirekten Steuern. (In Anlehnung an: EStV; Quelle:
▶ https://www.estv.admin.ch/estv/de/home/allgemein/steuerstatistiken/fachinformationen/steuerbelastungen/internationale-steuervergleiche.html)

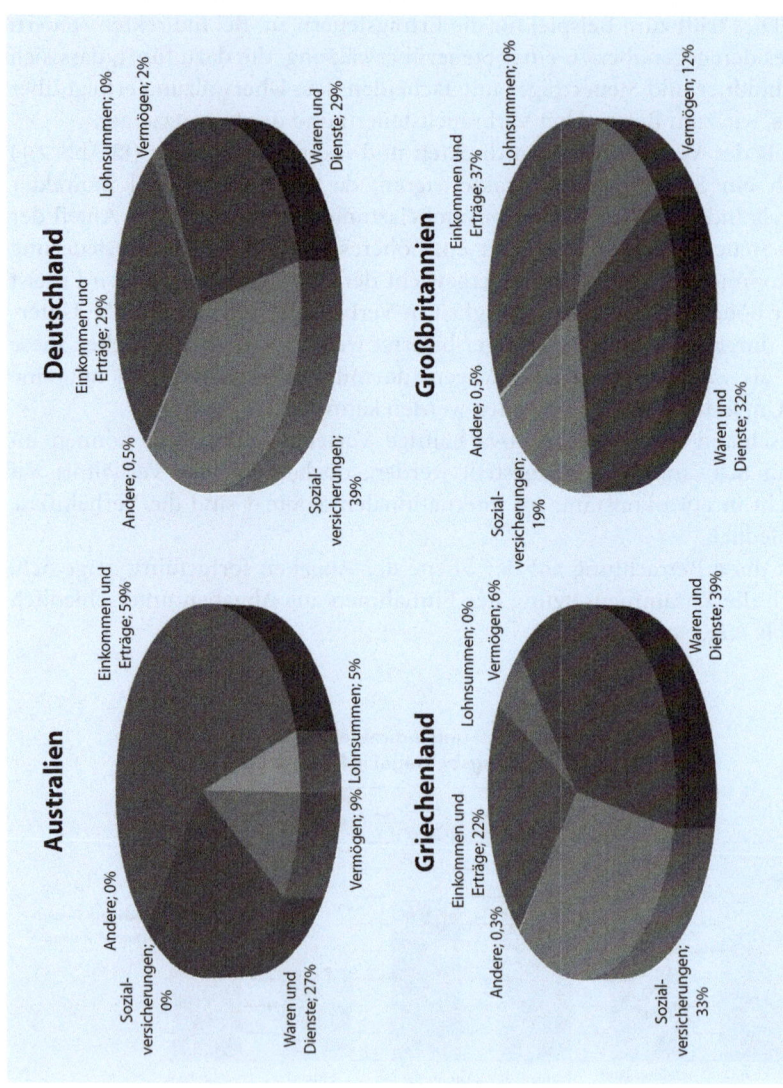

Abb. 2.2 Bedeutung der Steuerkategorien. (In Anlehnung an: EStV; ► https://www.estv.admin.ch/estv/de/home/allgemein/steuerstatistiken/fachinformationen/steuerbelastungen/internationale-steuervergleiche.html)

2.2.3 Unternehmenssteuersysteme

Die öffentliche Diskussion konzentriert sich meist auf die Unternehmenssteuerbelastung. Im einfachsten Fall werden dabei nur die Körperschaftsteuersätze verglichen. Dies greift aber zu kurz, da entstandene Gewinne auch an die Gesellschafter ausgeschüttet werden. Das Unternehmenssteuersystem umfasst beide Ebenen der Besteuerung und beschreibt deren Zusammenwirken. Dabei ist eine einfache Addition der beiden Belastungsebenen nur in Ausnahmefällen zulässig, da verschiedenartige Unternehmenssteuersystem existieren.

Konzeptionell werden das Transparenzprinzip und das Trennprinzip unterschieden:

- Das Transparenzprinzip kommt meist bei Personengesellschaften zum Einsatz. Der Unternehmenserfolg (Gewinn und Verlust) wird den Gesellschaftern zugerechnet und dort der Besteuerung unterworfen. Das Unternehmen ist nicht steuerpflichtig.
- Das Trennprinzip findet meist bei Kapitalgesellschaften Anwendung. Die Gesellschaft gilt als juristische Person und ist selbst steuerpflichtig. Gewinne bedürfen einer gesellschaftsrechtlichen Gewinnausschüttung, um dem Gesellschafter zuzufließen. Verluste verbleiben auf der Gesellschaftsebene und können nur dort ausgeglichen werden.

Das Trennprinzip findet sich in verschiedenen Ausprägungsformen wieder (◘ Tab. 2.3), wird jedoch stets dadurch charakterisiert, dass zwei rechtlich selbstständige Ebenen bestehen, die der Besteuerung unterworfen werden können. Während einige Systemausprägungen auf beiden Ebenen steuerlich zugreifen – und damit auch eine mögliche Doppelbesteuerung in Kauf nehmen –, sind davon Systeme abzugrenzen, die nur auf jeweils einer Ebene steuerlich zugreifen. Eine Doppelbesteuerung ist dadurch ausgeschlossen.

Bei den Systemen mit gemilderter Doppelbesteuerung werden entweder die Steuersätze auf Unternehmens- oder Anlegerebene reduziert oder die Bemessungsgrundlage verringert. Dies kann entweder durch Freibeträge (absolute Beträge) oder durch relative Freistellung (prozentual) erfolgen. Das Teilhabersteuersystem in der Ausprägung in Estland und Lettland erhebt die Besteuerung erst im Zeitpunkt der Ausschüttung.

Seit den ersten Versuchen der EU, das Unternehmenssteuersystem für Kapitalgesellschaften zu harmonisieren (1975, auf Basis des Anrechnungsverfahrens), sind zwei „Wanderbewegungen" festzustellen. Während zunächst eine Tendenz zu den Anrechnungsverfahren zu beobachten war, kam es im Zuge des Manninen-Urteils des EuGH (Urteil vom 07.09.2004, ECLI:EU:C:2004:484 = C-319/02) zu einer Abkehr vom Anrechnungsverfahren, hin zu Systemen der gemilderten Doppelbesteuerung.

Tab. 2.3 Ausprägungsformen des Trennprinzips

Zeitpunkt	Einebenenbesteuerung		Doppelebenenbesteuerung				
	Teilhabersteuer	Betriebssteuer	Vollanrechnungssystem	Teilanrechnungssystem	Dividendenabzugssystem	Gemilderte Doppelbesteuerung	Einheitliche Doppelbesteuerung
	Besteuerung erfolgt nur auf Ebene der Anteilseigner	Besteuerung erfolgt nur auf Unternehmensebene	Die gesamte KSt wird auf die Besteuerung der Dividende angerechnet	Nur ein Teil der KSt wird angerechnet	Dividenden werden als Betriebsausgaben abgezogen	Milderung der Doppelbesteuerung auf Unternehmens- und/ oder Anlegerebene	Volle Besteuerung auf Unternehmens- und Anlegerebene
2018	EE LV	CY	MT	GB JP CA		u. a. BE DK DE IT US	IE CH

Ländercodes nach ISO-3166

2.2 · Heterogenität von Steuersystemen

> **Auf den Punkt gebracht: Körperschaftsteuersysteme in Deutschland**
> - Bis zum Jahr 2000 (seit 1977) fand das Anrechnungsverfahren Anwendung, zuletzt mit einem Körperschaftsteuersatz von 40 % bei Thesaurierung und 30 % bei Ausschüttung. Die Körperschaftsteuer wurde in voller Höhe auf die Einkommensteuer angerechnet.
> - In 2001 erfolgte der Übergang zum Halbeinkünfteverfahren. Der Körperschaftsteuersatz wurde auf 25 % gesenkt, die Dividende unterlag nur zur Hälfte der Einkommensteuer.
> - In 2008 erfolgte ein erneuter Wechsel. Die Körperschaftsteuer wurde weiter auf 15 % reduziert, die Einkommensteuer bei privaten Kapitaleinkünften mit der Abgeltungsteuer von 25 % abgegolten. Bei gewerblichen Einkünften wurde das Halbeinkünfteverfahren durch das Teileinkünfteverfahren (60 % der Dividende sind steuerpflichtig) ersetzt.

Beispiel: Der Fall „Manninen"

Der finnische Investor erwarb Anteile einer schwedischen Kapitalgesellschaft. Das finnische Anrechnungsverfahren sah vor, dass eine Körperschaftsteuer von 29 % erhoben wird, der Anleger aber gleichzeitig eine Steuergutgutschrift von 29/71 der Dividende erhält (◘ Tab. 2.4). Allerdings war das Anrechnungsverfahren auf Dividenden beschränkt, die von in Finnland unbeschränkt körperschaftsteuerpflichtigen Unternehmen geleistet wurden.

◘ **Tab. 2.4** Belastungswirkung im Fall „Manninen"

	Finnische Dividende	Schwedische Dividende
Unternehmensgewinn	100	–
Körperschafsteuer	–29	–
= Ausschüttung	71	71
+ Gutschrift	+29	–
= Steuerpflichtiges Einkommen	=100	=71
– Einkommensteuer	–29	–20,6
+ Steuergutschrift	+29	–
= Steuerzahllast	0	
= Nettoeinkommen	=71	=50,4
Belastungsdifferenz	20,6	

Für die schwedische Dividende sollte der finnische Investor die Einkommensteuer in voller Höhe abführen. Der EuGH kam zu dem Ergebnis, dass dies einen Verstoß gegen den EU-Vertrag darstellt und die Kapitalverkehrsfreiheit verletzt. Die Diskriminierung liegt darin begründet, dass der Investor bei gleicher Dividende einer höheren Besteuerung unterliegt und somit bei rationalem Verhalten inländische Unternehmensanteile vorziehen wird. Eine Lösung des Problems hätte nur dadurch erreicht werden können, dass auch grenzüberschreitend Körperschaftsteuer angerechnet wird. Dazu waren die Länder aus Haushaltsgründen nicht bereit.

Die Europarechtswidrigkeit des vergleichbar ausgestalteten deutschen Anrechnungsverfahrens wurde durch den EuGH in zwei Verfahren festgestellt: ECLI:EU:2007:132 = C-292/04 vom 06.03.2007 („Meilicke I"); ECLI:EU:C:2011:438 = C-262/09 vom 30.06.2011 („Meilicke II").

2.3 Messung der Steuerbelastung

Für die Messung der Steuerbelastung stehen verschiedene Methoden zur Verfügung. Sie unterscheiden sich insbesondere im Grad der Typisierung der Steuerbelastungsrechnung. Zielsetzung ist neben der Frage nach der Höhe der Steuerlast und damit der Ermittlung des verbleibenden Nettoeinkommens vor allem die Durchführung von Steuerbelastungsvergleichen. Diese dienen der einzelwirtschaftlichen Entscheidungsfindung der Marktakteure. Daneben können Steuerbelastungsvergleiche auch zum Aufzeigen von gesamtwirtschaftlichen Allokationsstörungen („Steuerdumping") Anwendung finden.

2.3.1 Qualitative Methoden

Bei einem qualitativen Vorgehen handelt es sich um einen Rechtsnormenvergleich. Dabei werden die wesentlichen steuerlichen Rahmenbedingungen betrachtet. In einem vollständigen Rechtsnormenvergleich bei internationalen Investitionsentscheidungen sind folgende steuerliche Komponenten zu berücksichtigen:
— Ausländische Besteuerung durch die relevanten Steuern (Ertrags- und Substanzsteuern): In der Regel ist zumindest der Fall der Thesaurierung und der Ausschüttung zu differenzieren.
— Ausländische Steuern auf den Gewinntransfer in das Heimatland des Investors: Dies umfasst neben möglichen Quellensteuern auch Steuerminderungen auf Basis eines vorhandenen DBA (Anrechnung, Freistellung, Verrechnungspreise, Missbrauchsmaßnahmen).

2.3 · Messung der Steuerbelastung

– Nationale Steuern im Heimatland des Investors bei Gewinntransfer und ggf. auch im Falle der Thesaurierung: Letzteres kann dann auftreten, wenn der Heimatstaat die rechtsförmlichen Strukturen im Ausland nicht anerkennt oder aufgrund des Welteinkommensprinzips beim Vorliegen von Personengesellschaften in einem Nicht-DBA-Staat oder einem DBA-Anrechnungsstaat. Zudem sind nationale Missbrauchsmaßnahmen einzubeziehen, die ein DBA ggf. überschreiben („treaty overriding").

Da Auslandsinvestitionen in der Regel längerfristig angelegt sind, ist eine zeitpunktdiskrete Analyse nicht ausreichend. Notwendig ist eine Betrachtung über die Zeit, um auch Entwicklungstendenzen der Besteuerung erfassen zu können.

Ein abschließendes Urteil über die Höhe der Steuerbelastung bzw. die Vorziehenswürdigkeit eines Investitionsstandorts ist mit qualitativen Methoden meist nicht möglich. Eine eindeutige Entscheidung kann sich nur dann ergeben, wenn ein Standort in allen Punkten überlegen ist (Dominanzprinzip). Dies kann in Einzelfällen bei Steueroasen gegeben sein.

Qualitative Methoden bilden aber die Grundlage für quantitative Methoden, da sie die notwendigen Kenntnisse für die Berechnungsmethodik der Steuerbelastung vermitteln.

2.3.2 Quantitative Methoden

Bei den quantitativen Methoden wird die Steuerbelastung auf eine einzelne Entscheidungsgröße reduziert. Damit entsteht zunächst der Eindruck eindeutiger Aussagen. Es ist jedoch zu beachten, dass die verschiedenen Methoden unterschiedliche Einflussparameter auf die Steuerbelastung berücksichtigen. Einzelne quantitative Methoden beziehen sich dabei nur auf Teilaspekte des Steuersystems bzw. von einzelnen Steuerarten, sodass es nur in Ausnahmefällen sinnvoll ist, hierauf Entscheidungen basieren zu lassen.

2.3.2.1 Steuerquoten

Steuerquoten können auf der Makro- sowie der Mikroebene ermittelt werden. Es wird jeweils eine vergangenheitsbezogene Steuerlastgröße auf eine Bezugsgröße bezogen. Auf der Makroebene wird regelmäßig auf die Volkswirtschaftliche Gesamtrechnung zurückgegriffen. Für die volkswirtschaftliche Steuerquote wird das Steueraufkommen in Beziehung zum Bruttoinlandsprodukt gesetzt. Für einzelwirtschaftliche Entscheidungen ist diese Größe irrelevant und kann allenfalls einen ersten Anhaltspunkt für das Steuerniveau in einem Land geben.

Jedoch bildet die Steuerquote das Belastungsniveau der Steuerbürger und Unternehmen nur unvollständig ab, da die Finanzierung der staatlichen Aufgaben nicht immer über Steuern sondern zum Teil auch über Beiträge erfolgt. Um dies auszugleichen, muss die Abgabenquote herangezogen werden. Diese berechnet sich als Quotient aus Abgabenlast und Bruttoinlandsprodukt.

Zusätzlich zur Steuerquote werden – für die Steuerpflichtigen wesentlich interessanter – auch eine Reihe von Teilsteuerquoten ermittelt, deren Aggregationsniveau niedriger und somit aussagekräftiger ist.

Von zentraler Bedeutung ist die Belastung typisierter Arbeitnehmerhaushalte als Richtgröße für Arbeitnehmer sowie der Steuerkeil als Quotient aus Abgaben und Lohnkosten als Indikator für Unternehmen bezüglich der Belastung des Faktors Arbeit mit Abgaben,

$$\text{Steuerkeil(Tax Wedge)} = \frac{\text{Abgaben}}{\text{Steuerlast}} = \frac{\text{Lohnsteuer} + \text{AG und AN Beitrag zur SV} - \text{Kindergeld}}{\text{Bruttolohn} + \text{AG Beitrag zur SV}}$$

$$\text{Arbeitnehmerbelastung} = \frac{\text{AN Abgaben}}{\text{Bruttolohn}} = \frac{\text{Lohnsteuer} + \text{AN Beitrag zur SV} - \text{Kindergeld}}{\text{Bruttolohn}}$$

wobei AG für Arbeitgeber, AN für Arbeitnehmer und SV für Sozialversicherung steht.

Um familienbedingte Differenzierungen in der Steuer- und Abgabenlast abbilden zu können, werden typische Arbeitnehmerhaushalte gebildet, z. B.:
- Alleinstehender Arbeitnehmer ohne Kind mit Durchschnittseinkommen (67 % bzw. 167 % des durchschnittlichen Einkommens),
- Verheirateter Alleinverdiener-Arbeitnehmer, 2 Kinder mit Durchschnittseinkommen,
- Verheiratete Doppelverdiener-Arbeitnehmer, 2 Kinder, ein Partner mit durchschnittlichem Einkommen, ein Partner mit 33 % des Durchschnittseinkommens (67 % des Durchschnittseinkommens),
- Verheiratete Doppelverdiener-Arbeitsnehmer ohne Kind, ein Partner mit durchschnittlichem Einkommen, ein Partner mit 33 % des Durchschnittseinkommens.

Im internationalen Vergleich ergeben sich erhebliche Steuerbelastungsdifferenzen (◘ Tab. 2.5).

2.3 · Messung der Steuerbelastung

Tab. 2.5 Steuer- und Sozialversicherung bei Arbeitnehmertypisierung (2017)

Staaten	Alleinstehend, ohne Kind, Durchschnittseinkommen		Verheiratet, 2 Kinder, Alleinverdiener, Durchschnittseinkommen		Verheiratet, 2 Kinder, ein Durchschnittseinkommen + 33 % eines Durchschnittseinkommens	
	Steuer (%)	Abgaben (%)	Steuer (%)	Abgaben (%)	Steuer (%)	Abgaben (%)
Deutschland	19,1	39,9	1,2	21,7	6,8	27,3
Frankreich	14,8	29,2	7,9	18,2	7,9	19,2
Großbritan.	14,0	23,4	13,4	18,1	10,9	15,6
Irland	15,4	19,4	6,4	1,2	8,6	4,7
Italien	21,7	31,2	14,9	19,3	11,6	18,8
Luxemburg	16,7	29,1	5,7	5,0	6,9	9,3
Schweden	18,0	25,0	18,0	18,8	15,8	18,1
Spanien	14,7	21,1	7,5	13,9	9,7	16,1
Schweiz	10,7	16,9	4,2	3,5	5,7	6,7
USA	18,4	26,0	6,5	14,2	10,3	17,9

Quelle: BMF (2018, S. 38, 40)

Die Steuerquoten sind aber nicht unmittelbar miteinander vergleichbar, da die Steuerlast jeweils bezogen auf das nationale Durchschnittseinkommen ermittelt wird. Das Durchschnittseinkommen differiert aber von Land zu Land erheblich.

Bei der Arbeitnehmerbelastung ergibt sich ein deutlicher Einfluss der Familiensituation auf die Besteuerung. Dabei wird offenkundig, dass in der Regel die Belastung Alleinstehender oberhalb derjenigen von Verheirateten mit Kindern liegt. Die Stärke der Abgabenreduktion ist allerdings unterschiedlich. Während zum Beispiel in Irland und Luxemburg die Belastung deutlich abnimmt und sich zum Teil mehr als halbiert, sind familienbedingte Auswirkungen in Schweden und Großbritannien eher gering. In Polen ergibt sich bei der verheirateten Alleinverdienersituation sogar ein negativer Wert.

Beim Steuerkeil („Tax Wedge") steht die Höhe der Abgaben als Bestandteil der Lohnkosten im Mittelpunkt (Tab. 2.6).

Die Unterschiede in der Belastung fallen zwischen den Ländern tendenziell noch größer aus wie bei der Arbeitnehmerbelastung. In Frankreich und Deutschland beträgt der Nettolohn eines alleinstehenden Arbeitnehmers knapp mehr als 50 % der Gesamtkosten des Arbeitgebers. Demgegenüber kommen in der Schweiz knapp 80 % der Unternehmenskosten beim Arbeitnehmer als Nettolohn an. Der Familieneinfluss ist weiterhin erheblich.

Wird die Entwicklung der Abgabenbelastung des Arbeitslohns über die Zeit betrachtet, zeigt sich, dass aufgrund des Steuerwettbewerbs und vor allem zur Schaffung eines arbeitsfreundlichen Umfelds die Abgabenlast auf den Arbeitslohn deutlich gesunken ist, nur in wenigen Ländern ist die Belastung gestiegen.

Steuerquoten auf Mikroebene kommen vor allem bei Konzernen in Form der Konzernsteuerquote zum Einsatz. Diese Kennzahl gilt bei großen Konzernen als wichtiges Performancemaß der Steuerabteilung:

$$\text{Konzernsteuerquote nach IAS 12.86} = \frac{\text{Steueraufwand}}{\text{Bilanzielles Ergebnis vor Steuern}}$$

Die Konzernsteuerquote gibt einen ersten Hinweis für die Höhe der Steuerbelastung eines Unternehmens, jedoch stellt sie eine Größe der Rechnungslegung und nicht der Steuerplanung dar. Der Steueraufwand setzt sich aus den laufenden Ertragsteuerzahlungen und den latenten Steuern zusammen. Dennoch können zu hohe Konzernsteuerquoten Anlass für Diskussionen über die/den Unternehmensstandort(e) geben. Dabei erfolgt regelmäßig der Vergleich der Konzernsteuerquote mit der typisierten Tarifbelastung.

Da Steuerquoten regelmäßig vergangenheitsorientiert und als Durchschnittsgröße einen hohen Aggregationsgrad aufweisen, sind sie als Entscheidungsgrundlage nicht sinnvoll.

2.3 · Messung der Steuerbelastung

Tab. 2.6 Steuerbelastung des Faktors Arbeit (Steuerkeil 2017)

Staaten	Alleinstehend, ohne Kind, Durchschnittseinkommen (%)	Verheiratet, 2 Kinder, Alleinverdiener, Durchschnittseinkommen (%)	Verheiratet, 2 Kinder, ein Durchschnittseinkommen + 33 % eines Durchschnittseinkommens (%)
Deutschland	49,7	34,5	39,1
Frankreich	47,6	39,4	36,9
Großbritannien	30,9	26,1	22,8
Irland	27,2	10,8	13,5
Italien	47,7	38,6	38,3
Luxemburg	36,7	15,3	19,1
Schweden	42,9	38,2	37,7
Spanien	39,3	33,7	35,4
Tschechien	43,4	25,9	31,7
Schweiz	21,8	9,1	12,2
USA	31,7	20,8	24,5

Quelle: BMF (2018, S. 42)

2.3.2.2 Tarifvergleiche

Tarifvergleiche sind Steuerbelastungsvergleiche, die nur einen Teil der Steuerermittlung betrachten. Die Bemessungsgrundlage wird vernachlässigt. Dies wäre allenfalls dann problemlos möglich, wenn sie sich über die Länder hinweg nicht unterscheiden würde. Jedoch ist dies nicht der Fall, da zum einen der Gewinnanfall zeitlich divergiert, zum Beispiel wegen unterschiedlichen Abschreibungsregelungen, zum anderen bleiben auch Unterschiede in der Verlustbehandlung oder bei Investitionsfördermaßnahmen unberücksichtigt.

Da in vielen Ländern mehrere Ertragsteuern erhoben werden, finden häufig kombinierte Steuersätze Anwendung. Für Deutschland umfasst ein kombinierter Ertragsteuersatz bei Personenunternehmen die Einkommensteuer, den Solidaritätszuschlag und die Gewerbesteuer, bei Kapitalgesellschaften die Körperschaft-, die Gewerbe-, die Einkommen- bzw. die Abgeltungsteuer sowie den Solidaritätszuschlag. Die Steuersätze der einzelnen Steuern dürfen dabei nicht einfach addiert werden, da die Steuern untereinander verschiedenartige Interdependenzen aufweisen. So ist für Deutschland zu beachten, dass

— die Einkommen-, Abgeltung- und Körperschaftsteuerschuld Bemessungsgrundlage für den Solidaritätszuschlag sind.
— die Gewerbesteuer pauschaliert auf die Einkommensteuer angerechnet werden kann. Bei Kapitalgesellschaften wirkt die Gewerbesteuer dagegen kumulativ zur Körperschaftsteuer.

Für eine in Deutschland ansässige Kapitalgesellschaft ergibt sich bei Thesaurierung der Gewinne eine Belastung von 29,825 % (bei einem Hebesatz (H) von 400 % für die Gewerbesteuer), bei Ausschüttung von 48,33 %. Bei Personengesellschaften beträgt die Spitzenbelastung wegen des progressiven Einkommensteuertarifs bei 45 % unabhängig von der Gewinnverwendung 47,44 % (jeweils ohne Freibeträge).

Die Steuerbelastung eines thesaurierten Gewinns einer Kapitalgesellschaft berechnet sich als,

$$S^T_{Kap} = s_{KSt} + (s_{KSt} \cdot s_{SolZ}) + s_{GewSt}$$
$$= 15\,\% + (15\,\% \cdot 5,5\,\%) + (H \cdot 3,5\,\%) = 29,825\,\%$$

Bei Ausschüttung mit

$$S^A_{Kap} = s^T_{Kap} + \left(1 - s^T_{Kap}\right) \cdot s_{Abg} + \left(1 - s^T_{Kap}\right) \cdot s_{Abg} \cdot s_{SolZ}$$
$$= 29,825\,\% + 70,175\,\% \cdot 25\,\% + 17,54\,\% \cdot 5,5\,\%$$
$$= 48,33\,\%$$

2.3 · Messung der Steuerbelastung

Die Steuerbelastung einer Personengesellschaft beträgt demgegenüber

$$S_{PersG} = (s_{ESt} - GewStA) + (s_{ESt} - GewStA) \cdot s_{SolZ} + s_{GewSt}$$
$$= (45\% - 380\% \cdot 3{,}5\%) + (45\% - 380\% \cdot 3{,}5\%) \cdot 5{,}5\%$$
$$+ H \cdot 3{,}5\% = 47{,}44\%$$

Zu beachten ist ferner, dass nicht alle berücksichtigten Steuerarten auf die gleiche Bemessungsgrundlage zugreifen. Dies betrifft insbesondere die Gewerbesteuer. Zudem findet nur ein Teil der Steuerarten Berücksichtigung, Substanzsteuern werden in der Regel nicht einbezogen.

Auch in anderen Ländern werden verschiedene Ertragsteuerarten erhoben. Zudem fallen Ertragsteuern auf verschiedenen staatlichen Ebenen an, wobei Interdependenzen (z. B. Verrechnungsmöglichkeiten) oder Unterschiede in der Bemessungsgrundlage bestehen (z. B. unterschiedliche Grundfreibeträge). Darüber hinaus ist zu beachten, dass kombinierte Steuersätze bei progressiven Tarifen nur diskrete Werte darstellen.

In der öffentlichen Diskussion finden sich verschiedenartige Tarifvergleiche. In der einfachsten Form werden nur die auf Unternehmensebene erhobenen Ertragsteuern berücksichtigt. In Ergänzung wird zudem die Anteilseignerebene mit einbezogen (◘ Tab. 2.7).

Diese Steuerrankings finden vor allem in der Politik häufig Verwendung, wobei sich je nach Vergleich erhebliche Unterschiede zeigen (z. B. Irland). Für grenzüberschreitende betriebliche Entscheidungen sind die ermittelten Steuerbelastungen jedoch nicht erheblich, da dabei grundsätzlich unterstellt wird, dass ein inländischer Investor in eine inländische Kapitalgesellschaft investiert. Es werden also reine Inlandssachverhalte betrachtet.

> **Auf den Punkt gebracht: Gesamt-Steuerbelastung**
> Für die grenzüberschreitende Investitionsentscheidung relevant ist demgegenüber die Steuerbelastung aus:
> Unternehmenssteuerbelastung im Zielland
> + Ausschüttungsbelastung im Zielland
> + Dividendenbesteuerung im Heimatland
> = Gesamt-Steuerbelastung
>
> Für die Ausschüttungsbelastung im Zielland sind in der Regel die Bedingungen des jeweiligen DBA entscheidend. Ggf. ist die Mutter-Tochter-Richtlinie zu berücksichtigen.

Für eine Investition eines privaten deutschen Investors, der die Aktien einer bulgarischen Unternehmung kauft, ist dementsprechend nicht die in der Tabelle

Tab. 2.7 Unternehmensbesteuerung (2017)

Staat	Zentralstaat (%)	Gebietskörperschaften (%)	Unternehmensebene (gesamt in %)	Anteilseignerebene (%)	Mit Anteilseignerebene (gesamt in %)
Bulgarien	10	–	10 (1)	4,5	14,5 (1)
Deutschland	15,83	14	29,83 (9)	18,51	48,34 (8)
Frankreich	34,43	–	34,43 (10)	27,87	62,3 (11)
Großbritannien	19	–	19 (3)	21,86	40,86 (2)
Irland	12,5	–	12,5 (2)	35,00	47,5 (7)
Italien	24	3,9	27,9 (8)	18,98	46,88 (6)
Luxemburg	20,33	6,75	27,08 (7)	16,69	44,37 (4)
Schweden	22	–	22 (5)	23,40	45,40 (5)
Spanien	25	–	25 (6)	17,14	42,14 (3)
Schweiz (Zürich)	8,5	17,52	20,65 (4)	31,72	52,40 (10)
USA (New York)	35	6,5	39,23 (11)	12,15	51,38 (9)

Quelle: Zusammengestellt auf Basis der Daten aus: BMF (2018)

2.3 · Messung der Steuerbelastung

ausgewiesene Steuerbelastung von 14,5 % relevant. Vielmehr kommt zur bulgarischen Unternehmensbesteuerung von 10 % noch eine Ausschüttungsbelastung von max. 15 % hinzu, da Art. 10 Abs. 2 DBA Bulgarien die Quellensteuer für natürliche Personen auf diesen Satz begrenzt (90 % * 15 % = 13,5 %). In Deutschland ist die Dividende der Abgeltungsteuer unter Anrechnung der bulgarischen Quellensteuer zu unterwerfen sowie Solidaritätszuschlag zu erheben. Steuerpflichtig ist die Ausschüttung inklusive bulgarischer Quellensteuer (90 % * 25 % − 13,5 % = 9 %). Dazu kommt der Solidaritätszuschlag von 5,5 % (9 % * 5,5 % = 0,495 %). Im Ergebnis resultiert eine Steuerbelastung von 32,995 % (10 % + 13,5 % + 9 % + 0,495 %).

Die Steuerbelastung der grenzüberschreitenden Gewinnausschüttung hängt wesentlich von der steuerlichen Qualifikation des Empfängers ab. Es sind zu unterscheiden:
1. natürliche Personen, die die Anteile im Privatvermögen halten und damit der Abgeltungsteuer unterliegen;
2. gewerbliche Personenunternehmen (Einzelunternehmer, Personengesellschaften) mit natürlichen Personen als Gesellschafter, sodass das Teileinkünfteverfahren greift;
3. Kapitalgesellschaften, die mit weniger als 10 % an einer ausländischen Kapitalgesellschaft beteiligt sind, sodass die Dividende voll steuerpflichtig ist;
4. Kapitalgesellschaften, die mit mindestens 10 % an einer ausländischen Kapitalgesellschaft beteiligt sind, weshalb die Dividende (vereinfacht) zu 95 % steuerfrei ist.

Wird die ausländische Quellensteuer auf die Ausschüttung mit 20 % angenommen und beträgt die Dividendenzahlung aus dem Ausland jeweils 100 €, ergeben sich für die Fallgruppen die in ◘ Tab. 2.8 dargestellten Belastungen.

Exkurs: US-Steuerreform zum 01.01.2018
Um den Wirtschaftsstandort USA im internationalen Kontext attraktiver zu machen, wurde die unter dem Titel „Tax Cuts and Jobs Act" bekannte US-Steuerreform zum 01.01.2018 eingeführt. Diese enthält neben dem Absenken des individuellen Steuersatzes (39,6 % auf 37 %) beziehungsweise des Körperschaftsteuersatzes (von bis zu 35 % auf einheitliche 21 %) eine Reihe von Änderungen der Unternehmensbesteuerung, die zum Teil auch eine Gegenfinanzierung zu den Steuersatzsenkungen darstellen:
Maßnahmen des nationalen Steuerrechts
− großzügige Abschreibungsmöglichkeiten
− Änderung Verlustrechnung
− Einführung Zinsschranke

Wesentlich sind zum Beispiel die Anpassungen hinsichtlich der Abschreibungsregelungen. Wirtschaftsgüter mit einer Nutzungsdauer von bis zu 20 Jahren und einer Anschaffung zwischen

Tab. 2.8 Belastungsvergleich in Abhängigkeit vom Dividendenempfänger

	(1)	(2)	(3)	(4)
Dividende (vor Quellensteuer)		100		
Ausländische Quellensteuer	20	20	20	10[b] (EU: 0[c])
Inländische Steuer Anrechnung = Inl. Steuer	25 −20 = 5	27 −20 = 7	30 max −15[a] = 15	1,5 0 = 1,5
Nettoergebnis	75	73	65	89 (99)
Weiterausschüttung (nat. Person)	−	−	−17	−22 (25)
Nettoergebnis	−	−	48	65 (74)

[a]Die Anrechnung der Quellensteuer kann jeweils maximal in Höhe der deutschen Steuer (hier: Körperschaftsteuer) auf die Einkünfte erfolgen. Keine Anrechnung auf die Gewerbesteuer (H = 400 %)
[b]Bei Beteiligungen über 10 % sehen die meisten DBA einen reduzierten Quellensteuersatz vor
[c]Innerhalb der EU darf nach der Mutter-Tochter-Richtlinie keine Quellensteuer erhoben werden

dem 27.09.2017 und dem 01.01.2023 können im Jahr der Anschaffung über eine Sofort-Abschreibung in voller Höhe als Betriebsausgabe abgezogen werden.
Ergänzt werden die neuen Abschreibungsregelungen durch eine Anpassung der Verlustverrechnung, da die bisher geltende zeitliche Begrenzung des Verlustvortrages von 20 Jahren entfällt. Dadurch wird gewährleistet, dass Verluste – auch solche aus Abschreibungen – auf jedem Fall genutzt werden können.
Ebenso wurde eine mit der deutschen Zinsschranke (§ 4h EStG, § 8a KStG) vergleichbare Regelung eingeführt, um eine übermäßige Fremdkapitalfinanzierung zu verhindern. Bis zum Jahr 2022 ist der Nettozinsaufwand nur in Höhe von 30 % des „adjusted taxable income" (EBITDA) abzugsfähig. Ab dem 01.01.2022 ist lediglich noch das EBIT als Bezugsgröße maßgeblich, was einen noch geringeren Abzug von Zinsaufwand zur Folge hat. Somit werden die Unternehmen bis zum Jahr 2022 gezwungen, ihre Finanzierungsstruktur zu ändern, wenn der Zinsaufwand voll abzugsfähig sein soll. Im Gegensatz zur deutschen Regelung gibt es in der amerikanischen Version der Zinsschranke keine Freigrenze als Anwendungsausnahme. Jedoch sind Unternehmen, deren Dreijahres-Umsatzdurchschnitt 25 Mio. US$ nicht übersteigt, von der Anwendung der Zinsschranke ausgenommen.
Reformmaßnahmen im Bereich des internationalen Unternehmenssteuerrechtes
− Schachtelprivileg für Auslandsbeteiligungen
− Einmal-Repatriierungsbesteuerung
− Anreizinstrument FDII (foreign-derived intangible income)

2.3 · Messung der Steuerbelastung

Vor Reformierung des US-Steuerrechtes galt das Welteinkommenprinzip bezüglich der Dividendenausschüttung ausländischer Tochterunternehmen an US-Muttergesellschaften mit anschließender Anrechnung der ausländischen Quellensteuer. Dies hatte zur Folge, dass die Gewinne durch die ausländischen Töchter thesauriert wurden, um eine Belastung mit US-Steuer zu vermeiden. Im Rahmen der US-Steuerreform wurde zum Territorialprinzip übergegangen. Dividendenausschüttungen an eine Muttergesellschaft sollen nun steuerfrei gestellt werden, wenn eine Schachtelbeteiligung in Höhe von 10 % an der ausländischen Tochtergesellschaft vorliegt.

Damit die aufgrund der alten Rechtslage thesaurierten Gewinne nicht steuerfrei ausgeschüttet werden können, ist eine einmalige Repatriierungsbesteuerung (Übergangsbesteuerung) notwendig. Dies wird durch eine fiktive Ausschüttung aller seit 1987 in den USA unversteuert gebliebenen Gewinnrücklagen der ausländischen Tochterunternehmen gewährleistet. Der hierfür anzuwendende Steuersatz beträgt 15,5 %, wobei eine Anrechnung der ausländischen Quellensteuer beschränkt möglich ist.

Einen zusätzlichen Standortvorteil im internationalen Wettbewerb erhofft sich die USA durch die Einführung des sogenannten „foreign-derived intangible income". Hierbei handelt es sich um ein Präferenzregime für Einkünfte von US-Unternehmen aus immateriellen Vermögensgegenstände, die im Ausland durch den Lizenznehmer verwertet werden. Der Effektivsteuersatz soll 13,125 % betragen. Dies stellt vor allem einen Vorteil für digitale Unternehmen dar, da deren Geschäftsmodelle oftmals auf immateriellen Vermögensgegenständen wie Lizenzen oder Patenten beruhen. Auch deutsche Unternehmen als Lizenznehmer könnten aufgrund der Lizenzschranke (§ 4j EStG) hiervon betroffen sein.

Ein weiteres Problem könnte sich für deutsche Steuerpflichtige aus der Herabsetzung des US-Körperschaftsteuersatzes ergeben, sofern sie an einer US-Kapitalgesellschaft beteiligt sind, die keiner aktiven Tätigkeit i. S. d. § 8 Abs. 1 AStG nachgeht. Der neue US-Körperschaftsteuersatz unterschreitet die Steuersatzgrenze für Niedrigsteuergebiete nach § 8 Abs. 3 AStG. (Quellen: Faßbender und Goulet 2018, S. 254 ff.; Krüger und von Einem 2018, S. 592 ff.)

Auch für die Einkommensteuer werden entsprechende Tarifvergleiche aufgestellt (◘ Tab. 2.9). Diese sind in der Regel noch weniger aussagekräftig, da die meisten Länder einen progressiven Tarif anwenden. Von entscheidender Bedeutung für die Tarifinterpretation ist:

- Wie hoch ist das Existenzminimum (steuerfrei)?
- Mit welchem Steuersatz beginnt der Tarif nach dem Grundfreibetrag?
- Wie stark steigen die Steuersätze an (Progression)?
- Wie hoch ist der Spitzensteuersatz?
- Ab welchem Einkommen ist der Spitzensteuersatz anzuwenden?

Der Spitzensteuersatz beinhaltet somit noch keine Aussage über die Ausprägung der Progression und die Höhe der Steuerlast. Nicht berücksichtigt werden regelmäßig die familienbedingten Sonderregelungen wie das Ehegattensplitting in Deutschland oder das Familiensplitting in Frankreich. Hervorzuheben sind hier die „Flat Tax-Tarife", die nur eine indirekte Progression durch den Grundfreibetrag beinhalten, ansonsten jedoch unabhängig von der Höhe

□ **Tab. 2.9** Einkommensteuerliche Rahmendaten ausgewählter Länder (2017)

Staat	Steuerfreier Betrag (F)/ Steuerabzugsbetrag (A) in €	Eingangssteuersatz (%) [b]	Spitzensteuersatz [c]	
			Höhe (%)	Ab Einkommen von ... €
Bulgarien	–	10	10	Flat Tax
Deutschland	8820 (F)	14	47,48	256.303
Frankreich	9710 (F)	21,16	54,61	152.260
Großbritannien	12.977 (F) [a]	20	45	169.268
Irland	1650 (A) 13.000 (F)	20 Zuschlag: 0,5 Gesamt: 20,5	48 8	33.800 70.004
Italien	–	25,28	45,28	75.000
Luxemburg	11.265 (F)	8,56	45,78	200.004
Schweden	45.770 (F) 1377 (F)	Staat: 20 Region: 32,12 Gesamt: 52,12	25 32,12 57,12	66.585
Spanien	5550 (F)	19	45	60.000
Schweiz (Zürich)	13.111 (F) 6059 (F)	Bund: 0,77 Kant./Gem.: 4,38 Gesamt: 5,15	11,5 28,47 39,97	682.883 230.491

(Fortsetzung)

2.3 · Messung der Steuerbelastung

Tab. 2.9 (Fortsetzung)

Staat	Steuerfreier Betrag (F)/ Steuerabzugsbetrag (A) in €	Eingangssteuersatz (%) [b]	Spitzensteuersatz[c]	
			Höhe (%)	Ab Einkommen von … €
USA (New York)	3518 6906 6906	Bund: 10 Staat: 4 Stadt: 2,907 Gesamt: 16,22	39,6 8,82 <u>3,88</u> 47,27	363.878 936.105 434.367

[a]Läuft bei höherem Einkommen aus
[b]Zuschlagsteuern wurden nicht separat ausgewiesen sondern eingerechnet
[c]Eigene Erhebungsgrenzen der Zuschlagsteuern wurden nicht berücksichtigt
Quelle: Zusammengestellt auf Basis der Daten aus: BMF 2018

des Einkommens einen konstanten Grenzsteuersatz anwenden. Es sind die Einkommensteuern der verschiedenen Gebietskörperschaften zu berücksichtigen.

Im Bereich der Spitzenbelastung bestehen erhebliche Unterschiede. Dies betrifft mit Ausnahme Bulgariens weniger die Höhe des Spitzensteuersatzes als vielmehr den Einkommensbetrag, ab dem dieser erhoben wird. Grundlage des Steuerranking ist ein unbeschränkt Steuerpflichtiger des jeweiligen Landes. Für grenzüberschreitende Einkommensverlagerungen sind die Tarife nicht zwingend ausschlaggebend.

Im Ergebnis können Tarifvergleiche nur in wenigen Fällen eine Entscheidungsgrundlage sein, haben aber in der politischen Diskussion eine besondere Bedeutung erlangt. Aus psychologischen Gründen wird versucht niedrige Steuersätze zu erreichen. Fragen der Bemessungsgrundlage treten dabei in den Hintergrund.

2.3.2.3 Effektive Steuersätze

Effektivsteuersätze berücksichtigen sowohl die Ermittlung der Bemessungsgrundlage als auch Tarifvorschriften. Unterschieden werden effektive Grenz- und Durchschnittsteuersätze. Beide Methoden basieren auf der Konzeption des Steuerkeils ($i - i_s$). Die Renditedifferenz vor und nach Steuern (i_s) wird ins Verhältnis zur Rendite vor Steuern (i) gesetzt.

$$\frac{i - i_s}{i}$$

Effektive Grenzsteuersätze (EMTR = Effective Marginal Tax Rates) vergleichen die Bruttorendite einer Investition mit der Nettorendite des Investors nach Steuern, wobei regelmäßig interne Renditen Verwendung finden. Die Aussagefähigkeit von effektiven Grenzsteuersätzen ist jedoch dadurch begrenzt, dass sich das Konzept auf Marginalinvestitionen bezieht, also Investitionen, bei denen der Kapitalwert gleich Null ist. Betriebswirtschaftlich werden aber gerade diejenigen Investitionen gesucht, deren Kapitalwert positiv ist.

Bei effektiven Durchschnittsteuersätzen (EATR = Effective Average Tax Rates) wird die Einschränkung auf marginale Investitionen aufgehoben, sodass auch rentable Investitionen betrachtet werden können. Die effektiven Durchschnittsteuersätze eignen sich insbesondere für Standortentscheidungen, während sich effektive Grenzsteuersätze eher für Entscheidungen über Zusatzinvestitionen anbieten. Die Entscheidung über den Standort ist dann als gegeben anzunehmen.

Die effektiven Durchschnittssteuersätze kommen auch beim „European Tax Analyzer" zur Anwendung. Das ZEW ermittelt mit dessen Hilfe die Steuerbelastung repräsentativer (fiktiver) Unternehmen.

Beispiel: European Tax Analyzer

Der European Tax Analyzer bildet das Kernstück des ZEW-Instrumentariums für internationale Steuerbelastungsvergleiche. Der „European Tax Analyzer" ist ein finanzplanbasiertes Simulationsmodell, mit dem die effektiven Steuerbelastungen von Unternehmen und ihren Gesellschaftern unter Berücksichtigung aller relevanten Steuerarten und deren Interdependenzen über einen Zeitraum von zehn Jahren berechnet werden. Die besondere Stärke des European Tax Analyzers liegt in dem hohen Detaillierungsgrad, mit dem Steuersysteme, Steuerarten, Tarife und Bemessungsgrundlagenvorschriften abgebildet werden können. Auch komplexe Regelungen wie Zinsabzugsbeschränkungen, Steueranreize für Forschung und Entwicklung oder besondere Steuerregelungen für kleine und mittlere Unternehmen (KMU) können im Rahmen der Simulation berücksichtigt werden. Zudem ist das Modell sehr flexibel: das zugrunde gelegte Musterunternehmen kann hinsichtlich Größe (groß, mittel, klein, mikro), Branche und zentraler Kennziffern wie der Umsatzrentabilität variiert werden. In der aktuellen Version sind die relevanten Regelungen der EU-28 sowie von fünf Nicht-EU Staaten (China, Japan, Kanada, USA (Kalifornien) und Schweiz (Zürich)) implementiert.
(Quelle: ▶ https://www.zew.de/de/forschung/unternehmensbesteuerung-und-oeffentliche-finanzwirtschaft/forschungsschwerpunkte/besteuerung-von-unternehmen-und-steuerliche-standortanalysen/european-tax-analyzer/)

Betrachtungsgegenstand ist eine Kapitalgesellschaft mit gegebener Kapital- und Vermögensausstattung. Die Steuerbelastung der einzelnen Perioden wird durch eine Veranlagungssimulation bestimmt. Methodisch werden effektive Durchschnittsteuersätze ermittelt, indem die „steuerbedingte Reduktion des Endvermögens" bestimmt wird. Zugrunde liegt dieser Vorgehensweise der „Baldwin-Zins" (Realer Zinsfuß). Die Ermittlung erfolgt in drei Schritten:

- Für Einzahlungsüberschüsse in einer Periode wird die Anlage bis zum Ende des Investitionszeitraums angenommen.
- Investitionsauszahlungen werden auf den Beginn der Investition bezogen. Dies gilt auch, wenn sich die Investitionsauszahlungen über mehrere Perioden verteilen (Auszahlungsbarwert).
- Gesucht wird derjenige interne Zins (r_{real}), bei dem der diskontierte Einzahlungsendwert (E_n) dem Auszahlungsbarwert (A_0) entspricht.

$$r_{real} = \sqrt[n]{\frac{E_n}{A_0}} - 1$$

Tab. 2.10 Beispiel zum Baldwin-Zins

	t_0	t_1	t_2	t_3
Objektzahlungsreihe (Barwert = 0)	−120	+66	+48,4	+26,62
Steuerzahlungsreihe		+36	−19,8	−14,52	−7,99
E		+36	+46,2	+33,88	+18,63
Endwert (E_n) bei $i_s = 7\%$					151,88

Beispiel: Effektiver Steuersatz

Es erfolgt eine Investition in ein sofort abschreibbares Wirtschaftsgut in Höhe von 120 (A_0). Der homogene Kapitalmarktzinssatz beträgt 10 %, der Steuersatz 30 %. Es wird ein sofortiger Verlustausgleich angenommen.
Aus den Angaben in ◘ Tab. 2.10 lässt sich der Baldwin-Zins berechnen:

$$r_{real} = \sqrt[3]{\frac{151{,}88}{120}} - 1 = 0{,}0817 = 8{,}17\,\%$$

Der Effektivsteuersatz berechnet sich als

$$s_{eff} = \frac{i - r_{real}}{i} = \frac{0{,}1 - 0{,}0817}{0{,}1} = 18{,}3\,\%$$

Der effektive Steuersatz liegt unterhalb des tariflichen Steuersatzes. Ursächlich ist die Sofortabschreibung, die durch den sofortigen Verlustausgleich zu einer Steuererstattung bereits in der ersten Periode führt.

Das ZEW ermittelt für die EU die Entwicklung der effektiven Durchschnittssteuersätze („Effective Average Tax Rate", EATR) und differenziert dabei auch nach Investitionskategorien. Die Tarifsteuersätze weichen zum Teil deutlich von den durchschnittlichen effektiven Steuersätzen ab (◘ Tab. 2.11). Die Effektivsteuersätze schwanken auch erheblich in Abhängigkeit von den Investitionskategorien, besonders deutlich in Irland (zwischen 11,5 % und 24,4 %) oder Frankreich (29,2 % bis 42,2 %).

2.3 · Messung der Steuerbelastung

Tab. 2.11 ZEW-Effektivsteuersätze in %

Land	Unternehmensteuersatz	EATR Durchschnitt	Industriebauten	Maschinen	Finanzanlagen
Bulgarien	10,0	9,0	9,5	7,8	9,8
Deutschland	31,6	28,8	29,7	28,6	31,3
Frankreich	35,4	33,4	42,2	29,2	33,6
Großbritannien	19,0	20,5	29,8	18,0	18,5
Irland	12,5	14,1	11,5	11,5	24,4
Italien	24,0	23,5	25,6	25,5	22,2
Luxemburg	27,1	23,7	25,8	20,4	26,4
Schweden	21,5	19,4	19,6	18,1	21,0
Spanien	30,6	30,1	29,3	26,9	30,6
Schweiz	21,2	18,6	17,8	18,3	21,1
USA	37,9	36,5	37,2	36,1	37,0

Quelle: Spengel et al. (2018, S. 2)

2.3.2.4 Veranlagungssimulation

Die Veranlagungssimulation ist die aufwendigste Vorgehensweise. Für die zu betrachtenden Investitionen ist eine vollständige Planung mit allen zahlungs-, erfolgs- und steuerwirksamen Parametern vorzunehmen. Der Planungshorizont sollte die gesamte Investitionsdauer umfassen. Notwendig sind auch Festlegungen zum Gewinntransfer, damit in die Simulation nicht nur die Steuerbelastung des Investitionsstandorts sondern auch die Steuerbelastung des Ausschüttungsvorgangs sowie die Belastung im Heimatland des Investors eingehen kann. Die Komplexität erhöht sich zudem, wenn weitere Transaktionen vorliegen, die den Ansatz von Verrechnungspreisen, zum Beispiel zwischen Mutter- und Tochtergesellschaft oder zwischen Stammhaus und Betriebsstätte notwendig machen. Bei grenzüberschreitenden Investitionen ist somit in zwei Ländern eine Simulation der Steuerveranlagung vorzunehmen.

Eine Veranlagungssimulation kann entweder nur die Steuerlast als Zielgröße ausweisen oder die Steuerzahllast als Variable in das betriebswirtschaftliche Planungsmodell einbeziehen. Die Steuerlast wird dann zu einem Parameter der unternehmerischen Zielgröße, die es zu optimieren gilt.

2.3.2.5 Vergleich der Methoden

Die Methoden des Steuerbelastungsvergleichs weisen verschiedene Vor- und Nachteile auf, doch hat sich bereits früh eine Tendenz zu den Effektivsteuersätzen herauskristallisiert.

Hintergrund: Entwicklung
„Die Methoden, die Unternehmenssteuerlast im internationalen Vergleich zu ermitteln, sind in den letzten Jahren erheblich verfeinert worden. Zunächst standen Steuervergleiche im Vordergrund, bei denen alleine auf die Tarife abgestellt wurde. [...] Internationale Steuerbelastungsvergleiche werden daher heutzutage fast nur noch auf der Basis „effektiver Steuersätze" durchgeführt."
(Quelle: Wissenschaftlicher Beirat beim BMF, Gutachten zur Reform der Unternehmensbesteuerung, Schriftenreihe des BMF, Heft 43, Stollfuß-Verlag 1990, S. 10)

Neben der Aussagekraft ist vor allem auch der Ermittlungsaufwand von entscheidender Bedeutung. Wesentliche Kriterien für die Methodenauswahl können sein:
1. Einbeziehung der Ebenen: Steuerbelastung tritt sowohl auf Ebene des Unternehmens wie auch auf Ebene der Anleger auf. Je nach Sachverhalt kann die Betrachtung der Unternehmensebene ausreichend oder die Einbeziehung der Gesellschafterebene zwingend notwendig sein.
2. Typisierung versus Individualisierung: Im Einzelfall kann eine typisierte Betrachtung ausreichend, in vielen Fällen jedoch eine individualisierte

Vorgehensweise notwendig sein. Dies ist immer dann anzunehmen, wenn betriebsbedingte Besonderheiten vorliegen.
3. Vergangenheits- versus Zukunftsbezug: Soweit keine steuerlichen Änderungen vorliegen, können Vergangenheitswerte Aussagekraft für die Zukunft haben. Soweit aber steuerliche Änderungen vorliegen, sind Vergangenheitswerte nicht hilfreich.
4. Statische versus dynamische Verfahren: Bei statischen Verfahren wird im Unterschied zu dynamischen Verfahren der Zeitpunkt des Steueranfalls nicht berücksichtigt.
5. Vollständigkeit: Verfahren, die alle wesentlichen Steuerparameter erfassen, sind in der Regel besser geeignet als Partialmodelle.
6. In einem Kosten-Nutzen-Kalkül ist zwischen den Methoden abzuwägen. Es bedarf der Rechtfertigung der höheren Kosten durch genauere Ergebnisse.

Für die verschiedenen Methoden ergibt sich anhand der Kriterien die Beurteilung in ◘ Tab. 2.12.

2.3.3 Grenzen von Steuerbelastungsvergleichen

Wie jede Form der zukunftsorientierten Betrachtungsweise sind Steuerbelastungsvergleiche für Investitionsentscheidungen nur so gut wie die Inputdaten. Insbesondere die steuerlichen Rahmenbedingungen können sich ändern, sodass eine Revision der getroffenen Entscheidung geboten wäre. Die notwendige Flexibilität ist bei betriebswirtschaftlichen Entscheidungen aber häufig nicht gegeben. Dies gilt sowohl für natürliche Personen bei Wohnsitzentscheidungen und der Verlagerung von Einkommensquellen, als auch für Unternehmen bei Standort- und Investitionsentscheidungen.

Die Unsicherheit über die zukünftige Steuerbelastung resultiert dabei nicht nur aus dem Änderungsrisiko im Investitionsland, Probleme können sich auch durch das Heimatland ergeben, wenn zum Beispiel im Wege des „treaty override" bisher gangbare Wege geschlossen werden oder durch die Kündigung eines DBA steuerliche Entlastungsmaßnahmen entfallen.

Darüber hinaus ist zu beachten, dass die Steuerbelastung höchst sensitiv auf Veränderungen der zivilrechtlichen Struktur (z. B. Betriebsstätte oder Tochtergesellschaft) und dem realisierten Ergebnis reagiert. Tritt die Ergebnisplanung nicht ein und wird statt eines erwarteten Gewinns ein Verlust erzielt, kann sich die Vorziehenswürdigkeit eines bestimmten Steuersystems deutlich ändern. In Bulgarien gilt zwar der günstigste Steuersatz von 10 % auf Unternehmensgewinne bei

☐ Tab. 2.12 Methodenvergleich

| | Kriterium | Tarifvergleich | Steuerquoten | | Effektive | | Veranlagungs-simulation |
			Micro	Macro	Grenzsteuersätze	Durchschnitts-steuersätze	
(1)	Gesellschaftsebene	+	+	+	+	+	+
	Gesellschafts- und Gesellschafterebene	+	−	−	+	+	+
(2)	Typisiert	+	+	+	+	+	+
	Individuell	(+)	−	−	−	−	+
(3)	Vergangenheitsbezogen	+	+	+	+	+	+
	Zukunftsbezogen	+	−	−	−	−	+
(4)	Statisch	+	+	+	+	+	+
	Dynamisch	−	−	−	−	−	+
(5)	Vollständigkeit	−	+	(+)	+	+	+
(6)	Kosten	Gering	Gering	Gering	Hoch	Hoch	Sehr hoch

Legende:
+ = Wird durch Verfahren erfüllt
(+) = Wird durch Verfahren eingeschränkt erfüllt
− = Wird durch Verfahren nicht erfüllt
Quelle: in Anlehnung an Egner und Henselmann (2018)

Kapitalgesellschaften in der EU, im Falle eines Verlusts ist aber kein Rücktrag möglich und der Vortrag auf 5 Jahre begrenzt – eine der engsten Regelungen in der EU.

Dementsprechend erfolgt Steuerplanung und damit die Durchführung von Steuerbelastungsvergleichen stets unter Unsicherheit über das zugrunde liegende Steuerrecht und den realisierten Sachverhalt.

2.4 Lern-Kontrolle

Kurz und bündig
Deutschland im Mittelfeld:
Steuerbelastungsmessung ist ein notwendiger Bestandteil der Steuerplanung – national wie international. Im Unternehmensbereich ist gerade bei Standortfragen die Steuerbelastung ein wesentlicher Punkt.

Ein erster Überblick über die Steuerbelastung lässt sich mit *Steuerquoten und Tarifvergleichen* herstellen. Wird jedoch eine detaillierte Analyse notwendig, müssen *effektive Steuersätze* ermittelt oder *Veranlagungssimulationen* durchgeführt werden, die aufwendig sind.

Bezüglich der Standortwahl zeigt sich, dass trotz der deutlichen Steuersenkungen in den letzten Jahrzehnten Deutschland nur einen Platz im Mittelfeld einnimmt, da auch die anderen Länder das Steuersatzniveau entsprechend abgesenkt haben. Auch bei Einbeziehung der Bemessungsgrundlage auf Basis effektiver Steuersätze ergibt sich kein anderes Bild. Der Steuerwettbewerb ist weiterhin in vollem Gange, wie die US-Steuerreform zum 01.01.2018 gezeigt hat. Einzelne Staaten haben bereits Steuersatzsenkungen bei der Körperschaftsteuer angekündigt (z. B. Großbritannien 17 %, Frankreich 25 %, Belgien 25 %).

❓ Let's check
1. Skizzieren Sie die Unzulänglichkeiten der gemilderten Doppelbesteuerung am Beispiel des deutschen Teileinkünfteverfahrens.
2. Herr Huber mit Wohnsitz in Bamberg beteiligt sich zu 20 % an der türkischen Y-KapG (Privatvermögen). Die Y-KapG erzielt einen Gewinn von 1000, der vollständig ausgeschüttet wird. Die Körperschaftsteuer beträgt in der Türkei 20 %. Bei Ausschüttung wird eine türkische Quellensteuer von 15 % erhoben. Ermitteln Sie die Steuerquote des Herrn Huber bezogen auf den ausgeschütteten Beteiligungsgewinn.
3. Die Muster AG investiert in ein linear über die Nutzungsdauer (drei Jahre) abzuschreibendes Wirtschaftsgut. Der Marktzins beträgt 10 % vor Steuern, der Steuersatz 30 %. Die weiteren Angaben ergeben sich aus ◘ Tab. 2.13.

Tab. 2.13 Übungsaufgabe 3

	t_0	t_1	t_2	t_3
Objektzahlungsreihe (Nettobarwert = 0)	−120	+66	+48,4	+26,62
Abschreibung				
Steuerbemessungsgrundlage				
Steuerzahlung				
E				
Endwert (E_n)				

Ermitteln Sie den Baldwin-Zins und die effektive Steuerbelastung. Vergleichen Sie das Ergebnis mit demjenigen aus dem Beispiel zu den effektiven Steuersätzen (siehe Tab. 2.11). Interpretieren Sie das Ergebnis.

4. Ermitteln Sie die Unternehmensbelastung
   a) einer Personengesellschaft,
   b) einer Kapitalgesellschaft,

   wenn der Hebesatz (H) für die Gewerbesteuer 450 % beträgt. Ergänzen Sie Ihre Berechnung um den Fall einer Gewinnausschüttung durch die Kapitalgesellschaft. Welche Fälle sind zu differenzieren?

❓ Vernetzende Aufgaben

1. Nehmen Sie Stellung zu dem Konflikt zwischen den Tarifparteien, die auf der einen Seite keinen Entlastungsbedarf für die Unternehmen sehen (Gewerkschaften), da die volkswirtschaftlichen Steuerquoten in Deutschland gering sind und auf der anderen Seite (Unternehmensverbände) nach Steuererleichterungen rufen, da die Grenzsteuersätze im internationalen Vergleich zu hoch sind.
2. Welche Vorteile werden Steuersystemen nachgesagt, die überwiegend auf direkten Steuern/indirekten Steuern basieren. Wie würden Sie Deutschland hierbei einordnen?

ℹ️ Lesen und Vertiefen

— Poggensee, K.: Investitionsrechnung. Gabler, 3. Aufl., Wiesbaden (2015)
Der Verfasser erläutert die Grundlagen der Investitionsrechnung. Diese Grundlagen sind zwingende Voraussetzung für die Messung von steuerlichen Belastungen bei mehrjährigen Investitionen.

- Brähler, G.: Internationales Steuerrecht. Gabler, 9. Aufl., Wiesbaden (2019)
  Gernot Brähler erläutert die einzelnen Artikel des OECD-MA, welche für die internationale Steuerplanung von entscheidender Bedeutung sind.
- Wassermeyer, F.: Doppelbesteuerung: DBA – Loseblattsammlung. C.H. Beck, München (2018)
  Der Kommentar beinhaltet sämtliche von Deutschland abgeschlossenen DBA sowie das OECD-MA. Das Nachschlagewerk ist hilfreich für spezielle Fragen einzelner Abkommen.

Literatur

Bundesministerium der Finanzen (BMF). (2018). *Die wichtigsten Steuern im internationalen Vergleich 2017*. Berlin: Druckschrift im Rahmen der Öffentlichkeitsarbeit des Bundesfinanzministeriums.

Egner, T. (2013). Tax and salary issues in self-initiated expatriation. In M. Andresen, A. AlAriss, & M. Walther (Hrsg.), *Self-Initiated expatriation* (S. 143–159). New York: Routledge.

Egner, T., & Henselmann, K. (2018). Steuerbelastung als internationaler Standortfaktor. In *Gabler Wirtschaftslexikon* (19. Aufl.) Wiesbaden: Gabler.

Elschner, C., Heckemeier, J., & Spengel, C. (2011). Besteuerungsprinzipien und effektive Unternehmenssteuerbelastung in der Europäischen Union. *Perspektiven der Wirtschaftspolitik, 12*, 47–71.

Faßbender, B., & Goulet, J. (2018). Die Steuerreform 2017 in den USA. *IWB, 21*, 254–265.

Krüger, S., & von Einem, M. (2018). Die US-Steuerreform. *IWB, 21*, 592–599.

Schmidt, L., Sigloch, J., & Henselmann, K. (2005). *Internationale Steuerlehre*. Wiesbaden: Gabler.

Spengel, C., Schmidt, F., Heckemeyer, J., Nicolay, K. (2018). Effective Tax Levels using the Devereux/Grifftith-Methodology; Project for the EU Commission TAXUD/2013/CC/120, Final report 2017. ▶ https://ec.europa.eu/taxation_customs/sites/taxation/files/final_report_2017_effective_tax_levels_en.pdf.

Spengel, C., Bräutigam, R., & Evers, M. T. (2014). Steuerbelastung von Kapitalgesellschaften in der EU. *Der Betrieb, 67*, 1096–1101.

Wiegard, W. (2006). Internationaler Steuerwettbewerb und Reform der Unternehmensbesteuerung: 7 Fakten – 7 Thesen. In G. Frotscher (Hrsg.), *Anforderungen an ein modernes Steuersystem angesichts der Globalisierung* (S. 97–128). Hamburg: Haufe.

Outbound-Sachverhalte

3.1 Unbeschränkte Steuerpflicht – 98
3.1.1 Unbeschränkte Steuerpflicht in der Einkommensteuer – 98
3.1.2 Unbeschränkte Steuerpflicht in der Körperschaftsteuer – 100

3.2 Wegzugsbesteuerung – 100
3.2.1 Natürliche Person – 100
3.2.2 Juristische Person – 103
3.2.3 Funktionsverlagerung – 105

3.3 Vermeidung der Doppelbesteuerung – 109
3.3.1 Anrechnungsmethode – 109
3.3.2 Freistellungsmethode – 112

3.4 Unternehmerische Betätigung im Ausland – 112
3.4.1 Direktgeschäfte – 112
3.4.2 Betriebsstätten – 114
3.4.3 Rechtsförmliche Investitionen – 119

© Springer Fachmedien Wiesbaden GmbH, ein Teil von Springer Nature 2019
T. Egner, *Internationale Steuerlehre*, Studienwissen kompakt,
https://doi.org/10.1007/978-3-658-25324-0_3

3.5	Grenzüberschreitende Arbeitnehmertätigkeit – 129	
3.5.1	Grenzpendler – 129	
3.5.2	Expatriates – 130	
3.6	Ausländische Kapitalanlagen im Privatvermögen – 134	
3.7	Auslandsverluste – 135	
3.7.1	Einschränkung der Verlustberücksichtigung durch § 2a EStG – 136	
3.7.2	Finale Verluste – 139	
3.8	Lern-Kontrolle – 141	
	Literatur – 144	

Outbound-Sachverhalte

Lern-Agenda

Outbound-Sachverhalte liegen vor, wenn im Inland domizilierte natürliche oder juristische Personen grenzüberschreitende Sachverhalte mit Auslandsbezug realisieren. Dabei kann es sich um Einkünfteerzielung, Vermögensanlage oder Transaktionen handeln.

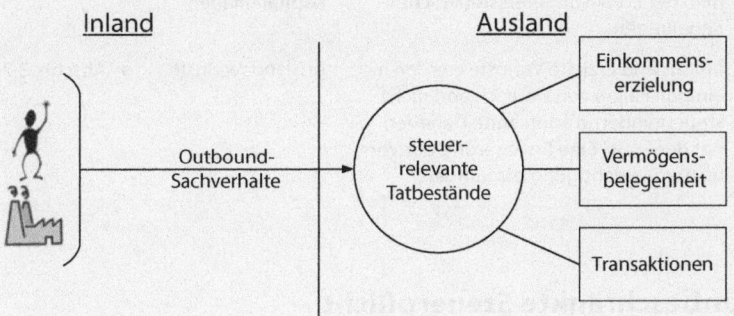

Im Rahmen dieses Kapitels wird der Schwerpunkt im Bereich der Ertragsteuern gelegt. Ausgangspunkt der Betrachtungen ist jeweils Deutschland als Domizilstaat.

Kapitelstruktur

Grundlage von Outbound-Sachverhalten ist in der Regel das Vorliegen einer unbeschränkten Steuerpflicht	Unbeschränkte Steuerpflicht	▶ Abschn. 3.1
Natürliche Personen sowie Unternehmen können sich der unbeschränkten Steuerpflicht durch Wegzug entziehen	Wegzugsbesteuerung	▶ Abschn. 3.2
Bei Outbound-Sachverhalten sind grundsätzlich die Regelungen zur Anrechnung ausländischer Steuern bzw. der Freistellung zu beachten	Vermeidung der Doppelbesteuerung	▶ Abschn. 3.3
Für eine Unternehmensbetätigung im Ausland bestehen verschiedene Alternativen (Direktgeschäft, Betriebsstätte, Personengesellschaft, Kapitalgesellschaft) mit unterschiedlichen steuerlichen Folgen	Unternehmerische Betätigung im Ausland	▶ Abschn. 3.4

Neben Unternehmen können sich auch Arbeitnehmer grenzüberschreitend betätigen. Innerhalb der EU/EWR gelten besondere Bestimmungen	Grenzüberschreitende Arbeitnehmertätigkeit	▶ Abschn. 3.5
Die grenzüberschreitende Kapitalanlage unterliegt insbesondere innerhalb der EU besonderen steuerlichen Regelungen	Grenzüberschreitende Kapitalanlagen	▶ Abschn. 3.6
Im Ausland erzielte Verluste werden in einigen Fällen von Deutschland nicht steuermindernd anerkannt. Daneben hat der EuGH eine Erweiterung der Verlustberücksichtigung erzwungen	Auslandsverluste	▶ Abschn. 3.7

3.1 Unbeschränkte Steuerpflicht

Ausgangspunkt von Outbound-Sachverhalten ist die unbeschränkte Steuerpflicht. Diese kann bei den Ertragsteuern in verschiedenen Formen auftreten. In Ausnahmefällen kann es bei einer beschränkten Steuerpflicht zu Outbound-Sachverhalten kommen. Dies gilt insbesondere bei inländischen Betriebsstätten ausländischer Unternehmen.

3.1.1 Unbeschränkte Steuerpflicht in der Einkommensteuer

Nach § 1 Abs. 1 EStG liegt unbeschränkte Einkommensteuerpflicht vor, wenn sich der Wohnsitz oder der gewöhnliche Aufenthalt einer natürlichen Person im Inland befindet. Steuerpflichtig ist das Welteinkommen aus den sieben Einkunftsarten des § 2 Abs. 1 EStG. Einen Überblick zu den verschiedenen Arten der Steuerpflicht vermittelt ◘ Abb. 3.1.

Daneben erweitert § 1 Abs. 2 EStG die unbeschränkte Steuerpflicht um die Fälle – auch als „erweiterte unbeschränkte Steuerpflicht" bezeichnet –, in denen zwar weder ein Wohnsitz noch ein gewöhnlicher Aufenthalt vorliegt, aber Personen „zu einer inländischen Person des öffentlichen Rechts in einem Dienstverhältnis stehen und dafür Arbeitslohn aus einer inländischen öffentlichen Kasse beziehen". Dies betrifft insbesondere Angehörige des diplomatischen Dienstes. Voraussetzung ist darüber hinaus, dass es sich

3.1 · Unbeschränkte Steuerpflicht

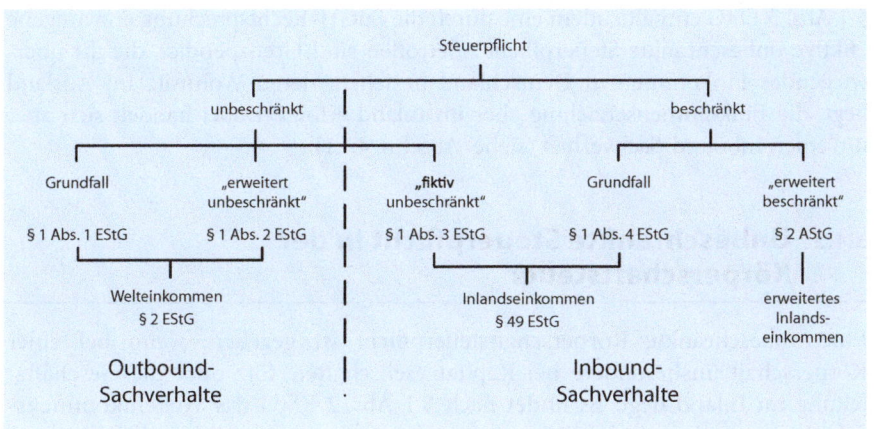

◘ Abb. 3.1   Arten der Steuerpflicht

— um einen deutschen Staatsangehörigen handelt, und
— im Wohnsitzstaat nur eine beschränkte Steuerpflicht vorliegt.

In die unbeschränkte Steuerpflicht einzubeziehen sind auch zum Haushalt gehörende Angehörige (Ehegatten, Kinder), die entweder
— deutsche Staatsangehörige sind, oder
— keine Einkünfte beziehen bzw. nur Einkünfte beziehen, die ausschließlich der deutschen Einkommensteuer unterliegen.

Beispiel: Steuerpflicht der GIZ-Mitarbeiter

Rechtsunsicherheit herrschte bis Ende 2013 darüber, wie die ins Ausland entsandten Mitarbeiter der GIZ zu behandeln sind, da nicht geklärt war, wie der Begriff „öffentliche Kassen" (§ 49 Abs. 1 Nr. 4b EStG) zu definieren ist.
Die Deutsche Gesellschaft für internationale Zusammenarbeit (GIZ) GmbH ist als privatrechtliche GmbH mit dem Bund als alleinigem Gesellschafter gegründet worden und wickelt vor allem für öffentlich-rechtliche Auftraggeber Entwicklungshilfeprojekte ab, zum Beispiel für das Bundesministerium für wirtschaftliche Zusammenarbeit und Entwicklung oder das Auswärtige Amt.
Unklar war, ob die Entlohnung als aus öffentlichen Kassen geleistet gilt. Das Finanzgericht Düsseldorf hat am 30.01.2012 (Az. 13 K 1178/10 E) entschieden, dass entgegen der gängigen Praxis der Begriff der öffentlichen Kassen weit auszulegen ist und bei mittelbarer öffentlicher Finanzierung gegeben ist.
Die Finanzverwaltung wendet diese inhaltliche Auslegung ab 01.01.2014 an (BMF vom 05.12.2013, BT-Drs. 18692, S. 14).

§ 1 Abs. 3 EStG enthält zudem eine durch die EuGH-Rechtsprechung erzwungene „fiktive unbeschränkte Steuerpflicht". Betroffen sind Grenzpendler, die ihr überwiegendes Einkommen in Deutschland beziehen, deren Wohnsitz im Ausland liegt, die Einkommenserzielung aber im Inland erfolgt. Dabei handelt sich aber um einen Inbound-Sachverhalt (siehe Abschn. 4.1.1).

3.1.2 Unbeschränkte Steuerpflicht in der Körperschaftsteuer

Eine unbeschränkte Körperschaftsteuerpflicht ist gegeben, wenn bei einer Körperschaft, insbesondere bei Kapitalgesellschaften, Sitz oder die Geschäftsleitung im Inland liegt. Es findet nach § 1 Abs. 2 KStG das Welteinkommensprinzip Anwendung.

3.2 Wegzugsbesteuerung

3.2.1 Natürliche Person

Die Wohnsitzverlagerung (Wegzug) ist eine besondere Form eines Outbound-Sachverhalts, da nicht bzw. nicht nur die Einkommensquelle sondern der Steuerpflichtige „verlagert" wird.

Treten durch den Wegzug in einem Veranlagungszeitraum sowohl die unbeschränkte als auch die beschränkte Steuerpflicht auf, werden nach § 2 Abs. 7 EStG die inländischen Einkünfte aus der beschränkten Steuerpflicht in die Veranlagung der unbeschränkten Steuerpflicht einbezogen. Dies dient dazu, eine Progressionsminderung durch die zweimalige Anwendung des progressiven Tarifs auf die Einkommensteile der beschränkten und unbeschränkten Steuerpflicht zu vermeiden. Die abgeltende Wirkung der Abzugssteuern nach § 50 Abs. 2 EStG (Arbeitslohn; Kapitalertrag) greift in diesem Fall nicht. Nach § 32b Abs. 1 Nr. 2 EStG findet darüber hinaus der Progressionsvorbehalt auch für die während der Zeit der beschränkten Steuerpflicht erzielten ausländischen Einkünfte Anwendung. Dies führt zu einer Schlechterstellung gegenüber einer durchgehenden beschränkten Steuerpflicht in einem Veranlagungszeitraum.

Beispiel: Unterjähriger Wechsel der Steuerpflicht
Der ledige Steuerpflichtige Alf Alt arbeitet bis zum 30.06.2019 in Deutschland und erzielt Einkünfte aus nichtselbstständiger Tätigkeit von 45.000 €. Zum 01.07.

3.2 · Wegzugsbesteuerung

entsendet ihn sein Arbeitgeber für fünf Jahre ins Ausland, sodass er seinen Wohnsitz in Deutschland aufgibt. Sein Eigenheim vermietet er für den gesamten Zeitraum von fünf Jahren und erzielt Einkünfte aus Vermietung von 6000 €. Die Einkünfte aus nichtselbstständiger Tätigkeit im zweiten Halbjahr 2019 im Ausland betragen 60.000 €.

Die in Deutschland steuerpflichtigen Einkünfte betragen 51.000 €. Die Steuer nach dem Einkommensteuertarif 2019 (§ 32a EStG) bei unbeschränkter Steuerpflicht würde 12.692 € betragen. Durch den Progressionsvorbehalt fällt die Steuer jedoch höher aus.

Bei 111.000 € (=51.000 €+60.000 €) resultiert eine Steuer von 37.839 €. Der durchschnittliche Steuersatz ermittelt sich somit auf 34,09 %.

Damit erhöht sich die Steuerlast auf 17.385 € (=51.000 €*34,09 %). Durch den Progressionsvorbehalt entsteht eine Mehrsteuer von 4693 €.

Wird der Wohnsitz in Deutschland aufgegeben, sodass die unbeschränkte Steuerpflicht endet, können dadurch einmalige Steuerlasten ausgelöst werden. Ursächlich hierfür ist, dass mit dem Wegzug der unmittelbare Zugriff auf den Steuerpflichtigen verloren geht. Dabei sind drei Konstellationen zu unterscheiden:

1. Der Wohnsitz wird ins Ausland verlagert, die Einkommensquellen verbleiben jedoch im Inland.
2. Der Wohnsitz wird zusammen mit den Einkommensquellen ins Ausland verlagert.
3. Der Wohnsitz wird ins Ausland verlagert, die Einkommensquellen liegen bereits im Ausland.

Im ersten Fall (1) ändert sich die Form der Steuerpflicht, indem aus einer unbeschränkten Steuerpflicht eine beschränkte Steuerpflicht wird. Es tritt keine Entstrickung der stillen Reserven ein. Nach § 4 Abs. 1 S. 3–5 EStG wird bei Betriebsvermögen jedoch eine Entnahme angenommen, wenn das deutsche Besteuerungsrecht ausgeschlossen oder eingeschränkt wird. Die Entnahme ist mit dem gemeinen Wert anzusetzen (§ 6 Abs. 1 Nr. 4 EStG). Dies ist bei Betriebsstätten aber nur selten der Fall, da dem Betriebsstättenstaat regelmäßig das Besteuerungsrecht zusteht. Folglich löst der Wegzug meist keine Besteuerungsfolgen aus. Eine entsprechende Regelung findet sich in § 16 Abs. 3a EStG für Anteile an einer Personengesellschaft. Allerdings kann in diesem Fall eine Streckung der Steuerzahlung auf 5 Jahre in gleichmäßigen Raten erfolgen (§ 36 Abs. 5 EStG).

Werden im Zuge des Umzugs Vermögenswerte ins Ausland verlagert (Fall 2), die im Heimatland steuerverhaftet sind, wird die Realisierung vorhandener stiller Reserven fingiert. Im Betriebsvermögen und bei Beteiligungen an Personengesellschaften greifen § 4 Abs. 1 S. 3–5 EStG sowie § 16 Abs. 3a EStG, da durch die Verlagerung das deutsche Besteuerungsrecht eingeschränkt oder ausgeschlossen wird. Dies gilt auch, wenn die verlagerten Wirtschaftsgüter im Ausland wieder Teil eines Betriebsvermögens werden (§ 6 Abs. 5 S. 1 EStG).

Im Privatvermögen betrifft dies vor allem Beteiligungen an Kapitalgesellschaften, deren Veräußerung zu steuerpflichtigen Einkünften nach § 17 EStG führen kann, wenn innerhalb der letzten 5 Jahre zu irgendeinem Zeitpunkt eine Beteiligung von mindestens 1 % vorlag. § 6 AStG sieht vor, dass
- eine natürliche Person mit bisherigem inländischen Wohnsitz oder gewöhnlichen Aufenthalt,
- die in den letzten 10 Jahren in mindestens 5 Veranlagungszeiträumen unbeschränkt steuerpflichtig war,
- und eine Beteiligung im Sinne des § 17 EStG hält,
- bei einem Wohnsitzwechsel (Beendigung des gewöhnlichen Aufenthalts), der für mehr als 5 Jahre zu einem Ausscheiden aus der unbeschränkten Steuerpflicht führt,

den fiktiven Veräußerungsgewinn der Beteiligung zu versteuern hat. Dies begründet sich dadurch, dass Deutschland auf einen später im Ausland erzielten Veräußerungsgewinn keinen Zugriff mehr hat.

Diese Entstrickung ist auch dann vorzunehmen, wenn der Steuerpflichtige in Deutschland eine Wohnung behält, diese aber gegenüber dem ausländischen Wohnsitz nur als Nebenwohnsitz führt. Nach Art. 4 Abs. 2 OECD-MA wird in solchen Fällen die Ansässigkeit dem Hauptwohnsitz zugeordnet, sodass der Zuzugsstaat das Besteuerungsrecht erhält.

Auf den Veräußerungsgewinn findet das Teileinkünfteverfahren (§ 3 Nr. 40 EStG) Anwendung. Verluste bleiben steuerlich unberücksichtigt. Bei einer späteren tatsächlichen Veräußerung der Beteiligung kann sich erneut eine Steuerpflicht ergeben, wenn der Wegzug in einen Nicht-DBA-Staat erfolgt ist. Der Veräußerungsgewinn unterliegt dann im Rahmen der beschränkten Steuerpflicht nach § 49 Abs. 1 Nr. 2 EStG der inländischen Besteuerung. Um eine Doppelbesteuerung zu vermeiden, ist vom Vermögenszuwachs der bereits im Zeitpunkt des Wegzugs besteuerte Wertzuwachs abzuziehen. Dadurch kann auch ein steuerrelevanter Verlust entstehen, wenn der Saldo negativ ist.

Soweit ein DBA besteht, steht in der Regel dem ausländischen Staat (= Wohnsitzstaat des Weggezogenen) das Besteuerungsrecht des tatsächlichen Veräußerungsgewinns zu. Dies kann insofern zu einer Doppelbesteuerung führen, als ein Teil des Veräußerungsgewinns bereits beim Wegzug aus Deutschland erfasst wurde. Die Finanzverwaltung ist der Ansicht, dass die Vermeidung

3.2 · Wegzugsbesteuerung

der Doppelbesteuerung Aufgabe des Wohnsitzstaates ist. Es kann entweder der bereits versteuerte Teil des Gewinns freigestellt oder die nach § 6 AStG erhobene Steuer angerechnet werden.

Nach § 6 Abs. 4 AStG besteht die Möglichkeit der Steuerleistung in maximal 5 jährlichen Raten, wenn die unmittelbare Einziehung der Steuer eine erhebliche Härte darstellen würde. Die Stundung ist unverzinst, jedoch ist eine Sicherheitsleistung zu erbringen. Darüber hinaus wurde durch die EuGH-Rechtsprechung eine spezielle Regelung für EU-Fälle notwendig (§ 6 Abs. 5 AStG). Erfolgt der Wegzug eines Steuerpflichtigen mit EU/EWR-Staatsbürgerschaft in einen anderen EU/EWR-Staat, in dem er unbeschränkt steuerpflichtig wird, so ist die Steuer zinslos zu stunden, bis die Beteiligung tatsächlich veräußert wird. Der Steuerpflichtige hat jährlich den Nachweis zu erbringen, dass die Beteiligung ihm noch zuzurechnen ist (§ 6 Abs. 7 AStG). Ein ausführliches Beispiel findet sich bei: Brix, G.R., Ettinger, J.: Typische Ertragsteuerfragen beim Wegzug aus Deutschland in die USA, Teil I und II. Praxis Internationale Steuerberatung 14, 90 (2013); ▶ http://www.iww.de/pistb/musterfaelle/usa-typische-ertragsteuerfragen-beim-wegzug-aus-deutschland-in-die-usa-teil-1-f65469 und Praxis Internationale Steuerberatung 14, 127 (2013); ▶ www.iww.de/pistb/musterfaelle/usa-typische-ertragsteuerfragen-beim-wegzug-aus-deutschland-in-die-usa-teil-2-f66152.

Ein steuerpflichtiger Sachverhalt im Betriebsvermögen kann durch den Umzug auch ausgelöst werden (Fall 3), wenn sich das Vermögen bereits vor dem Umzug im Ausland befand. Ist das Vermögen in einem Staat belegen, mit dem Deutschland kein DBA abgeschlossen hat oder bezüglich der entsprechenden Einkunftsart die Anrechnungsmethode vereinbart ist, wird durch den Umzug das bestehende Besteuerungsrecht Deutschlands ausgeschlossen (§ 4 Abs. 1 S. 3–5 EStG). Dies führt zur Annahme einer fiktiven Realisation zum gemeinen Wert des Wirtschaftsguts (§ 6 Abs. 1 S. 4 EStG), ohne dass dieses verlagert worden wäre. Soweit im DBA die Freistellungsmethode vereinbart ist, kann das deutsche Besteuerungsrecht nicht beschränkt werden, da es schon vorher ausgeschlossen war.

3.2.2 Juristische Person

Der Wegzug einer Kapitalgesellschaft durch Sitzverlegung ist nach deutschem Gesellschaftsrecht nicht zulässig (§ 4a GmbHG; § 5 AktG), ausgenommen die SE (Art. 7, 8 der Verordnung über das Statut der Societas Europaea). Eine Verlagerung wäre insofern nur dadurch möglich, dass die Gesellschaft liquidiert wird, was zur Aufdeckung der stillen Reserven führen würde (§ 11 KStG).

Demgegenüber ist eine Verlegung der Geschäftsleitung (Verwaltungssitz) in einen anderen Staat identitätswahrend möglich. Dabei ist zu differenzieren, ob die Geschäftsleitung in einen EU/EWR-Staat oder einen Drittstaat verlagert wird.

Wird die Geschäftsleitung in einen Drittstaat verlagert, ist nach § 12 Abs. 3 KStG zu prüfen, ob noch eine unbeschränkte Steuerpflicht gegeben ist, weil der Sitz im Inland liegt. Dies ist der Fall, wenn kein DBA besteht. Bei Vorliegen eines DBA geht die unbeschränkte Steuerpflicht jedoch meist unter, da sich nach Art. 4 Abs. 1 bzw. 3 OECD-MA die Ansässigkeit nach dem Ort der Geschäftsleitung richtet. Als Folge ist die Liquidation der Gesellschaft unter Auflösung der stillen Reserven anzunehmen. Die DBA-Konstellation ist insofern nachteilig!

Erfolgt die Verlagerung der Geschäftsleitung in einen anderen EU/EWR-Staat, kommt es nicht zwingend zur Entstrickung. Entscheidend ist vielmehr, ob wirtschaftsgutbezogen das deutsche Besteuerungsrecht eingeschränkt oder ausgeschlossen wird (§ 12 Abs. 1 KStG). Verbleiben die Wirtschaftsgüter in einer inländischen Betriebsstätte, so kommt es meist nicht zu einer Besteuerung der stillen Reserven, da der Betriebsstättenstaat das Besteuerungsrecht behält. Wird das deutsche Besteuerungsrecht jedoch eingeschränkt, ist für die Besteuerung eine Veräußerung mit dem gemeinen Wert zu fingieren. § 12 Abs. 1 KStG verweist auf die Anwendbarkeit des § 4g EStG. Kommt es zu einer Aufdeckung stiller Reserven, kann deren Realisierung gestreckt werden (siehe ► Abschn. 3.4.2.3).

Daneben können sich steuerliche Konsequenzen bei den Anteilseignern ergeben. § 17 Abs. 5 EStG sieht vor, dass ein Wegzug der Kapitalgesellschaft als fiktive Veräußerung zu behandeln ist, wenn das deutsche Besteuerungsrecht eingeschränkt oder ausgeschlossen wird. Das Teileinkünfteverfahren ist anzuwenden. Dies kann dann erfolgen, wenn in einem DBA das Besteuerungsrecht für Veräußerungsgewinne im (neuen) Sitzstaat der Gesellschaft liegt oder der Wohnsitzstaat des Gesellschafters eine im (neuen) Ansässigkeitsstaat der Gesellschaft erhobene Quellensteuer anrechnen muss. Allerdings sieht Art. 13 Abs. 5 OECD-MA die Besteuerung der Veräußerungsgewinne im Ansässigkeitsstaat des Gesellschafters vor. Bei einer Verlagerung in einen anderen EU-Staat (ohne EWR!) ist keine fiktive Veräußerung anzunehmen. Bei einer späteren (tatsächlichen) Veräußerung sind die Gewinne so zu besteuern, als wenn keine Sitzverlegung stattgefunden hätte. Folglich sind in die Versteuerung auch die Wertzuwächse mit einzubeziehen, die auf die Ansässigkeitszeit in anderen EU-Staaten entfallen. Das kann aufgrund der Regelung in Art. 13 Abs. 5 OECD-MA zu einer Überbesteuerung führen.

3.2.3 Funktionsverlagerung

Eine besondere Form des Wegzugs liegt vor, wenn nur Funktionsteile eines Unternehmens auf eine nahe stehende Person im Ausland verlagert werden. Durch die Unternehmensteuerreform 2008 ist mit § 1 Abs. 3 S. 9 AStG hierzu eine Vorschrift aufgenommen worden, die im internationalen Vergleich unüblich ist. Dies birgt die Gefahr einer Doppelbesteuerung.

Die Regelung sieht vor, dass für die verlagerte Funktion ein angemessener Verrechnungspreis anzusetzen ist. Neu zu regeln war dabei, was unter einer Funktion zu verstehen ist, da bisher neben Wirtschaftsgütern nur Teilbetriebe als steuerrelevante Unternehmensteile bekannt waren. Es handelt sich somit um einen unbestimmten Rechtsbegriff, auch wenn sich der Gesetzgeber an der Organisationslehre der BWL orientiert hat. Dort wird die Funktion als selbstständige Teilaufgabe eines Unternehmens definiert.

> **Merke!**
>
> „Eine **Funktion** ist eine Geschäftstätigkeit, die aus einer Zusammenfassung gleichartiger betrieblicher Aufgaben besteht, die von bestimmten Stellen oder Abteilungen eines Unternehmens erledigt werden. Sie ist ein organischer Teil eines Unternehmens, ohne dass ein Teilbetrieb im steuerlichen Sinn vorliegen muss."
> (§ 1 Abs. 1 Funktionsverlagerungs-Verordnung, FVerlV)

Weitere Details finden sich in den „Verwaltungsgrundsätzen-Funktionsverlagerung" (BMF-Schreiben vom 13.10.2010, BStBl. I, 774). Danach muss es sich bei einer Funktion um eine Geschäftstätigkeit handeln, die aber nach Außen und nach Innen erbracht werden kann. Konzerninterne Leistungen können somit eine Funktion darstellen. Gleichermaßen war der Begriff der Funktionsverlagerung neu zu definieren.

> **Merke!**
>
> „Eine **Funktionsverlagerung** im Sinne des § 1 Abs. 3 Satz 9 des Außensteuergesetzes liegt vorbehaltlich der Absätze 6 und 7 vor, wenn ein Unternehmen (verlagerndes Unternehmen) einem anderen, nahe stehenden Unternehmen (übernehmendes Unternehmen) Wirtschaftsgüter und sonstige Vorteile sowie die damit verbundenen Chancen und Risiken überträgt oder zur Nutzung überlässt, damit das übernehmende Unternehmen eine Funktion ausüben kann, die bisher von dem verlagernden Unternehmen ausgeübt worden ist,

> und dadurch die Ausübung der betreffenden Funktion durch das verlagernde Unternehmen eingeschränkt wird. Eine Funktionsverlagerung kann auch vorliegen, wenn das übernehmende Unternehmen die Funktion nur zeitweise übernimmt. Geschäftsvorfälle, die innerhalb von fünf Wirtschaftsjahren verwirklicht werden, sind zu dem Zeitpunkt, zu dem die Voraussetzungen des Satzes 1 durch ihre gemeinsame Verwirklichung wirtschaftlich erfüllt sind, als einheitliche Funktionsverlagerung zusammenzufassen."
> (§ 1 Abs. 2 FVerlV)

Eine nahe stehende Person liegt nach § 1 Abs. 2 AStG u. a. vor, wenn
- eine Beteiligung von mindestens 25 % an der aufnehmenden Gesellschaft gegeben ist oder umgekehrt diese an der abgebenden Gesellschaft mit mindestens 25 % beteiligt ist. Gleiches gilt, wenn ein beherrschender Einfluss ausgeübt werden kann, oder
- eine dritte Person an beiden Gesellschaften mit mindestens 25 % beteiligt ist oder beherrschenden Einfluss ausüben kann.

Zielsetzung ist, die Verlagerung von Funktionen ins Ausland auf nahe stehende Personen unter Reduktion des Umfang der Funktion im Inland zu versteuern, indem für eine solche Funktion ein Verrechnungspreis angesetzt wird, der höher ist wie die Summe der einzeln zu identifizierenden ins Ausland übertragenen Wirtschaftsgüter. Eine Ausnahme besteht nur dann, wenn der Steuerpflichtige nachweist, dass keine wesentlichen immateriellen Wirtschaftsgüter und Vorteile Gegenstand der Übertragung waren. In diesem Fall reicht der Ansatz der Einzelverrechnungspreise für die übertragenen Wirtschaftsgüter aus (§ 1 Abs. 3 S. 10 AStG). Gleiches gilt, wenn die Summe der Einzelverrechnungspreise weitgehend dem Wert des Transferpakets und somit dem Fremdvergleichspreis entspricht. Dieser Nachweis wird in der Realität nur selten gelingen.

Für die Beurteilung des Umfangs der inländischen Funktion ist ein Zeitraum von 5 Jahren zu betrachten. Wenn es in dieser Zeitspanne zu keiner Einschränkung der Funktion im Inland kommt, liegt eine Funktionsverdopplung vor, die nicht unter § 1 Abs. 3 AStG zu erfassen ist. Die einzelnen Formen der Funktionsverlagerung ergeben sich aus ◘ Tab. 3.1.

Die Funktionsausgliederung, die Funktionsabschmelzung und die Funktionsabspaltung führen in der Regel zur Funktionsverlagerung im Sinne des § 1 Abs. 3 AStG. Für die Besteuerung im Inland soll das übertragene Gewinnpotenzial ermittelt werden. Für die Bewertung wird eine vollständige Transparenz über die Verhältnisse der beiden Gesellschaften angenommen. Bei der abgebenden Gesellschaft wird eine Ertragswertminderung angenommen, bei der aufnehmenden (ausländischen) Gesellschaft eine Ertragswertmehrung.

3.2 · Wegzugsbesteuerung

Tab. 3.1 Formen der Funktionsverlagerung

Funktionsausgliederung	Aufgabe der Funktion im Inland und Verlagerung der Funktion mit Chancen und Risiken ins Ausland (z. B. Verlagerung der Produktion)
Funktionsabschmelzung	Die inländische Funktion wird abgebaut, indem die Chancen und Risiken reduziert werden. Als Folge sinkt das inländische Gewinnpotenzial. (z. B. Tochterunternehmen im Inland wird vom Eigenhändler zum Kommissionär)
Funktionsabspaltung	Eine Funktion wird auf einen Auftragnehmer übertragen (z. B. Lohnfertigung)
Funktionsverdopplung/-ausweitung	Einer ausländischen Gesellschaft wird eine zusätzliche, bisher nur im Inland ausgeübte Funktion zugewiesen, ohne dass die inländische Funktion reduziert wird

Für die Bewertung des Transferpakets ist der Fremdvergleichspreis zu ermitteln. Soweit ein uneingeschränkt vergleichbarer Fremdvergleichspreis vorhanden ist, ist dieser anzusetzen (1. Stufe). Ansonsten sind eingeschränkt vergleichbare Fremdvergleichspreise zu verwenden und entsprechend anzupassen (2. Stufe). Die ersten beiden Stufen lassen sich in der Praxis kaum realisieren, da entsprechende Preise nicht vorhanden sind. Für diesen Fall ist in der dritten Stufe der hypothetische Fremdvergleich unter Berücksichtigung der Gewinnpotenziale anzuwenden (siehe ▶ Abschn. 5.4).

Das Gewinnpotenzial ist als Barwert aus Sicht beider beteiligter Unternehmen zu ermitteln und kann entweder direkt oder indirekt bestimmt werden (Abb. 3.2).

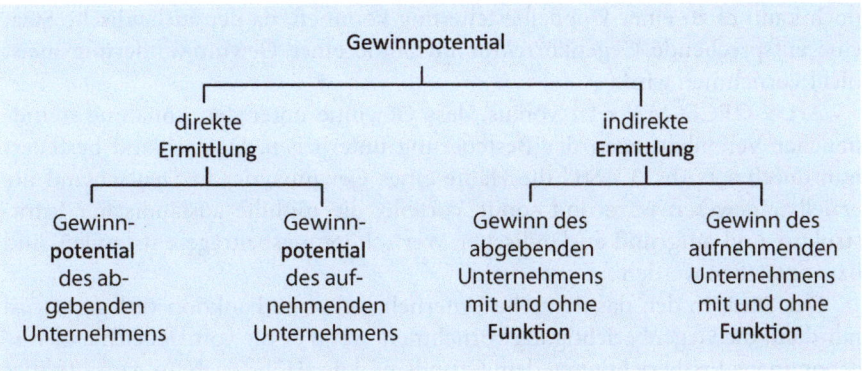

Abb. 3.2 Ermittlung des Gewinnpotenzials

Für die Wertermittlung können die bekannten betriebswirtschaftlichen Methoden (Ertragswertverfahren, Discounted Cash Flow-Methode) angewendet werden. Der Transferpreis ermittelt sich dann als Mittelwert aus Preisuntergrenze (Barwert des übertragenen Gewinnpotenzials) der abgebenden Gesellschaft und der Preisobergrenze (Barwert des aufgenommenen Gewinnpotenzials) der aufnehmenden Gesellschaft (§ 7 FVerlV). Synergieeffekte und Standortvorteile sind einzubeziehen (§ 3 FVerlV). Für die Bewertung sind somit drei Komponenten notwendig:
- verlagertes, jährliches Gewinnpotenzial (G),
- Kapitalisierungszeitraum (T), und
- Kapitalisierungszins (i).

Bei der Ermittlung des Diskontierungszinssatzes ist von einem risikolosen Zinssatz auszugehen, der um eine funktionsbezogene Risikokomponente zu erhöhen ist (§ 5 FVerlV). Der Kapitalisierungszeitraum wird grundsätzlich als unbegrenzt angenommen, jedoch kann begründet werden, warum eine begrenzte Laufzeit einer Funktion anzunehmen ist. Kapitalisierungszins und Gewinnpotenzial sind jeweils nach Steuern anzusetzen.

Der Barwert des gesamten Gewinnpotenzials (GP) ergibt sich als

$$\text{GP} = \sum_{t=1}^{T} \frac{G_t}{(1+i)^t}$$

Die Besteuerung der Funktionsverlagerung über die bereits in der Vergangenheit bestehende Form hinaus (Übertragung materieller und immaterieller Wirtschaftsgüter), ist international eher unüblich. Allerdings enthalten die OECD-Verrechnungspreisrichtlinien vom Juli 2017 eine vergleichbare Regelung (Kap. IX; erstmals in den VP-RL 2010 eingefügt und 2016 überarbeitet). Dennoch kann es zu einer Doppelbesteuerung kommen, da der ausländische Staat eine entsprechende Gegenkorrektur im Sinne einer Gewinnminderung meist nicht vornehmen wird.

Art. 9 OECD-MA setzt voraus, dass Gewinne unter der Annahme fremdüblicher Vereinbarungen der Besteuerung unterliegen. Deutschland besteuert nun durch § 1 Abs. 3 AStG die Hälfte eines Gewinns, der in Deutschland nie erzielbar gewesen wäre und somit Vorteile, die mithilfe ausländischer Infrastruktur und aufgrund ausländischer Wertschöpfungsbeiträge entstanden sind bzw. entstehen werden.

Der Staat, in den das deutsche Unternehmen seine Funktion verlagert, wird nur dann die Gegenberichtigung vornehmen, wenn er die von Deutschland vorgenommene Erstberichtigung dem Grunde und der Höhe nach für gerechtfertigt ansieht. Eine Verpflichtung zur Gegenberichtigung hat Deutschland bisher nur in wenige seiner DBA, z. B. mit Dänemark, Schweden, Tschechien, Slowakei, Türkei und USA, übernommen.

Die Regelung stellt ein Investitionshemmnis dar, da eine spätere Verlagerung aus Deutschland hinaus schwieriger wie in anderen Ländern ist („lock-in-Effekt").

3.3 Vermeidung der Doppelbesteuerung

Die unbeschränkte Steuerpflicht ist geprägt durch das Welteinkommensprinzip. Alle weltweit erzielten Einkünfte unterliegen der deutschen Steuerpflicht, soweit nicht auf Basis eines DBA die Freistellungsmethode gilt. Dementsprechend können für die inländische Behandlung die drei in ◘ Tab. 3.2 abgebildeten Fallkonstellationen unterschieden werden.

Dies gilt sowohl für die Einkommensteuer als auch die Körperschaftsteuer.

3.3.1 Anrechnungsmethode

Die Anrechnungsmethode ist anzuwenden, wenn kein DBA vorliegt oder im DBA diese vereinbart ist. Die inhaltliche Ausgestaltung der Anrechnungsmethode richtet sich nach § 34c EStG bzw. § 26 KStG (siehe ► Abschn. 1.3.3). Die ausländischen Steuern sind nur bis zur Höhe der anteiligen inländischen Steuern anzurechnen, wobei die Per-Country-Limitation Anwendung findet (§ 68a Einkommensteuer-Durchführungsverordnung, EStDV).

Voraussetzung für die Anrechnung ist, dass ausländische Einkünfte im Sinne des § 34d EStG vorliegen und entsprechende Nachweise erbracht werden (§ 68b EStDV).

◘ Tab. 3.2	Fallkonstellationen
DBA liegt vor	Anrechnungsmethode (Abzugsmethode)
	Freistellungsmethode
DBA liegt nicht vor	Anrechnungsmethode (Abzugsmethode)

> **Auf den Punkt gebracht**
> „Bei unbeschränkt Steuerpflichtigen, die mit *ausländischen Einkünften in dem Staat,* aus dem die Einkünfte stammen, zu einer der deutschen Einkommensteuer entsprechenden Steuer herangezogen werden, ist die festgesetzte und gezahlte und um einen entstandenen Ermäßigungsanspruch gekürzte ausländische Steuer auf die deutsche Einkommensteuer anzurechnen, die auf die Einkünfte aus diesem Staat entfällt; das gilt nicht für Einkünfte aus Kapitalvermögen, auf die § 32d Absatz 1 und 3 bis 6 anzuwenden ist."
> (§ 34c Abs. 1 S. 1 EStG)

Liegen keine ausländischen Einkünfte vor, können ausländische Steuern allenfalls als Werbungskosten oder Betriebsausgaben abgezogen werden. Ausländische Einkünfte im Sinne des § 34d Abs. 1 EStG liegen u. a. in folgenden Fällen vor, sodass aus deutscher Sicht ein „Outbound-Sachverhalt" als gegeben angesehen wird:

- Einkünfte aus einer im Ausland betriebenen Land- und Forstwirtschaft (Nr. 1).
- Einkünfte aus einer ausländischen gewerblichen Betriebsstätte oder einem ständigen Vertreter (Nr. 2a).
- Einkünfte aus selbstständiger Tätigkeit, die im Ausland ausgeübt oder verwertet wird (Nr. 3).
- Einkünfte aus der Veräußerung von Wirtschaftsgütern des Anlagevermögens, die in einem ausländischen Staat belegen sind (Nr. 4a) und von Anteilen an Kapitalgesellschaften mit Sitz oder Geschäftsleitung im Ausland (Nr. 4b).
- Einkünfte aus nicht selbstständiger Arbeit, wenn diese im Ausland ausgeübt oder verwertet wird (Nr. 5). Bei einer ausländischen Verwertung darf die zugrunde liegende Tätigkeit nicht im Inland ausgeübt worden sein.
- Einkünfte aus Kapitalvermögen, wenn der Schuldner seinen Wohnsitz bzw. Sitz oder Geschäftsleitung im Ausland hat (Nr. 6). Darüber hinaus gelten Einkünfte als ausländisch, wenn das Kapitalvermögen durch ausländischen Grundbesitz gesichert ist.
- Einkünfte aus Vermietung und Verpachtung, wenn das unbewegliche Vermögen oder Sachinbegriffe im Ausland belegen sind (Nr. 7). Bei Rechten muss die Nutzung der überlassenen Rechte im Ausland erfolgen.
- Bei den Sonstigen Einkünften werden wiederkehrende Bezüge erfasst, wenn der Leistungsverpflichtete seinen Wohnsitz bzw. Sitz oder Geschäftsleitung im Ausland hat (Nr. 8a). Private Veräußerungsgeschäfte führen zu ausländischen Einkünften, wenn die veräußerten Wirtschaftsgüter im Ausland belegen sind (Nr. 8b).

3.3 · Vermeidung der Doppelbesteuerung

Bei den Einkünften aus Land- und Forstwirtschaft, Gewerbebetrieb und selbstständiger Arbeit ist zudem zu beachten, dass die Einkünfte der Nummern 4, 6 und 7 dann als ausländisch gelten, wenn sie im Rahmen der Land- und Forstwirtschaft, des Gewerbebetriebs oder der selbstständigen Tätigkeit erzielt werden.

Diese Ergänzung wird als „isolierende Betrachtungsweise" bezeichnet, um auch dann eine Anrechnung zu ermöglichen, wenn kein durch die Tätigkeit begründeter Anknüpfungspunkt für einen hinreichenden Auslandsbezug besteht. Dies gilt insbesondere dann, wenn ein Gewerbebetrieb (oder ein land- und forstwirtschaftliches Unternehmen oder ein Selbstständiger) Nebeneinkünfte wie aus Vermietung und Verpachtung oder aus Kapitalvermögen erzielt, ohne im Ausland eine Betriebsstätte zu begründen. Ohne diese Ergänzung wäre eine Anrechnung mangels ausländischer Einkünfte nicht möglich.

Beispiel: Isolierende Betrachtungsweise
Die inländische X-GmbH erzielt Einkünfte aus Vermietung im Staat Y von 50.000 €. Eine Betriebsstätte liegt nicht vor. Der Staat Y, mit dem kein DBA besteht, erhebt eine Steuer auf die Vermietungseinkünfte von 10.000 €.
Die Einkünfte sind nach dem Welteinkommensprinzip im Inland im Rahmen der unbeschränkten Steuerpflicht der X-GmbH zu erfassen. Auch § 26 Abs. 1 KStG enthält die Formulierung „ausländische Einkünfte". Über § 8 Abs. 1 KStG findet § 34d EStG Anwendung (R 8.1 Abs. 1 KStR).
Da keine Betriebsstätte im Ausland begründet wird, liegen zunächst keine ausländischen Einkünfte vor (§ 34d Nr. 2a 1. HS EStG). Aufgrund der isolierenden Betrachtungsweise (§ 34d Nr. 2a 2. HS EStG) ist zu prüfen, ob bei einer Erzielung von Einkünften aus Vermietung (§ 34d Nr. 7 EStG) ausländische Einkünfte vorliegen würden. Dies ist der Fall, da das Grundstück im Ausland belegen ist.
Im Ergebnis liegen ausländische Einkünfte vor, sodass die Anrechnung der ausländischen Steuer auf die deutsche Körperschaftsteuer erfolgen kann. Allerdings übersteigt die ausländische Steuer die anteilige inländische Steuer. Der deutsche Körperschaftsteuersatz beträgt 15 %, sodass maximal 7500 € ausländische Steuer anrechenbar ist.

Trotz der ausführlichen Definition ausländischer Einkünfte kann es im Einzelfall zu Problemen kommen. Dies ist dann der Fall, wenn der ausländische Staat Steuern auf Einkünfte erhebt, die aus deutscher Sicht nicht als ausländische Einkünfte zu qualifizieren sind. Deutschland sieht in solchen Fällen kein ausländisches Besteuerungsrecht, da die Einkünfte als inländisch behandelt werden.

3.3.2 Freistellungsmethode

Soweit nach einem DBA die Freistellungsmethode greift, ist nach § 32b Abs. 1 Nr. 3 EStG der Progressionsvorbehalt zu berücksichtigen, soweit nicht im DBA die Anwendung des Progressionsvorbehalts ausdrücklich ausgeschlossen ist. Allerdings gilt es zu beachten, dass in § 32b Abs. 1 S. 2 EStG für eine Reihe von Einkünften aus EU/EWR-Staaten der Progressionsvorbehalt ausgeschlossen wird. Dies gilt für Einkünfte aus:
- land- und forstwirtschaftlichen Betriebsstätten,
- passiven gewerblichen Betriebsstätten,
- Vermietung und Verpachtung unbeweglichen Vermögens oder Sachinbegriffen,
- Überlassung von Schiffen,
- dem Ansatz eines niedrigeren Teilwerts oder aus der Übertragung bei zum Betriebsvermögen gehörenden unbeweglichem Vermögen, Sachinbegriffen oder Schiffen, die selbst mit ihren Einkünften vom Progressionsvorbehalt ausgenommen sind.

Die Nichtanwendung des Progressionsvorbehalts wirkt in beide Richtungen – sowohl der positive wie auch der negative Progressionsvorbehalt entfallen.

3.4 Unternehmerische Betätigung im Ausland

Einer inländischen Unternehmung stehen mehrere Möglichkeiten offen, im Ausland unternehmerisch tätig zu werden (◘ Abb. 3.3). Die steuerlichen Folgen unterscheiden sich dabei erheblich, insbesondere hinsichtlich der Frage, welcher Staat den Zugriff auf das Steuersubstrat ausüben darf.

Die grundlegendste Form stellen grenzüberschreitende Verträge ohne eigene Geschäftseinrichtung im Ausland dar (Direktgeschäfte). Daneben kann auch eine eigene Geschäftseinrichtung gegründet werden. Dies kann entweder rechtlich unselbstständig in Form einer Betriebsstätte oder rechtsförmlich durch eine Personen- oder Kapitalgesellschaft erfolgen. Dabei sind auch mehrstöckige Gestaltungen (Holdingstruktur) denkbar.

3.4.1 Direktgeschäfte

Durch Direktgeschäfte wird im Ausland keine Betriebsstätte begründet, solange kein ständiger Vertreter für die Vertragsabschlüsse eingesetzt wird. Dies führt

3.4 · Unternehmerische Betätigung im Ausland

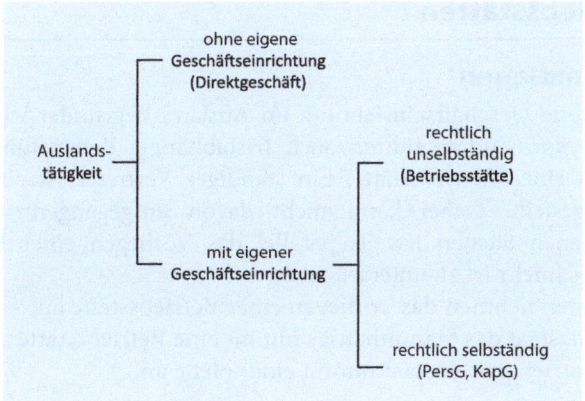

◘ Abb. 3.3 Formen der Auslandstätigkeit

dazu, dass das Besteuerungsrecht ausschließlich in Deutschland liegt (Art. 7 Abs. 1 OECD-MA). Diese Grundregel findet sich in allen von Deutschland abgeschlossenen DBA wieder.

Dementsprechend sind alle Einkünfte aus den Auslandsgeschäften in Deutschland steuerpflichtig. Im Gegenzug können die mit den Auslandsgeschäften zusammenhängenden Betriebsausgaben abgezogen werden.

Es liegen keine ausländischen Einkünfte im Sinne des § 34d EStG vor, sodass eine Anrechnung ausländischer Steuern nach § 34c EStG bzw. § 26 KStG nicht möglich ist. Allerdings bestehen hiervon einige Ausnahmen, u. a. bei im Ausland belegenen Wirtschaftsgütern des Anlagevermögens, Beteiligungen an Kapitalgesellschaften mit Sitz oder Geschäftsleitung im Ausland oder bei Vermietung von im Ausland belegenen Grundvermögen und Sachinbegriffen. In diesen Fällen sehen die DBA bzw. das nationale Steuerrecht der ausländischen Staaten ein Besteuerungsrecht aufgrund des Belegenheits- bzw. des Sitzprinzips vor. Die im Ausland erhobene Steuer kann nach § 34c EStG/§ 26 KStG auf die inländische Steuer angerechnet werden. Bei Veräußerungsgewinnen von Grundstücken wird bei Vorliegen eines DBA häufig die Freistellungsmethode zur Anwendung kommen.

Zu einer Doppelbesteuerung kann es somit nur kommen, wenn kein DBA vorliegt und der ausländische Staat entgegen internationaler Gepflogenheiten eine Besteuerung vornimmt und keine der oben genannten Ausnahmen vorliegt.

3.4.2 Betriebsstätten

3.4.2.1 Grundlagen

Soweit eine feste Geschäftseinrichtung im Ausland begründet wird, liegt eine Betriebsstätte vor. Zudem führen auch fristabhängig Bauausführungen oder Montagen zu einer Betriebsstätte. Ein ständiger Vertreter ist einer Betriebsstätte gleichgestellt. Dabei kann nicht davon ausgegangen werden, dass beide betroffenen Staaten jeweils parallel das Vorliegen einer Betriebsstätte annehmen. Vielmehr ist zu unterscheiden:
1. beide Staaten nehmen das Vorliegen einer Betriebsstätte an,
2. nur der Sitzstaat des Stammhauses nimmt eine Betriebsstätte an,
3. nur der Betriebsstättenstaat nimmt eine solche an.

Die steuerliche Behandlung hängt davon ab, ob ein DBA besteht oder nicht.

Liegt kein DBA vor, wendet Deutschland das Anrechnungsverfahren (§§ 34c EStG, 26 KStG) an. Dieses greift aber nur dann, wenn nach deutschem Recht eine Betriebsstätte im Ausland vorliegt (Fall 1 und 2). Im Ausland erhobene Steuer kann angerechnet werden (Fall 1). Im Fall 2 wird es in der Regel zu keiner ausländischen Besteuerung kommen, da nach ausländischem Recht keine Betriebsstätte vorliegt. Probleme bereitet der Fall 3, da nach deutschem Recht die Gewinne (und Verluste) in Deutschland zu besteuern sind, gleichzeitig aber mangels Betriebsstätte keine Anrechnung ausländischer Steuern möglich ist. Es kann zu einer Doppelbesteuerung kommen, da nach ausländischem Recht eine Betriebsstätte vorliegt und somit von einer ausländischen Besteuerung der Betriebsstättengewinne auszugehen ist. Die ausländische Steuer mindert aber zumindest die inländische Bemessungsgrundlage. Ein solcher Fall kann insbesondere dann auftreten, wenn der ausländische Staat niedrige Hürden bei Dienstleistungs-Betriebsstätten setzt, während Deutschland in der Regel keine Betriebsstätte als gegeben ansieht. Zudem besteht die Möglichkeit, dass der ausländische Staat bei Bauausführungen und Montagen bereits bei weniger als 6 Monaten (§ 12 Nr. 8 AO) von einer Betriebsstätte ausgeht.

Ist zwischen Deutschland und dem Betriebsstättenstaat ein DBA abgeschlossen, ist zwischen der Freistellungs- und der Anrechnungsmethode zu unterscheiden. Nach der deutschen DBA-Politik wird meist die Freistellungsmethode vereinbart. Durch die eigenständige Definition einer Betriebsstätte im DBA wird es hier regelmäßig zu Abweichungen vom nationalen Recht kommen. Die DBA-Definition ist jedoch für die Zuweisung des Besteuerungsrechts maßgebend.

Allerdings wird im Rahmen des BEPS-Projekts (▶ Abschn. 5.3.1) eine Erweiterung des Betriebsstätten-Begriffs angestrebt, da Unternehmen z. B. den Ausnahmekatalog des Artikel 5 Abs. 4 OECD-MA dazu nutzten eine

Betriebsstätte auf künstliche Art und Weise zu verhindern. So gelten danach die Tätigkeiten Lager und Versand als Hilfstätigkeit und begründen somit keine Betriebsstätte. Zukünftig soll zur Beurteilung, ob eine Betriebsstätte vorliegt, eine genaue Tätigkeitsanalyse durchgeführt werden. Die Umsetzung der Begriffserweiterung soll durch das Multilaterals Instrument erfolgen.

Wird die Anrechnungsmethode vereinbart, darf bei Vorliegen einer Betriebsstätte im Sinne des DBA der ausländische Staat die Betriebsstättengewinne besteuern. Deutschland besteuert diese Gewinne ebenfalls und rechnet die ausländische Steuer an.

Ist im DBA die Freistellungsmethode vereinbart, so hat nur der Betriebsstättenstaat das Besteuerungsrecht. Die Gewinne (und Verluste) sind in Deutschland freigestellt. Allerdings kann nach § 32b EStG der Progressionsvorbehalt greifen (§ 32b Abs. 1 Nr. 3 EStG). Es ist jedoch zu beachten, dass der Progressionsvorbehalt bei Betriebsstätten innerhalb der EU nach § 32b Abs. 1 S. 2 Nr. 2 EStG ggf. nicht anzuwenden ist. Es wird auf die Aktivitätsklausel in § 2a Abs. 2 EStG verwiesen, sodass nur bei passiven Einkünften der Progressionsvorbehalt keine Anwendung findet.

Trotz der Vereinbarung der Freistellungsmethode kann es in Ausnahmefällen zu einer deutschen Besteuerung über den Progressionsvorbehalt hinaus kommen.

— Zum einen hat Deutschland in einer Reihe von DBA Aktivitätsklauseln vereinbart. Dies führt dazu, dass die Steuerfreistellung von der Art der Tätigkeit abhängig gemacht wird (z. B. DBA mit der Schweiz, China, Korea bei (passiver) Vermögensverwaltung).
— Zudem wurde in einige DBA auch eine Rückfallklausel bei Steuerfreistellung aufgenommen, soweit im Ausland die Betriebsstättengewinne nicht der Besteuerung unterliegen (z. B. DBA mit Italien, Dänemark, Norwegen).

Selbst ohne Rückfallklausel kommt es zum Übergang des Besteuerungsrechts nach § 50d Abs. 9 EStG im Rahmen der deutschen Missbrauchsnormen (siehe ▶ Abschn. 5.3.3.3).

3.4.2.2 Gewinnermittlung

Bei einer im Ausland belegenen Betriebsstätte eines inländischen Stammhauses handelt es sich um einen rechtlich unselbstständigen Teil des Unternehmens. Damit umfassen die inländischen Buchführungs- und Aufzeichnungspflichten, die nach § 146 Abs. 2 AO im Inland zu erbringen sind, auch die Betriebsstätte. Allerdings sieht § 146 Abs. 2 S. 2 AO eine Ausnahme vor, wenn die Betriebsstätte auch nach ausländischem Recht Buchführungs- und Aufzeichnungspflichten zu erfüllen hat. In diesem Fall müssen jedoch die steuerrelevanten Ergebnisse der ausländischen Buchführung in die inländische übernommen werden. Zudem sind die notwendigen Anpassungen an das deutsche Steuerrecht vorzunehmen und kenntlich zu machen. Dies umfasst auch die Übersetzung in die deutsche Sprache, soweit dies die Finanzverwaltung verlangt (§ 146 Abs. 3 AO).

Da es sich bei einer Betriebsstätte um eine rechtlich unselbstständige Einheit des Stammhauses handelt, besteht keine eigene Buchführungspflicht der Betriebsstätte. Für die deutsche Besteuerung bei Anwendung der Anrechnungsmethode oder die Durchführung des Progressionsvorbehalts hat die Gewinnermittlung nach deutschem Recht zu erfolgen. Die Gewinne werden dabei regelmäßig von der im Ausland nach dortigem Recht ermittelten Gewinnhöhe abweichen. Dies kann zu einer Doppelbesteuerung führen, wenn aufgrund eines niedrigen inländischen Gewinns nicht die gesamte ausländische Steuer angerechnet werden kann. Da Anrechnungsüberhänge nicht in die nachfolgenden Jahre übertragen werden können, tritt diese Problematik insbesondere bei Periodisierungsdifferenzen auf.

Beispiel: Bilanzierungsdifferenzen
Der einzige Unterschied in der Gewinnermittlung zwischen In- und Ausland soll in der Anerkennung einer Rückstellung von 50 liegen. Der Gewinn in t_1 und t_2 vor Rückstellungsbildung beträgt 100. Der Steuersatz beträgt im Stammhausland und im Betriebsstättenland jeweils 30 %.
In Deutschland wird die Rückstellung nicht anerkannt (z. B. Drohverlustrückstellung nach § 5 Abs. 4a EStG). Der entsprechende Aufwand wird erst bei tatsächlichem Anfall berücksichtigt (t_2). Im Betriebsstättenstaat erfolgt die Bildung einer Rückstellung (t_1).
Der Gewinn in Deutschland beträgt in t_1 100, die fällige Steuer 30. Im Ausland ergibt sich wegen der Rückstellung nur ein Gewinn von 50 und eine Steuer von 15. Diese kann in voller Höhe auf die deutsche Steuer angerechnet werden, sodass sich eine deutsche Nettosteuer von 15 ergibt. Insgesamt beträgt die Belastung 30 ($\hat{=}$30 %).
In t_2 beträgt der Gewinn in Deutschland nur 50, da die tatsächlichen Aufwendungen berücksichtigt werden, die Steuer somit 15. Im ausländischen Staat erfolgt die Besteuerung von 100, da die Rückstellung bereits in t_1 berücksichtigt wurde. Die Steuer beträgt 30. Die ausländische Steuer kann nur in Höhe von 15 mit der deutschen Steuer verrechnet werden, die überschießenden 15 können nicht in t_1 zurückgetragen werden.

Für die zwei Jahre liegt ein Gewinn von 150 vor (200–50). Die Steuer hierauf beträgt 60, sodass sich eine Steuerquote von 40 % ergibt. Die Ursache für die erhöhte Quote liegt im Periodisierungsunterschied der Drohverluste.

Zentrales Problem der Gewinnermittlung ist die Gewinnaufteilung zwischen dem Stammhaus und der Betriebsstätte. Obwohl Betriebsstätten rechtlich unselbstständig sind, ist nach Art. 7 OECD-MA von der uneingeschränkten Selbstständigkeit für Zwecke der Gewinnermittlung auszugehen. Alle Transaktionen mit dem Stammhaus sind nach dem Fremdvergleichsgrundsatz zu bewerten.

Die Gewinnabgrenzung zwischen Betriebsstätte und Stammhaus erfolgt in zwei Schritten:
– Im Rahmen einer Funktions- und Risikoanalyse werden zunächst alle Wirtschaftsgüter (positive wie negative) auf Stammhaus und Betriebsstätte zugeordnet.
– Danach wird der Gewinn durch Ansatz von Fremdvergleichspreisen für alle Transaktionen, Funktionen und Risiken ermittelt.

Für die Wertermittlung im Rahmen des zweiten Schritts kommen die Verrechnungspreismethoden zum Einsatz (siehe ▶ Abschn. 5.4). Wesentliche Problembereiche sind die Überlassung materieller und immaterieller Wirtschaftsgüter, Personalüberlassung, Dienstleistungen und die Kapitalisierung der Betriebsstätte.

Beispiel: Gewinnabgrenzung bei Betriebsstätten
Das Stammhaus ist in Deutschland ansässig und übernimmt die Unternehmensleitung. Es ist Eigentümer aller immateriellen Wirtschaftsgüter, besitzt eine eigene Produktion sowie eine Vertriebsstruktur im Inland. Zum Vertrieb ihrer Produkte im Ausland nutzt es eine im Zielland ansässige Betriebsstätte. Diese setzt die Vorgaben des Stammhauses um und hat keine eigene Entscheidungsbefugnis. Die Waren werden vom Stammhaus eingekauft und im Vertriebsland weiterveräußert.
Das Stammhaus ist als Strategieträger anzusehen, die Betriebsstätte im Ausland als Routineunternehmen, da die Funktionen und damit auch die Risiken im Wesentlichen vom Stammhaus übernommen werden.
Dieser Funktions- und Risikozuordnung folgt die Zuordnung von Wirtschaftsgütern und der angemessenen Kapitalausstattung. Der Betriebsstätte sind die Wirtschaftsgüter zuzuordnen, die für die zugeordneten Funktionen benötigt werden. Dem folgend werden die mit dem Wirtschaftsgut im Zusammenhang stehenden Erträge und Aufwendungen zugewiesen. Der Betriebsstätte wird

zudem eine angemessene Kapitalausstattung zugewiesen, mit deren Hilfe sie die zugeordneten Funktionen finanzieren kann (Schritt 1).

Die unternehmensinterne Lieferung der Waren wird einem Fremdvergleich unterworfen. Zur Bepreisung dieser Lieferungen stehen die Verrechnungspreismethoden (z. B. Wiederverkaufspreismethode) sowie die geschäftsvorfallbezogenen Gewinnmethoden (z. B. geschäftsvorfallbezogene Nettomargenmethode) zur Verfügung (Schritt 2).

Zu Einzelheiten: BMF vom 13.10.2014, Verordnung zur Anwendung des Fremdvergleichsgrundsatzes auf Betriebsstätten nach § 1 Abs. 5 des Außensteuergesetzes (Betriebsstättengewinnaufteilungsverordnung – BsGaV), BStBl. I, S. 1378 mit nachfolgenden Änderungen).

3.4.2.3 Überführung von Wirtschaftsgütern in ausländische Betriebsstätten

Die Überführung von Wirtschaftsgütern in ausländische Betriebsstätten unterliegt einer besonderen Regelung. Es kommt zu einer Entstrickung der in den Wirtschaftsgütern enthaltenen stillen Reserven, wenn das deutsche Besteuerungsrecht ausgeschlossen oder eingeschränkt wird.

Die Entstrickung wird als fiktive Entnahme (§ 4 Abs. 1 S. 3 EStG) bzw. fiktive Veräußerung (§ 12 Abs. 1 KStG) behandelt. Die Entnahme bzw. Veräußerung erfolgt zum gemeinen Wert (§ 6 Abs. 1 Nr. 4 EStG, § 12 Abs. 1 KStG). Dadurch werden im Zeitpunkt der Übertragung die stillen Reserven sofort in voller Höhe besteuert.

Ein Ausschluss des deutschen Besteuerungsrechts ist immer dann anzunehmen, wenn ein Wirtschaftsgut aus dem Inland in eine Betriebsstätte in einem DBA-Staat mit Freistellungsmethode überführt wird. Bei einer Überführung in eine DBA-Anrechnungs-Betriebsstätte oder in eine Betriebsstätte in einem Nicht-DBA-Staat bleibt es zwar beim deutschen Besteuerungsrecht, dieses wird jedoch eingeschränkt, da die ausländische Steuer nun auf die deutsche Steuer anzurechnen ist.

Darüber hinaus kann eine Entstrickung auch auftreten, wenn Wirtschaftsgüter zwischen zwei ausländischen Betriebsstätten überführt werden, da auch hierdurch das deutsche Besteuerungsrecht eingeschränkt werden kann. Erfolgt die Überführung aus einer Anrechnungs-Betriebsstätte (DBA oder Nicht-DBA) in eine Freistellungs-Betriebsstätte, entfällt der deutsche Zugriff auf vorhandene stille Reserven.

Diese Entstrickungsbesteuerung war jedoch zumindest für den Bereich der EU/EWR umstritten. Das Finanzgericht (FG) Düsseldorf hat diese Frage dem EuGH vorgelegt (Beschluss vom 05.12.2013, Az. 8 K 3664/11 F), da entsprechende

Verlagerungen von Wirtschaftsgütern im Inland keine Besteuerung nach sich ziehen und somit ein Verstoß gegen die Niederlassungsfreiheit vorliegt. Der EuGH hat mit Entscheidung vom 21.05.2015 (ECLI:EU:C:2015:331 = C-657/13; DStR 2015, S. 1166) die Besteuerung der aufgedeckten stillen Reserven gebilligt, wenn ein Wahlrecht für eine gestaffelte Steuererhebung besteht.

Eine derartige, entlastende Maßnahme ist im Fall der Verlagerung von Wirtschaftsgütern des Anlagevermögens in eine Betriebsstätte in einem anderen EU-Land vorgesehen. Für die EWR-Staaten findet die Regelung jedoch keine Anwendung! Im Rahmen der sogenannten „aufgeschobenen Gewinnverwirklichung" nach § 4g EStG wird in Höhe der Differenz aus Gemeinem Wert und Buchwert ein Ausgleichsposten gebildet, der über 5 Jahre aufzulösen ist. Damit wird die Realisierung der stillen Reserven auf fünf Jahre gestreckt. Allerdings gilt das Jahr der Überführung bereits als erstes Jahr.

Wird das Wirtschaftsgut innerhalb des Auflösungszeitraums veräußert, entnommen oder in eine Drittstaaten-Betriebsstätte übertragen, kommt es zur sofortigen Realisation des verbliebenen Ausgleichspostens. Soweit während des Auflösungszeitraums eine Rückführung des Wirtschaftsguts nach Deutschland erfolgt (§ 4g Abs. 3 EStG), wird der Ausgleichsposten erfolgsneutral aufgelöst.

3.4.3 Rechtsförmliche Investitionen

3.4.3.1 Rechtsformentypisierung

Auslandsengagements auf gesellschaftsrechtlicher Basis können als Personen- oder Kapitalgesellschaft erfolgen. Dabei ist zu beachten, dass im internationalen Kontext die Einordnung einzelner Gesellschaften unterschiedlich erfolgen kann. Für die steuerliche Behandlung in Deutschland ist die Qualifikation nach deutschem Recht entscheidend (BFH vom 23.06.1992, BStBl. II, S. 972).

Für eine Vielzahl von Fällen hat die Finanzverwaltung die Einordnung ausländischer Gesellschaften durch Verwaltungsanweisungen eindeutig geregelt (Betriebsstätten-Verwaltungsgrundsätze vom 24.12.1999, BStBl. I, S. 1076, zuletzt geändert durch Schreiben vom 20.06.2013, BStBl. I, S. 980 und BMF-Schreiben zu Personengesellschaften vom 26.09.2014, BStBl. I, S. 1258). Soweit nach ausländischem Recht jedoch eine flexible Ausgestaltung der Rechtsform möglich ist, muss eine Zuordnung im Einzelfall erfolgen. Beispielhaft hat die Finanzverwaltung für die US-amerikanische Limited Liability Company (LLC) mit Schreiben vom 19.03.2004 (BStBl. I, S. 11) die aus der Rechtsprechung abgeleiteten Kriterien für die Rechtsformenanalyse (◘ Tab. 3.3) zusammengefasst. Die OFD Frankfurt hat die Kriterien 2016 noch einmal allgemein zusammengefasst.

Tab. 3.3 Kriterien des Rechtstypenvergleichs

Maßgebende Kriterien	Personengesellschaft	Kapitalgesellschaft
Geschäftsführung und Vertretung (Tz. II.1)	Eigengeschäftsführung; Dezentralisierung	Fremdgeschäftsführung; Zentralisierung
Haftung (Tz. II.2)	Unbeschränkte Haftung (Ausnahme: KG, Partnerschaftsges. mbH)	Beschränkte Haftung
Übertragbarkeit der Anteile (Tz. II.3)	Ausgeschlossen oder nur mit Zustimmung der Mitgesellschafter	Ohne Zustimmung der Mitgesellschafter
Gewinnzuteilung (Tz. II.4)	Kein Ausschüttungsbeschluss erforderlich	Erst nach Ausschüttungsbeschluss
Kapitalaufbringung (Tz. II.5)	Keine Einlage zu erbringen	Einlage zu erbringen
Lebensdauer (Tz. II.6)	Häufig begrenzt	Nicht begrenzt
Gewinnverteilung (Tz. II.7)	Berücksichtigt auch den persönlichen Einsatz des Gesellschafters	Ausschließlich abhängig von der Beteiligungsquote
Formale Gründungsvoraussetzungen (Tz. II.8)	Entstehung durch Gesellschaftsvertrag	Eintragung in das Handelsregister zwingend erforderlich

Quelle: OFD Frankfurt v. 15.06.2016, S 2241 A – 107 – St 213, StED 2016, S. 463 ff.

Die Einordnung der Gesellschaft erfolgt nach dem Gesamtbild der Kriterien. Insofern verbleibt ein gewisser Grad an Rechtsunsicherheit über die Beurteilung einer ausländischen Gesellschaft. Die Finanzverwaltung lässt dementsprechend auch offen, ob es sich bei der LLC um eine Personen- oder Kapitalgesellschaft handelt.

Es ist insofern möglich, dass die LLC sowohl nach deutschem als auch amerikanischen Steuerrecht als Kapitalgesellschaft bzw. Personengesellschaft eingeordnet wird. Es ist aber gleichermaßen möglich, dass ein Staat eine Qualifikation als Personengesellschaft und der andere Staat als Kapitalgesellschaft vornimmt. Dies stellt eine Form eines Qualifikationskonflikts dar, der jedoch nicht auf der unterschiedlichen Interpretation eines DBA sondern auf einer unterschiedlichen Rechtsformentypisierung basiert.

3.4.3.2 Personengesellschaften

Bei einer Investition im Ausland durch Zwischenschaltung einer Personengesellschaft findet aus deutscher Sicht das Transparenzprinzip Anwendung. Dies bedeutet, dass die Personengesellschaft nicht selbst steuerpflichtig ist, sondern die Gesellschafter. Die steuerliche Behandlung ist somit ähnlich zur Betriebsstätte. Als Konsequenz hieraus ist nicht die Personengesellschaft abkommensberechtigt sondern deren Gesellschafter.

Die Gewinne werden folglich nach dem Quellenprinzip (Betriebsstättenprinzip) besteuert. Die ausländischen Gewinne der Personengesellschaft unterliegen dort der Besteuerung und werden – soweit ein DBA vorhanden ist – in der Regel von der inländischen Besteuerung unter Progressionsvorbehalt freigestellt. In Ausnahmefällen kann auch im DBA die Anrechnungsmethode vorgesehen sein. Liegt kein DBA vor, greift die Anrechnung nach § 34c EStG, wenn ausländische Gewinne nach § 34d EStG vorliegen.

Besonderheiten ergeben sich durch das steuerliche Konstrukt des Sonderbetriebsvermögens, das im Ausland weitgehend unbekannt ist. Nach § 15 Abs. 1 EStG gehören Vergütungen, die ein Gesellschafter einer gewerblichen Personengesellschaft für Tätigkeiten im Dienst der Gesellschaft, für die Überlassung von Wirtschaftsgütern oder die Hingabe von Darlehen erhält, zu den Einkünften aus Gewerbebetrieb. Sie werden den entsprechenden Gesellschaftern neben dem Gewinnanteil aus dem Gesamthandsvermögen zugerechnet. Da im ausländischen Staat demgegenüber eine Qualifikation entsprechend den zugrunde liegenden Verträgen erfolgt (z. B. Zinsen) kann es zu Qualifikationskonflikten kommen.

Bei einer ausländischen Personengesellschaft, der von einem inländischen Gesellschafter Fremdkapital oder Wirtschaftsgüter gegen Entgelt überlassen werden, sieht die deutsche Finanzverwaltung das Besteuerungsrecht auf Basis der Freistellungsmethode im ausländischen Betriebsstättenstaat (Belegenheit der Wirtschaftsgüter, Einsatz der Darlehensmittel), da eine Qualifikation als gewerbliche Einkünfte erfolgt. Folgt der ausländische Staat dieser Qualifikation, da er auch das Konstrukt des Sonderbetriebsvermögens kennt, erfolgt die Besteuerung der Entgeltzahlungen als Betriebsstättengewinn.

Meist wird der ausländische Staat nach der entsprechenden Einkunftsart der Überlassungsverträge das Besteuerungsrecht zuordnen. Liegt ein DBA vor, wird dies bei Darlehensverträgen und der entgeltlichen Überlassung beweglicher Wirtschaftsgüter (Miete/Pacht) in der Regel der Wohnsitzstaat des Gesellschafters sein. Zudem wird im Betriebsstättenstaat das Entgelt als Betriebsausgabe behandelt. Im Ergebnis käme es in diesem Fall zu einer doppelten Nichtbesteuerung.

Zur Vermeidung der doppelten Nichtbesteuerung hat Deutschland zum einen in einigen DBA Rückfallklauseln aufgenommen (z. B. Österreich, Schweiz, Singapur), die dazu führen, dass das Besteuerungsrecht auf Deutschland übergeht. Soweit keine Regelung im DBA enthalten ist, greift § 50d Abs. 10 EStG. Im Wege des „treaty override" wird zur Vermeidung der doppelten Nichtbesteuerung das Besteuerungsrecht von Deutschland wahrgenommen. Einzelheiten regelt das BMF-Schreiben vom 26.09.2014 zur Anwendung von Doppelbesteuerungsabkommen auf Personengesellschaften (BStBl. I, S. 1258).

Liegt kein DBA vor – oder wurde im DBA die Anrechnungsmethode vereinbart – kommt es unabhängig von der Qualifikation im Ausland zu einer inländischen Besteuerung als Einkünfte aus Gewerbebetrieb. Ausländische (Quellen-)Steuern können in der Regel angerechnet werden.

Vorstehend wurde davon ausgegangen, dass jeweils eine transparente Besteuerung vorgenommen wird. Andernfalls kann es zu einem Qualifikationskonflikt über die Rechtsform kommen.

3.4.3.3 Kapitalgesellschaften

Wird die ausländische Betätigung mittels einer Tochtergesellschaft abgewickelt, so unterliegt diese im ausländischen Staat in der Regel der Körperschaftsteuer. Erzielt die Tochtergesellschaft Gewinne, können diese an die Muttergesellschaft ausgeschüttet werden.

Einer besonderen Betrachtung unterwirft die Finanzverwaltung die Gewinnabgrenzung zwischen Mutter- und Tochtergesellschaft. Da die inländischen Gesellschafter der ausländischen Kapitalgesellschaft mit dieser steuerlich anerkannte Verträge schließen können, besteht die Gefahr der Gewinnverlagerung, da es zumindest bei 100 %-Beteiligungen an einem Interessenkonflikt zwischen Mutter- und Tochtergesellschaft mangelt. Es könnte durch eine steuergestalterische Preisfindung der Versuch unternommen werden, zum Beispiel Gewinne ins niedrig besteuerte Ausland zu verlagern. Um dies zu vermeiden, sieht Art. 9 Abs. 1 OECD-MA vor, dass Transaktionen zwischen Gesellschaft und Gesellschaftern nach dem Fremdvergleichsgrundsatz zu beurteilen sind (§ 1 Abs. 1 AStG). Dadurch kann sich der Gewinn der ausländischen Gesellschaft vermindern (oder – eher selten – erhöhen), wenn der ausländische Staat der Korrektur folgt.

Die steuerliche Behandlung von Dividenden hängt von mehreren Faktoren ab und umfasst die ausländische Quellensteuer bei Ausschüttung durch die Tochtergesellschaft sowie die Besteuerung auf Ebene der Muttergesellschaft:

3.4 · Unternehmerische Betätigung im Ausland

- *Ausland (Quellensteuer):*
  - Zu unterscheiden ist, ob ein DBA vorliegt oder nicht. Nach dem OECD-MA ist eine maximale Quellensteuer von 5 % vorgesehen, wenn der inländische Gesellschafter eine Kapitalgesellschaft mit mindestens 25 %iger Beteiligung ist. In allen anderen Fällen sind maximal 15 % möglich. Liegt kein DBA vor, richtet sich die Höhe der Quellensteuer nach dem jeweiligen ausländischen Recht. Die Quellensteuersätze können dann deutlich höher ausfallen.
  - Soweit die Mutter-Tochter-Richtlinie Anwendung findet (Beteiligung einer inländischen Kapitalgesellschaft an einer ausländischen Kapitalgesellschaft mit mindestens 10 %), kann keine Quellensteuer im Ausschüttungsstaat erhoben werden.
- *Inland (Dividendenbesteuerung):*
  - Die Besteuerung der Dividende bei der inländischen Muttergesellschaft richtet sich zum einen nach dem steuerlichen Status des inländischen Dividendenempfängers und zum anderen nach der Höhe der Beteiligung.
    – Ist Dividendenempfänger eine inländische Kapitalgesellschaft, greift § 8b KStG. Dabei ist nach der Höhe der Beteiligung zu differenzieren. Liegt eine Beteiligung von mindestens 10 % vor, sind Dividenden steuerfrei (§ 8b Abs. 1 KStG). Allerdings sind 5 % der Dividende als nicht abzugsfähige Ausgaben dem Gewinn hinzuzurechnen (§ 8b Abs. 5 KStG). Im Zusammenhang mit der Beteiligung stehende Ausgaben können abgezogen werden. Jedoch kann aufgrund der Steuerfreiheit der Dividenden die ausländische Quellensteuer nicht abgezogen werden. Wird die Beteiligungsgrenze von 10 % unterschritten, besteht volle Steuerpflicht der Dividenden (§ 8b Abs. 4 KStG). Die ausländische Quellensteuer kann jedoch angerechnet werden.
    – Erfolgt die Investition in die ausländische Kapitalgesellschaft durch einen inländischen Einzelunternehmer, Selbstständig Tätigen oder einen Land- und Forstwirt im Rahmen seines Betriebsvermögens, so greift das Teileinkünfteverfahren. Nach dem Teileinkünfteverfahren sind 60 % der Dividenden steuerpflichtig, 40 % steuerfrei (§ 3 Nr. 40 EStG). Die mit der Beteiligung zusammenhängenden Betriebsausgaben können nur zu 60 % abgezogen werden. Eine ausländische Quellensteuer kann jedoch in voller Höhe mit der inländischen Einkommensteuer verrechnet werden.
    – Liegt die Beteiligung an der ausländischen Kapitalgesellschaft im Privatvermögen einer natürlichen Person, unterliegt die Dividende der Abgeltungsteuer von 25 % (§ 20 Abs. 1 Nr. 1 EStG i. V. m. § 32d

EStG). Werbungskosten können nicht abgezogen werden. Allerdings sieht § 32d Abs. 2 Nr. 3 EStG die Möglichkeit der Option zum Teileinkünfteverfahren vor, wenn die Beteiligung mindestens 25 % der Anteile umfasst oder eine Beteiligung von mindestens 1 % vorliegt und der Gesellschafter durch seine berufliche Tätigkeit für die Gesellschaft wesentlichen Einfluss auf das Unternehmen ausüben kann.
– Erfolgt die Beteiligung mittels einer Personengesellschaft, ist aufgrund des Transparenzprinzips auf den steuerlichen Status der Gesellschafter abzustellen (Kapitalgesellschaften: § 8b KStG; bei Gewerbetreibenden, Selbstständig Tätigen sowie bei Land- und Forstwirten im Betriebsvermögen: Teileinkünfteverfahren; in allen anderen Fällen: Abgeltungsteuer).

Beispiel: Besteuerungstypen
An der ABC-AG sind Herr Albert (Privatvermögen), die Gewerbetreibende Frau Berta und die Cecilia-AG zu je 1/3 beteiligt. Die Dividende beträgt 1000 €.
– Der Dividendenanteil von Herrn Albert unterliegt der Abgeltungsteuer.
– Der Dividendenanteil von Frau Berta unterliegt dem Teileinkünfteverfahren.
– Der Dividendenanteil der Cecilia-AG unterliegt § 8b KStG (95 % steuerfrei).

Bei der steuerlichen Behandlung wird nicht zwischen in- und ausländischen Dividenden unterschieden. Dies würde zumindest im EU-Raum eine unzulässige Diskriminierung darstellen.

Bei der Veräußerung der Beteiligung sieht Art. 13 des OECD-MA kein Besteuerungsrecht des Sitzstaates vor. Das alleinige Besteuerungsrecht liegt somit in Deutschland. Etwas anderes gilt nur dann, wenn sich das Vermögen der ausländischen Tochtergesellschaft unmittelbar oder mittelbar zu mehr als 50 % aus unbeweglichem Vermögen zusammensetzt. Dann kann auch der ausländische Staat (Belegenheitsstaat) den Veräußerungsgewinn besteuern.

In Deutschland unterscheidet sich die Besteuerung des Veräußerungsgewinns – wie bei den Dividenden – wiederum nach dem Steuerstatus des Investors:
– Handelt es sich um eine inländische Kapitalgesellschaft, ist der Veräußerungsgewinn nach § 8b Abs. 2 KStG steuerfrei. 5 % des Veräußerungsgewinns müssen als nicht abzugsfähige Betriebsausgaben dem Unternehmensgewinn hinzugerechnet werden (§ 8b Abs. 3 KStG).
– Bei einem Gewerbetreibenden, einem selbstständig Tätigen oder einem Land- und Forstwirt, der die Beteiligung im Betriebsvermögen hält, findet das Teileinkünfteverfahren Anwendung.

- Ist die Beteiligung Teil des Privatvermögens, liegen steuerpflichtige Einkünfte nach § 17 EStG vor, wenn die Beteiligung in den letzten 5 Jahren zu einem Zeitpunkt mindestens ein Volumen von 1 % umfasst hat. Die steuerpflichtigen Einkünfte ermitteln sich nach dem Teileinkünfteverfahren. Hat die Beteiligung die Grenze von einem 1 % nicht erreicht, liegen Einkünfte nach § 20 Abs. 2 Nr. 1 EStG vor, die der Abgeltungsteuer nach § 32d EStG unterliegen. Veräußerungsverluste können nur mit Veräußerungsgewinnen aus Kapitalgesellschaftsanteilen verrechnet werden.

Zusätzlich wird Solidaritätszuschlag von 5,5 % erhoben (§ 3, 4 Solidaritätszuschlaggesetz [SolzG]).

Sowohl die Dividenden als auch die Veräußerungsgewinne/-verluste unterliegen zusätzlich der Gewerbesteuer. Dabei kommt es zu Abweichungen, da in der Gewerbesteuer – ausgenommen Fälle der Mutter-Tochter-Richtlinie – die Beteiligungsgrenze für die Steuerfreiheit von Dividenden bei 15 % liegt (sog. Schachtelbeteiligung). Voraussetzung für die Steuerbefreiung ist jedoch, dass die Beteiligung seit Beginn des Erhebungszeitraums die Mindestbeteiligungsquote durchgehend erreicht hat (§ 9 Nr. 7 GewStG). Zudem muss es sich um Tochtergesellschaften handeln, die fast ausschließlich (>90 %) eine aktive Tätigkeit im Sinne des § 8 Abs. 1 AStG ausüben. Allerdings hat der EuGH § 9 Nr. 7 GewStG mit Urteil vom 20.09.2018 (ECLI:EU:C:2018:743 = C-685/16) als europarechtswidrig eingestuft, da die Bedingungen für Auslandsbeteiligungen strenger sind wie für Inlandsbeteiligungen. Da der EuGH die Kapitalverkehrsfreiheit herangezogen hat, greift das Urteil auch für Drittstaaten. Der Gesetzgeber wird § 9 Nr. 7 GewStG insofern anpassen müssen.

In Einzelnen ergeben sich die in ◘ Tab. 3.4 abgebildeten steuerlichen Konsequenzen.

3.4.3.4 Qualifikationskonflikte

Bei rechtsförmlichen Gestaltungen kann ein Qualifikationskonflikt entstehen, wenn die Einordnung der Gesellschaften im Ansässigkeitsstaat der Gesellschaft nicht derjenigen im Staat des Gesellschafters entspricht (siehe ▶ Abschn. 5.2.2.3). Dies kann darauf beruhen, dass
- die Rechtsform als solche unterschiedlich eingeordnet wird, oder
- die Rechtsformen nicht in gleicher Weise dem Trenn- bzw. Transparenzprinzip unterliegen.

Denkbar sind somit zwei Konstellationen. Eine Gesellschaft wird aus deutscher Sicht nach dem Transparenzprinzip besteuert, im Ausland jedoch nach dem Trennprinzip und umgekehrt.

☐ **Tab. 3.4** Steuerliche Behandlung von Dividenden und Veräußerungsgewinnen

	Dividenden		Veräußerungsgewinne	
	ESt/KSt	GewSt	KSt	GewSt
Kapitalgesellschaft				
Beteiligung < 10 %	Voll steuerpflichtig	Voll steuerpflichtig	95 % steuerfrei	95 % steuerfrei
Beteiligung ≥ 10 % aber < 15 %	95 % steuerfrei			
Beteiligung ≥ 15 %		95 % steuerfrei		
Mutter-Tochter-RL	95 % steuerfrei	95 % steuerfrei		
Einzelunternehmer				
Beteiligung < 15 %	Teileinkünfteverfahren	Voll steuerpflichtig	Teileinkünfteverfahren	Teileinkünfteverfahren
Beteiligung ≥ 15 %		Voll steuerfrei		
Privatvermögen				
Beteiligung < 1 %	Abgeltungsteuer[a]	–	Abgeltungsteuer[b]	–
Beteiligung ≥ 1 %			Teileinkünfteverfahren	

[a]Unter bestimmten Bedingungen Optionsmöglichkeit zu Teileinkünfteverfahren
[b]Steuerfreiheit in Altfällen

Wird im Ausland eine Kapitalgesellschaft angenommen, so unterliegt der Gewinn dort in der Regel der Körperschaftsteuer. Bei Ausschüttungen wird eine Quellensteuer erhoben (Art. 10 OECD-MA). In Deutschland wird nach dem Transparenzprinzip besteuert, sodass die Gewinne den Gesellschaftern zugerechnet werden (§ 15 Abs. 1 EStG). Allerdings findet auf die ausländischen Betriebsstättengewinne (Art. 7 OECD-MA) in der Regel die Freistellungsmethode Anwendung, sodass diese Gewinne nicht in Deutschland erfasst werden. Möglich sind jedoch Auswirkungen durch den Progressionsvorbehalt. Die Dividendenzahlung ist in Deutschland steuerlich irrelevant, da es sich nach deutscher Sicht nur um steuerneutrale Gewinnentnahmen handelt. Wegen der Freistellung der Einkünfte kann die ausländische Quellensteuer nicht angerechnet werden.

Liegt umgekehrt aus deutscher Sicht eine Kapitalgesellschaft vor, handelt es sich bei den Dividendenzahlungen um in Deutschland steuerpflichtige Einkünfte (§ 20 Abs. 1 Nr. 1 EStG), die je nach Art des Anteilseigners der Abgeltungsteuer (§ 32d EStG), dem Teileinkünfteverfahren (§ 3 Nr. 40 EStG) oder der Freistellung (§ 8b KStG) unterliegen. Zu beachten ist, dass nach dem OECD-MA nicht der Dividendenartikel (Art. 10) sondern Art. 21 (Sonstige Einkünfte) greift. Dies liegt daran, dass nach Art. 4 Abs. 1 OECD-MA die Gesellschaft nicht als im Ausland ansässig zu qualifizieren ist, weil nach der Auffassung des ausländischen Staates eine Personengesellschaft vorliegt. In einem solchen Fall darf die Besteuerung nur im Wohnsitz bzw. Sitzstaat des Gesellschafters erfolgen. Im Ausland findet das Transparenzprinzip Anwendung, sodass die Gewinnanteile bei den Gesellschaftern als Betriebsstättengewinne der Besteuerung unterworfen werden. Eine Quellensteuererhebung erfolgt nicht, da aus Sicht des Auslandes eine steuerneutrale Gewinnentnahme und keine steuerpflichtige Ausschüttung vorliegt.

3.4.3.5 Holdingstrukturen

Eine Holdingstruktur bezeichnet eine Organisationsstruktur, bei der ein übergeordnetes Unternehmen an untergeordneten, rechtlich selbstständigen Unternehmen beteiligt ist und sich auf bestimmte Funktionen gegenüber den untergeordneten Unternehmen beschränkt (Finanzierung = Finanzierungsholding; Managementaufgaben = Managementholding).

Neben den funktionalen betriebswirtschaftlichen Gründen kann der Holdingaufbau auch aus steuerlichen Gründen interessant sein (◘ Abb. 3.4). Dies gilt insbesondere für Zwischenholdings, wenn zwischen Mutter- und Tochtergesellschaft eine weitere Beteiligungsebene eingefügt wird. Daneben kann es attraktiv sein, die Muttergesellschaft als Holding zu organisieren und in einem Staat anzusiedeln, der günstige Bedingungen für Dividendenerträge kennt.

Mögliche Gründe für eine Holding in der Rechtsform der Kapitalgesellschaft können in deren Abschirmwirkung bei Gewinnausschüttungen liegen. Dies ist insbesondere dann relevant, wenn die Besteuerung im Inland für Dividenden unvorteilhaft ist. Durch § 8b KStG ist dies für Deutschland allenfalls bei Beteiligungen unter 10 % interessant.

Ein weiterer Grund für die Zwischenschaltung kann im „treaty shopping" liegen. Darunter ist zu verstehen, dass die Zwischenschaltung in einem

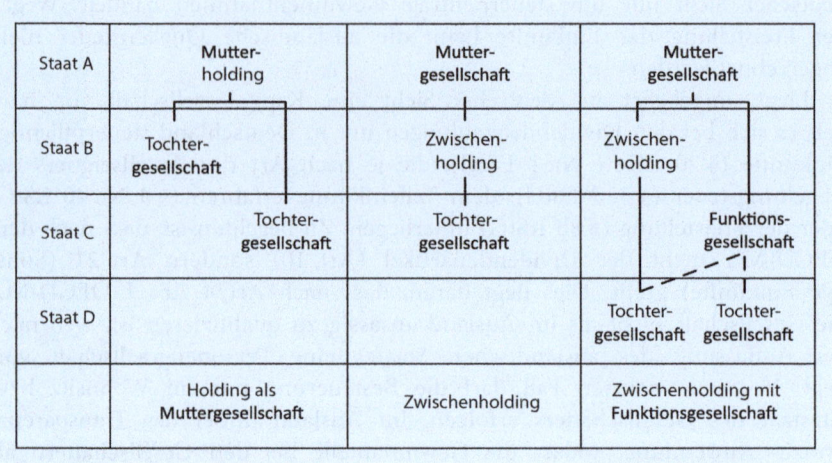

Abb. 3.4 Holdinggestaltungen

Staat erfolgt, mit dem der Staat der Ziel-Tochtergesellschaft und auch der Staat der Muttergesellschaft günstige DBA haben, sodass sich gegenüber der Direktbeteiligung eine niedrigere Steuerbelastung ergibt. Von entscheidender Bedeutung ist dabei regelmäßig die Erhebung von Quellensteuern, die vermieden werden sollen. Diese Methode lässt sich auch mit Funktionsgesellschaften kombinieren, die sich auf einzelne Dienstleistungen oder Darlehen beschränken.

Beispiel: Zwischenholding

Die Muttergesellschaft (MU) in Deutschland (D) ist zu 100 % an einer Tochtergesellschaft (TU) in einem Staat (B) ohne DBA außerhalb der EU beteiligt. Die Quellensteuer dort beträgt 30 %. Diese kann wegen der Steuerfreiheit der Dividenden nach § 8b KStG nicht angerechnet werden und verbleibt als definitive Belastung.
Um die Belastung zu senken wird im Staat C eine Zwischenholding gegründet (EU-Staat). Dieser Staat C hat mit dem Staat B ein DBA, das eine Quellensteuer von nur 5 % vorsieht. Zudem besteht dort eine dem § 8b KStG vergleichbare Regelung. Für Ausschüttungen der Zwischenholding im Staat C an die MU darf wegen der Mutter-Tochter-Richtlinie keine Quellensteuer erhoben werden.

Daraus ergibt sich folgender Belastungsvergleich:

	Ohne Zwischenholding	Mit Zwischenholding
Ausschüttung TU	100	100
Quellensteuer in B	−30	−5
Steuerbelastung in C (s = 30 %)	−	−1,5
Quellensteuer in C	−	5 % von 93,5 = −4,67
Steuerbelastung in D (s = 30 %)	(5 % von 100 * 30 %) = −1,5	(5 % von 93,5 * 30 %) = −1,4
Gesamtbelastung	31,5 %	12,57 %

3.5 Grenzüberschreitende Arbeitnehmertätigkeit

Grenzüberschreitende Sachverhalte werden nicht nur von Unternehmen sondern auch von Arbeitnehmern realisiert. Dabei sind verschiedene Konstellationen denkbar.
− Grenzpendler
− Expatriates

3.5.1 Grenzpendler

Als Grenzpendler werden Arbeitnehmer bezeichnet, die in einem Staat wohnen und im anderen Staat arbeiten. Dabei kehrt der Arbeitnehmer täglich an seinen Wohnsitz zurück. Infolgedessen wird kein inländischer Wohnsitz begründet.

Eine derartige Konstellation wird regelmäßig nur im Grenzbereich zweier benachbarter Staaten auftreten. In diesem Fall konkurrieren die Steueransprüche aus der Steuerpflicht im Wohnsitzstaat und des Tätigkeitsstaats. Der Grenzpendler ist aufgrund seines Wohnsitzes in Deutschland unbeschränkt steuerpflichtig und erfüllt gleichzeitig die Kriterien der beschränkten Steuerpflicht in Tätigkeitsstaat.

Das OECD-MA kennt keine besonderen Regelungen für Grenzpendler, sodass die Besteuerung nach Art. 15 Abs. 1 OECD-MA im Tätigkeitsstaat erfolgt. Die Einkünfte sind in Deutschland freizustellen, wobei der Progressionsvorbehalt nach § 32b Abs. 1 Nr. 3 EStG Anwendung findet. Jedoch enthält eine Reihe von DBA für Grenzpendler besondere Regelungen.

Deutschland hat zum Beispiel mit Frankreich, Österreich und der Schweiz eine Grenzpendlerregelung in das DBA aufgenommen. Diese findet für Steuerpflichtige Anwendung, die in einer Zone von 20 bis 30 km auf beiden Seiten der Grenze ihre Arbeitsstätte und ihren Wohnsitz haben (z. B. Art. 15 Abs. 6 DBA Österreich i. V. m. Rz. 8 des Protokolls zum DBA; Art. 13 Abs. 5 DBA Frankreich).

Als Region mit großer grenzüberschreitender Arbeitnehmermobilität gilt der Grenzbereich zwischen Deutschland, Frankreich, Luxemburg und Belgien. Während mit Frankreich im DBA die Ansässigkeit von Grenzpendlern ausdrücklich geregelt ist, fehlt im DBA zu Luxemburg eine entsprechende Regelung. Die Regelung zur Arbeitnehmerbesteuerung im DBA zu Frankreich entspricht grundsätzlich der Regelung in Art. 15 des OECD-MA. Das Besteuerungsrecht wird ausschließlich dem Tätigkeitsstaat zugewiesen. Soweit jedoch ein Grenzgängertatbestand vorliegt, erfolgt die Zuweisung des Besteuerungsrechts an den Wohnsitzstaat. Im DBA Luxemburg und im DBA Niederlande wird das Besteuerungsrecht ebenfalls dem Tätigkeitsstaat zugewiesen (jeweils Art. 14), eine abweichende Grenzpendlerregelung besteht nicht.

Ein besonders anschauliches Beispiel für die Komplexität möglicher Steuervereinbarungen liefert das DBA mit der Schweiz. Nach Art. 4 Abs. 1 i. V. m. Art. 15 des DBA liegt das Besteuerungsrecht bei Arbeitseinkünften im Tätigkeitsstaat. Nach Art. 15a des DBA liegt das Besteuerungsrecht bei Grenzpendlern aber im Ansässigkeitsstaat. Dennoch darf der Tätigkeitsstaat eine Besteuerung der Arbeitseinkünfte von maximal 4,5 % der Bruttoeinkünfte erheben, die im Ansässigkeitsstaat auf die dort erhobene Einkommensteuer anzurechnen ist.

3.5.2 Expatriates

Als Expatriates werden Arbeitnehmer bezeichnet, die durch den Arbeitgeber auf Basis einer Entsendevereinbarung zu einer ausländischen (Tochter-)Gesellschaft abgeordnet werden. Alternativ kann auch das Arbeitsverhältnis zur Inlandsgesellschaft ruhen und ein zeitlich befristetes Arbeitsverhältnis mit dem ausländischen (lokalen) Unternehmen geschlossen werden.

In diesem Zusammenhang sind weitere Konstellationen zu unterscheiden. Der Expatriate kann entweder seinen Wohnsitz unter Aufgabe des inländischen Wohnsitzes in das Zielland verlagern oder den inländischen Wohnsitz bei-

3.5 · Grenzüberschreitende Arbeitnehmertätigkeit

behalten. Letzteres wird dann erfolgen, wenn die Entsendung nur von kurzer Dauer ist und/oder familiäre Bindungen zu beachten sind.

Grundsätzlich sieht das OECD-MA vor, dass nach Art. 15 Abs. 1 OECD-MA dem Tätigkeitsstaat das Besteuerungsrecht zusteht (Freistellungsmethode). Dementsprechend würde Deutschland unabhängig von der Wohnsitzkonstellation das Besteuerungsrecht verlieren. Dies gilt nicht nur für die laufenden Zahlungen, die mit der Ausübung der Tätigkeit zusammenhängen, sondern auch nachgelagerte Zahlungen wie Betriebsrenten. Wird ein Arbeitnehmer während seiner Tätigkeit für ein Unternehmen in mehreren Ländern eingesetzt, so erfolgt eine zeitanteilige Besteuerung mit dem Teil, der auf die in Deutschland ausgeübte Betätigung entfällt. Im Einzelfall ist die konkrete Formulierung im DBA zu beachten.

Beispiel: Rechtsprechung zu DBA-Frankreich
Im Urteilsfall hat ein in Deutschland ansässiger Steuerpflichtiger Arbeitseinkünfte in Frankreich bezogen. Zur Beendigung des Arbeitsverhältnisses wurde eine Abfindung geleistet.
Art. 13 Abs. 1 DBA-Frankreich weicht von der Formulierung des OECD-MA ab. Das Besteuerungsrecht wird für Arbeitseinkünfte i. V. m. Art. 20 Abs. 1 BSt. a des DBA Frankreich zugesprochen (Freistellungsmethode). Die Besteuerung erfolgt in dem Staat, in dem die persönliche Tätigkeit, aus der die Einkünfte herrühren, ausgeübt wird. Demgegenüber bezieht sich das OECD-MA auf die Ausübung der Tätigkeit. Somit sind Leistungen für die Beendigung des Arbeitsverhältnisses davon nicht erfasst. Der BFH sieht in der Formulierung „herrühren" einen erweiterten kausalen Bezug für die Besteuerung in Frankreich.
Dies führt dazu, dass Frankreich das alleinige Besteuerungsrecht auch für Abfindungen besitzt, während dies nach dem OECD-MA dem Ansässigkeitsstaat zusteht (BFH v. 24.07.2013, Az. I R 8/13).

Der Gesetzgeber hat aber inzwischen mit § 50d Abs. 12 EStG eine Regelung eingeführt, die das Besteuerungsrecht für Abfindungen stets dem Tätigkeitsstaat zuweist, soweit das DBA nicht ausdrücklich eine abweichende Regelung beinhaltet. Dies könnte im Outbound-Fall zu einer doppelten Nichtbesteuerung führen, wenn der Tätigkeitsstaat die Besteuerung aufgrund anderer Rechtsauffassung nicht durchführt. Für diesen Fall besteuert jedoch Deutschland nach § 50d Abs. 9 EStG (Rückfallklausel).

Allerdings sieht Art. 15 Abs. 2 des OECD-MA eine Ausnahme von diesem Grundsatz vor, sodass der Ansässigkeitsstaat die Besteuerung vornehmen kann. Dies ist dann gegeben, wenn
- der Arbeitnehmer weniger als 183 Tage im Tätigkeitsstaat weilt, und
- der wirtschaftliche Arbeitgeber nicht im Tätigkeitsstaat ansässig ist.

Bei der Ermittlung der 183 Tage-Regel ist zu beachten, dass sich diese entweder auf 12 Monate oder das Kalenderjahr beziehen kann. Die 183 Tage können sich sich zudem entweder auf auf den beruflichen Aufenthalt (Arbeitstage) oder auf die gesamte Anwesenheit beziehen.

Beispiel: 183-Tage-Frist
Der Arbeitnehmer Max Mayer wird für fünf Monate nach China abgeordnet (153 Tage). Er reist eine Woche vorher an, um sich vor dem Arbeitsbeginn entsprechend integrieren zu können (7 Tage). Nach Art. 15 Abs. 2 DBA China ist auf die Anwesenheit abzustellen.
a) Anschließend verbringt er im Rahmen seines Urlaubs noch drei Wochen in China (21 Tage). Hierzu war die Familie (Frau und Kind) aus Deutschland eingeflogen.
b) Der Urlaub dauert vier Wochen (28 Tage).

Lösung:
a) Herr Mayer befindet sich in der Summe 181 Tage in China. Damit wird die 183 Tage-Frist nicht überschritten.
b) Herr Mayer überschreitet die Frist von 183 Tagen.

Für die Bestimmung des wirtschaftlichen Arbeitgebers ist zum einen relevant, wessen Weisungen der Arbeitnehmer unterliegt, zum anderen aber, wer den Arbeitslohn trägt. Bei Entsendungen von bis zu 183 Tagen wird davon ausgegangen, dass das entsendende Unternehmen der wirtschaftliche Arbeitgeber ist. Entscheidend ist nicht, wer die Auszahlung des Arbeitslohns leistet. Wird der Lohn durch das entsendende Unternehmen ausbezahlt, aber dem aufnehmenden Unternehmen intern verrechnet, ist das aufnehmende Unternehmen wirtschaftlicher Arbeitgeber.

Verlagert der Arbeitnehmer seinen Wohnsitz ins Ausland und stimmen Ansässigkeits- und Tätigkeitsstaat überein, so ergeben sich keine Probleme, da auf jeden Fall der ausländische Staat die Besteuerung vornimmt. Behält der Arbeitnehmer demgegenüber seinen Wohnsitz in Deutschland bei und begründet keinen weiteren Wohnsitz im Tätigkeitsstaat – weil zum Beispiel durch Pendeln eine tägliche Rückkehr an den Wohnsitz möglich ist – fallen Tätigkeits- und

Ansässigkeitsstaat auseinander. Die Zuordnung des Besteuerungsrechts ist jedoch eindeutig möglich.

Probleme ergeben sich, wenn der Arbeitnehmer im Tätigkeitsstaat ebenfalls einen Wohnsitz begründet und gleichzeitig seinen bisherigen Wohnsitz in Deutschland beibehält. In diesem Fall wird mit der sogenannten „Tie-breaker-Regelung" (Art. 4 Abs. 2 OECD-MA) der dominierende Wohnsitz ermittelt. Dabei handelt es sich um einen vierstufigen Prozess:

Dazu wird zunächst nach dem persönlichen Lebensmittelpunkt gesucht (1). Dieser ist in der Regel dort, wo sich die Familie des Steuerpflichtigen befindet (Ehegatte, Kinder). Führt dies zu keinem eindeutigen Ergebnis, sind die wirtschaftlichen Interessen zu betrachten (2). Die nächste Ebene bildet die Frage nach dem gewöhnlichen Aufenthalt (3). Dieser ist in der Regel dort anzunehmen, wo sich der Steuerpflichtige mehr als 183 Tage aufhält. Als letztes Kriterium (4) ist die Staatsangehörigkeit heranzuziehen.

Beispiel: Wohnsitz
Herr Müller lebt mit seiner Frau und zwei Kindern (14 und 19 Jahre) in Brasilien in einem eigenen Haus. Er arbeitet seit Jahren für eine brasilianische Firma. Er wird nach Europa entsandt, um die europäischen Vertragspartner zu betreuen.
Er mietet in Düsseldorf ein Haus für sich und seine Frau sowie das minderjährige Kind. Das bereits volljährige Kind verbleibt in Brasilien und bewohnt in dieser Zeit das dortige Haus. Herr Müller reist regelmäßig durch Europa, um die Vertragspartner der brasilianischen Firma zu betreuen, weshalb er meist nur am Wochenende in Düsseldorf weilt.
Die Familie verfügt über Wohnsitze in Deutschland und Brasilien, sodass in beiden Ländern die steuerlichen Anknüpfungspunkte erfüllt werden. Als zentraler Wohnsitz kann der in Deutschland belegene Wohnsitz angesehen werden, da dort auch der überwiegende Teil der Familie wohnt, insbesondere die Ehefrau und das minderjährige Kind. Sein hoher Anteil an Auslandstätigkeit spielt keine Rolle.

Besteht zwischen Deutschland und dem Zielland kein DBA kann es zur Doppelbesteuerung kommen, wenn ein inländischer Wohnsitz beibehalten wird und gleichzeitig im Ausland eine beschränkte oder unbeschränkte Steuerpflicht begründet wird. Allerdings sieht § 34c EStG i. V. m. § 34d Nr. 5 EStG die Anrechnung der ausländischen Steuer auf die inländische Steuer vor. Die Steuerbelastung des Arbeitnehmers richtet sich folglich nach dem höheren Steuerniveau.

Hintergrund: Details
BMF-Schreiben vom 03.05.2018, Steuerliche Behandlung des Arbeitslohns nach den Doppelbesteuerungsabkommen, BStBl. I 2018, S. 643–688.

Sowohl für Expatriates als auch für Grenzpendler sind § 50d Abs. 8 und 9 EStG zu beachten. Dadurch soll eine doppelte Nichtbesteuerung verhindert werden.

3.6 Ausländische Kapitalanlagen im Privatvermögen

Kapitalerträge im Sinne des § 20 EStG unterliegen in der Regel der Abgeltungsteuer. Dies gilt auch für ausländische Kapitaleinkünfte. Es ist zu unterscheiden, ob die Kapitalanlage in Deutschland oder im Ausland verwahrt wird, da die Abgeltungsteuer nur bei inländischen Kreditinstituten einbehalten wird. Erfolgt die Verwahrung dagegen im Ausland, muss auf dem Veranlagungswege die Abgeltungsteuer abgeführt werden (§ 32d Abs. 3 EStG).

Zusätzlich zur inländischen Steuerpflicht besteht häufig eine ausländische Quellensteuerpflicht. Diese kann nach § 32d Abs. 1 und 5 EStG auf die Abgeltungsteuer angerechnet werden. Die ausländische Quellensteuer darf aber keinem Ermäßigungsanspruch mehr unterliegen.

Beispiel: Dividende einer Schweizer Kapitalgesellschaft
In der Schweiz wird eine Verrechnungssteuer von 35 % erhoben. Nach dem DBA Schweiz kann sich der Steuerpflichtige hiervon 20 % erstatten lassen, sodass eine Nettobelastung von 15 % verbleibt (Art. 10 Abs. 2 DBA Schweiz). Diese kann in voller Höhe auf die deutsche Abgeltungsteuer angerechnet werden. Daraus ergibt sich folgende Belastungswirkung:

Brutto-Dividende	100
− Schweizer Verrechnungssteuer	−35
+ Erstattung	+20
− Abgeltungsteuer	−10 (25 − 15)
= Netto-Dividende	=75

Dadurch wird die Dividende in der Regel unabhängig von der Herkunft identisch behandelt. Das Erstattungsverfahren kann im Einzelfall aber kompliziert und kostenaufwendig sein. In einigen Ländern kann das Erstattungsverfahren auch umgangen werden. Wenn bei einer Investition in eine US-Aktiengesellschaft die depotführende Bank als „Qualified Intermediary" anerkannt ist, wird nur die nach dem DBA (Art. 10 Abs. 2 DBA USA) vorgesehene Quellensteuer von 15 % (statt 30 %) einbehalten.

Bei Zinsen ist die Vorgehensweise entsprechend. Allerdings ist zu beachten, dass nach den DBA i. d. R. keine Quellensteuer erhoben wird (z. B. Art. 11 Abs. 1 DBA Schweiz). Das ausschließliche Besteuerungsrecht liegt dann beim Wohnsitzstaat.

Darüber hinaus ist zu beachten, dass im Geltungsbereich der EU-Zinsrichtlinie sowie den entsprechenden Vertragsstaaten entweder eine Kontrollmitteilung an den deutschen Fiskus geht oder eine Quellensteuer von 35 % einbehalten wird. Die Quellensteuer wird auf die deutsche Abgeltungsteuer angerechnet bzw. erstattet. § 32d Abs. 5 EStG findet hier keine Anwendung.

3.7 Auslandsverluste

Für die Besteuerung von Outbound-Sachverhalten ist es zunächst irrelevant, ob mit der Tätigkeit Gewinne oder Verluste erzielt werden soweit Gewinnerzielungsabsicht besteht. Dementsprechend kommt es zu einer Minderung des im Inland zu versteuernden Einkommens, wenn die Anrechnungsmethode anzuwenden ist. Dabei ist zu beachten, dass die inländische und ausländische Gewinnermittlung zu unterschiedlichen Ergebnissen kommen können. Es ist somit durchaus möglich, dass nach den Einkommensermittlungsgrundsätzen im Ausland ein Gewinn mit entsprechender Steuerzahlung vorliegt, während sich im Inland ein Verlust errechnet. Dies führt dazu, dass die Anrechnung der ausländischen Steuer im Inland nicht möglich ist. Durch die Option zur Abzugsmethode kann zumindest eine teilweise Entlastung erreicht werden.

Soweit die Freistellungsmethode Anwendung findet, gilt die Symmetriethese, wonach nicht nur die Gewinne im Inland freizustellen sind sondern auch Verluste keine Berücksichtigung finden. Die Symmetrie gilt auch insofern, als der Progressionsvorbehalt zur Reduktion des inländischen Steuersatzes führt („negativer Progressionsvorbehalt").

Allerdings schränkt der Gesetzgeber die Verlustberücksichtigung partiell ein. Dies erfolgt insbesondere im Rahmen von § 2a EStG. Dies gilt sowohl für die Berücksichtigung im Rahmen des Anrechnungsverfahrens sowie den negativen Progressionsvorbehalt. Daneben ist die Rechtsprechung des EUGH zur Verlustberücksichtigung im Falle sogenannter „finaler Verluste"im Freistellungsverfahren zu beachten.

3.7.1 Einschränkung der Verlustberücksichtigung durch § 2a EStG

Nach § 2a EStG werden bestimmte negative ausländische Einkünfte von der inländischen Berücksichtigung im Anrechnungsverfahren ausgeschlossen. Allerdings gilt dies nur für Drittstaaten, da ein Ausschluss für EU-Staaten eine unzulässige Diskriminierung (Niederlassungsfreiheit; § 2a Abs. 2a EStG) darstellen würde.

Hintergrund: EuGH-Rechtsprechung zu § 2a EStG
- Unzulässigkeit für Mitgliedstaaten: EuGH vom 29.03.2007, ECLI:EU:C:2007:194 = C-347/04, ▶ http://curia.europa.eu/juris/liste.jsf?language=de&jur=C,T,F&num=C-347/04
- Zulässigkeit für Drittstaaten: EuGH vom 06.11.2007, ECLI:EU:C:2007:651 = C-415/06, ▶ http://curia.europa.eu/juris/liste.jsf?language=en&num=C-415/06

Die nicht zu berücksichtigenden Verluste können nur mit positiven ausländischen Einkünften derselben Art aus demselben Staat ausgeglichen werden. Verlustüberhänge können mit den entsprechenden Einschränkungen vorgetragen werden.

Von der Einschränkung betroffen sind die in § 2a Abs. 1 EStG aufgelisteten Einkünfte:
- aus einer land- und forstwirtschaftlichen Betriebsstätte (Nr. 1);
- aus einer gewerblichen Betriebsstätte (Nr. 2);
- aus einem niedrigeren Teilwert, der Veräußerung oder Entnahme einer Beteiligung an einer ausländischen Kapitalgesellschaft, die in einem inländischen Betriebsvermögen gehalten wird (Nr. 3);
- aus der Veräußerung einer wesentlichen Beteiligung nach § 17 EStG (Nr. 4);
- aus der Beteiligung an einer stillen Gesellschaft oder durch ein partiarisches Darlehen (Nr. 5);
- aus der Vermietung und Verpachtung von unbeweglichen Vermögen und Sachinbegriffen (Nr. 6) sowie im Betriebsvermögen aus einem niedrigeren Teilwert bzw. aus Veräußerung der unbeweglichen Wirtschaftsgüter oder des Sachinbegriffs;
- aus einer Teilwertabschreibung einer Zwischengesellschaft, die nicht in einem Drittland belegen ist (Nr. 7).

Bei negativen ausländischen Einkünfte einer gewerblichen Betriebsstätte sieht § 2a Abs. 2 EStG jedoch eine Rückausnahme vor, da diese Verluste berücksichtigt

3.7 · Auslandsverluste

werden dürfen, wenn sich die Tätigkeit fast ausschließlich auf die Herstellung von Waren oder die Lieferung von Waren bezieht. Gleiches gilt für das Erbringen von Dienstleistungen („Produktivitätsklausel"). Allerdings wird auch diese Ausnahme wieder durchbrochen, sodass eine Berücksichtigung der negativen Einkünfte doch wieder ausgeschlossen ist, wenn es sich um die Herstellung oder Lieferung von Waffen handelt. Im Bereich der Dienstleistungen bleiben negative Einkünfte außer Ansatz, die aus dem Fremdenverkehr stammen. Auch die Vermietung und Verpachtung von Wirtschaftsgütern gilt als schädlich.

Um eine Berücksichtigung von negativen Einkünften aus gewerblichen Betriebsstätten in Drittstaaten beurteilen zu können, ist somit ein mehrstufiges Prüfverfahren (◘ Abb. 3.5) durchzuführen.

Die Produktivitätsklausel findet auch auf die negativen Einkünfte Anwendung, die durch eine Beteiligung an einer ausländischen Kapitalgesellschaft entstehen (Nr. 3, 4), wenn die Kapitalgesellschaft seit Gründung oder in den letzten 5 Jahren die Voraussetzungen erfüllt.

Der Regelungsbereich des § 2a EStG ist vor allem deshalb so umfangreich, um Ausweichgestaltungen zu vermeiden. Dies gilt insbesondere für die Teilwertabschreibung zwischengeschalteter Kapitalgesellschaften im Inland (oder anderen EU-Mitgliedstaaten) nach § 2a Abs. 1 Nr. 7 EStG. Hier könnte ansonsten die Überlegung angestellt werden, dass Verluste einer ausländischen Kapitalgesellschaft im Inland berücksichtigt werden, indem eine Teilwertabschreibung auf die Beteiligung an der Zwischengesellschaft vorgenommen wird.

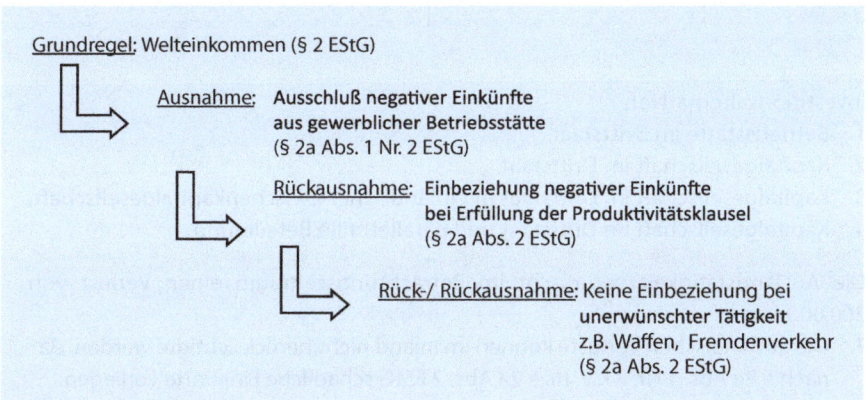

◘ Abb. 3.5   Prüfschema zu § 2a EStG

Beispiel: Auslandsverluste

Der inländische Einzelunternehmer Hans Freitag überlegt sich, wie ein ausländischer Markt (Drittstaat) bearbeitet werden kann. Dazu stehen verschiedene Alternativen zur Verfügung. Herr Freitag erwartet in den ersten Jahren Verluste, die er gerne im Inland berücksichtigen würde. Da er im Fremdenverkehr tätig ist, greift die Produktivitätsklausel nicht. Er investiert 1 Mio. €.

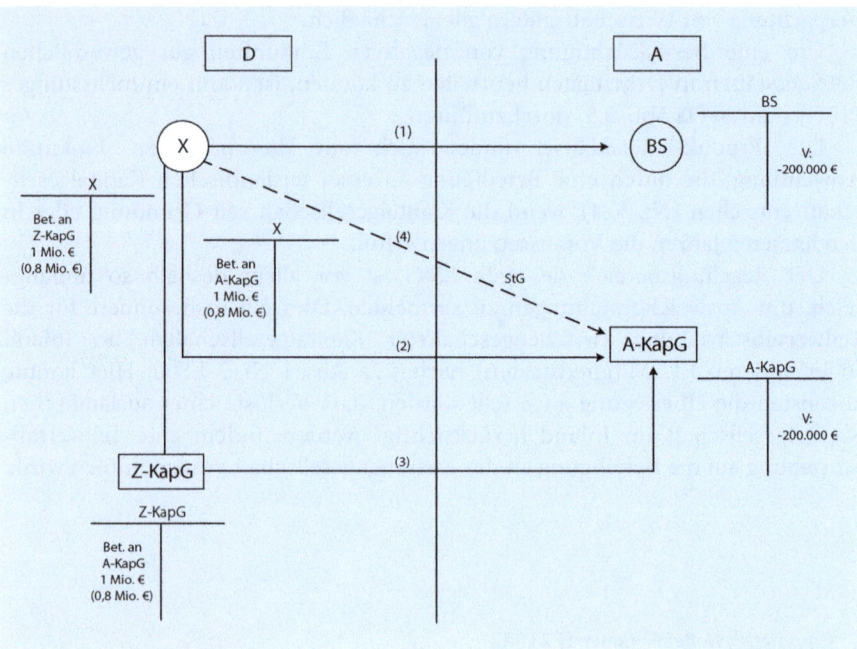

Investitionsalternativen
1. Betriebsstätte im Drittstaat,
2. Kapitalgesellschaft im Drittstaat,
3. Kapitalgesellschaft im Drittstaat mit inländischer Zwischenkapitalgesellschaft,
4. Kapitalgesellschaft im Drittstaat und parallel stille Beteiligung.

Die Auslandstätigkeit verursacht im Betrachtungszeitraum einen Verlust von 200.000 €.
1. Die ausländischen Verluste können im Inland nicht berücksichtigte werden, da nach § 2a Abs. 1 Nr. 2 i. V. m. § 2a Abs. 2 EStG schädliche Einkünfte vorliegen.
2. Bei Zwischenschaltung der Kapitalgesellschaft ist wegen des Trennprinzips keine unmittelbare Berücksichtigung der Verluste möglich. Allerdings

3.7 · Auslandsverluste

mindert sich der Wert der Anteile an der Kapitalgesellschaft (1 Mio. €) um 200.000 €. Die notwendige Teilwertabschreibung auf die Beteiligung ist jedoch nach § 2a Abs. 1 Nr. 3 i. V. m. § 2a Abs. 2 EStG bei der Einkommensermittlung des Herrn Freitag nicht zu berücksichtigen.
3. Die inländische Zwischengesellschaft kann die Verluste nicht unmittelbar nutzen. Zudem kann die Zwischengesellschaft auch keine bei der Einkommensermittlung zu berücksichtigende Teilwertabschreibung vornehmen (§ 2a Abs. 1 Nr. 3 i. V. m. § 2a Abs. 2 EStG). Allerdings sinkt auch der Wert der Anteile an der Zwischengesellschaft, die Hans Freitag im Betriebsvermögen hält. Es ist zwar eine Teilwertabschreibung an der inländischen Zwischengesellschaft vorzunehmen, doch ist diese steuerlich nicht zu berücksichtigen, da § 2a Abs. 1 Nr. 7 EStG greift.
4. Durch das parallele Eingehen einer stillen Beteiligung (mit Verlustbeteiligung) werden die anteiligen Verluste unmittelbar dem Herrn Freitag zugerechnet. Die stille Beteiligung ist dem Betriebsvermögen zuzurechnen. Allerdings sind auch die Verluste aus der stillen Beteiligung nicht einkommensmindernd zu berücksichtigen, da § 2a Abs. 1 Nr. 5 EStG dies ausschließt.

Es besteht somit keine Möglichkeit für Hans Freitag, die Verluste im Inland geltend zu machen.

Die Einschränkungen des § 2a EStG betreffen nicht nur Fälle des Anrechnungsverfahrens, vielmehr ist die Regelung nach § 32b Abs. 1 EStG auch für den Progressionsvorbehalt anzuwenden. Liegen somit nicht abzugsfähige Verluste im Sinne des § 2a EStG vor, mindert sich der (inländische) Steuersatz im Wege des negativen Progressionsvorbehalts nicht.

3.7.2 Finale Verluste

Die Freistellungsmethode führt dazu, dass sowohl ausländische Gewinne als auch ausländische Verluste steuerlich im Inland nicht berücksichtigt werden („Symmetriethese"). Allerdings ist als Folge auch möglich, dass die ausländischen Verluste in keinem Staat berücksichtigt werden, weil es im ausländischen Staat an Einkünften zum Ausgleich der Verluste fehlt.
Der EuGH hatte zunächst mit seiner Entscheidung vom 15.05.2008 (ECLI:EU:C:2008:278 = C-414/06) geurteilt, die Verluste einer ausländischen Betriebsstätte beim Stammhaus zum Abzug zuzulassen, wenn die Verluste im Betriebsstättenstaat nicht mehr berücksichtigt werden können („finale Verluste"). Im vollständigen Verlustausschluss wurde ein Verstoß gegen die

Niederlassungsfreiheit gesehen, da inländische und ausländische Betriebsstätten unterschiedlich behandelt werden. Jedoch nahm der EuGH eine Abgrenzung dahin gehend vor, dass Verluste, die aufgrund rechtlicher Beschränkungen untergehen, nicht im Stammhausstaat berücksichtigt werden müssen.

Beispiel: Finale Verluste
Die X-GmbH unterhält in Spanien eine Betriebsstätte, die seit 10 Jahren Verluste erwirtschaftet. Insgesamt sind bereits 300.000 € aufgelaufen, die weder in Spanien noch in Deutschland berücksichtigt wurden. In Spanien nicht, da es an Einkünften fehlt, mit denen die Verluste ausgeglichen werden können, in Deutschland nicht, da das DBA die Freistellungsmethode vorsieht (Art. 22 Abs. 2 i. V. m. Art. 7 Abs. 1 DBA Spanien). Die Betriebsstätte soll aufgegeben werden.
Gemäß früherer Rechtsprechung des EUGH (EUGH vom 15.05.2008 (ECLI:EU:C:2008:332 = C-416/06, BStBl 2009 II S. 692) und des Bundesfinanzhofes (BFH vom 09.06.2010, BStBl 2010 II S. 1065) war ein Einbezug der finalen Verluste aus der Betriebsstättenaufgabe in die deutsche Bemessungsgrundlage entgegen der Symmetriethese möglich. Dies galt ebenso für die Veräußerung und Umwandlung einer Betriebsstätte.
Dadurch konnten die Verluste von 300.000 € als final in Deutschland berücksichtigt werden. Die zeitliche Beschränkung des Verlustvortrags in Spanien hätte nicht gegriffen, da der vorgetragene Verlust erst nach 18 Jahren untergegangen wäre.

Die deutsche Finanzverwaltung hat die Rechtsprechung des EuGH und des BFH abgelehnt. Inzwischen hat auch der EUGH in zwei Entscheidungen (vom 17.07.2014, ECLI:EU:C:2014:2087 = C-48/13 (Nordea) und vom 17.12.2015, ECLI:EU:C:2015:829 = C-388/14 (Timac Agro), BStBl 2016 II S. 362) seine Auffassung bezüglich der finalen Verluste scheinbar geändert. Aufgrund fehlender tatbestandlicher Vergleichbarkeit mit einem reinen Inlandsfall gibt es keine unionsrechtlichen Bedenken mehr, wenn einer gebietsansässigen Gesellschaft im Fall der Veräußerung beziehungsweise Aufgabe der Betriebsstätte im anderen Staat die Möglichkeit verwehrt wird, die Verluste in die steuerliche Bemessungsgrundlage im Ansässigkeitsstaat einzubeziehen. Auch der Bundesfinanzhof (Urteil v. 22.02.2017, I R 2/15) hat sich dieser Rechtsauffassung angeschlossen.

Mit Urteil v. 12.06.2018 (ECLI:EU:C:2018:424 = C-650/16; Bevola) hat der EuGH seine Rechtsprechungsauffassung scheinbar erneut revidiert, bzw. seine Aussagen zur Vergleichbarkeit der Sachverhalte konkretisiert. Dem Urteil zufolge liegt bei finalen Verlusten einer gebietsfremden Betriebsstätte, die jede Tätigkeit eingestellt hat und deren Verluste im Betriebsstättenstaat nicht genutzt werden können, eine Ungleichbehandlung vor, wenn die finalen Verluste nicht berücksichtigt werden können. Es bleibt nun abzuwarten, wie sich der BFH und die Finanzverwaltung positionieren werden. Unternehmen mit finalen Verlusten ist auf jeden Fall anzuraten unter Hinweis auf die aktuelle EuGH-Rechtsprechung deren Berücksichtigung einzufordern.

Neben der Berücksichtigung von Betriebsstättenverlusten hat der EuGH auch die Nutzung von Verlusten einer ausländischen Tochtergesellschaft trotz im DBA vereinbarter Freistellungsmethode zugelassen. Voraussetzung ist, dass eine inländische Konzernbesteuerung möglich ist, nach der Gewinne und Verluste der Konzerngesellschaften miteinander verrechnet werden können. Regelmäßig ist dies in den EU-Staaten nur für inländische Teile des Konzerns möglich, so auch in Deutschland im Rahmen der Organschaft nach §§ 14–19 KStG. Liegt ein finaler Verlust aus wirtschaftlichen Gründen vor, ist auch in diesem Fall grenzüberschreitend der finale Verlust im Rahmen der Konzernbesteuerung zu berücksichtigen.

Hintergrund: EuGH-Entscheidungen zur Konzernbesteuerung
- EuGH vom 13.12.2005, ECLI:EU:C:2005:763 = C-446/03, („Marks & Spencer")
- EuGH vom 18.07.2007, ECLI:EU:C:2007:439 = C-231/05, („OY AA")
- EuGH vom 21.02.2013, ECLI:EU:C:2013:84 = C-123/11, („A Oy")
- EuGH vom 17.07.2014, ECLI:EU:C:2014:2087 = C-48/13, („Nordea")
- EuGH vom 17.12.2015, ECLI:EU:C:2015:829 = C-388/14, („Timac Agro")
- EuGH vom 12.06.2018, ECLI:EU:C:2018:424 = C-650/16, („Bevola")

Kommentierungen:
- Heckerodt (2018, S. 521 ff.).

Auch die Erweiterung der Verlustverrechnung im Konzernverbund ist nur bei Tochtergesellschaften innerhalb der EU/EWR vorzunehmen, da die einschlägige Niederlassungsfreiheit lediglich Sachverhalte zwischen Mitgliedsstaaten des EU/EWR-Raums erfasst.

3.8 Lern-Kontrolle

Kurz und bündig
Outbound-Sachverhalte:
Wirtschaftliche Betätigungen mit internationalem Bezug haben zur Folge, dass meist zwei steuerliche Anknüpfungspunkte bestehen. Folglich kann es zu einer Doppelbesteuerung kommen, wenn sowohl im Heimatstaat (Wohnsitz, gewöhnlicher Aufenthalt, Sitz, Geschäftsleitung) als auch im Investitions- bzw. Tätigkeitsstaat eine Besteuerung erfolgt.

Handelt es sich beim Heimatstaat um Deutschland, gilt grundsätzlich das *Welteinkommensprinzip*, das aber durch die bestehenden DBA eingeschränkt wird. Darüber hinaus kennt Deutschland aber auch eine Reihe von Regelungen, die die Besteuerung durch Fiktionen ausweiten, zum Beispiel bei Wegzug.

Folgende Reihenfolge der *Prüfschritte* bietet sich an:
- 1. Schritt: Art der Steuerpflicht klären
- 2. Schritt: relevante Einkunftsart ermitteln
- 3. Schritt: Einschränkungen des deutschen Besteuerungsrechts durch ein DBA prüfen
- 4. Schritt: Sonderregelungen (Fiktionen) prüfen
- 5. Schritt: deutsche Steuerbelastung ermitteln
- 6. Schritt: Anrechnung/Abzug ausländischer Steuern klären

❓ Let's check

1. Die unbeschränkte Steuerpflicht ist Grundlage von Outbound-Sachverhalten. Welche Arten der unbeschränkten Steuerpflicht und welche Anknüpfungspunkte diesbezüglich gibt es im Rahmen der Einkommen- und Körperschaftsteuer?
2. Sonja Räuber ist deutsche Staatsangehörige und lebt seit ihrer Geburt in Deutschland. Sie ist mit 100.000 € (20 % des Stammkapitals = Anschaffungskosten) an der ABC-GmbH beteiligt, für die sie nicht beruflich tätig ist. Aufgrund ihrer Tätigkeit als Unternehmensberaterin zieht Frau Räuber zum 01.01.2018
   a) nach Katar,
   b) nach Frankreich,
   um dort deutsche Unternehmen bei ihrer Expansion zu betreuen. Sie gibt ihren Wohnsitz dauerhaft in Deutschland auf. Der gemeine Wert der GmbH-Beteiligung beträgt zum Zeitpunkt des Wegzugs 200.000 €. Welche steuerlichen Konsequenzen ergeben sich?
3. Der Steuerinländer Max Klein erzielt ein Einkommen von insgesamt 350.000 €. Hiervon stammen 200.000 € aus dem Inland und 150.000 € aus dem Ausland. Der Steuersatz im Inland beträgt 40 % und im Ausland (EU) 25 %. Stellen Sie die Ergebnisse einer Besteuerung ohne Maßnahmen zur Vermeidung der Doppelbesteuerung sowie bei Anwendung der Anrechnungs- und Freistellungsmethode dar. Welchen Effekt müssten Sie beachten, wenn es sich bei dem ausländischen Staat um ein Drittland handeln würde?
4. Der im Inland unbeschränkt steuerpflichtige Josef Maier erzielt negative Einkünfte aus folgenden Auslandsengagements (Annahme: Es besteht jeweils kein DBA):

3.8 · Lern-Kontrolle

a) Vermietung eines Mehrfamilienhauses in der Schweiz.
b) Betriebsstätte in Havanna (Kuba), die unzweifelhaft ausschließlich zur Herstellung feinsten Havanna-Rums genutzt wird.

Können die Verluste steuerlich genutzt werden?

❓ Vernetzende Aufgaben

1. Der Wegzug aus dem Inland ist eine Möglichkeit einer hohen Besteuerung in Deutschland zu entgehen. Gehen Sie auf das grundsätzliche Problem ein, welches sich für natürliche und juristische Personen bei einem solchen Vorhaben ergibt. Welche Ansatzpunkte für eine Besteuerung bleiben gegebenenfalls trotz des offiziellen Umzugs eines Unternehmens im Inland?
2. Die Investitionen im Ausland über Personen- und Kapitalgesellschaften führen zu umfangreichen Problemen im Zusammenhang mit der internationalen Besteuerung. Stellen Sie grundsätzliche Überlegungen zu den diesen Gesellschaftstypen zugrunde liegenden Prinzipien an.

ℹ️ Lesen und Vertiefen

— Haase, F.: Die Hinzurechnungsbesteuerung – Grundlagen – Problemfelder – Gestaltungsmöglichkeiten. NWB, 2. Aufl., Herne (2015)
Der Verfasser erläutert umfassend die Grundlagen der deutschen Hinzurechnungsbesteuerung, wenn im Inland Steuerpflichtige über ausländische Zwischengesellschaften oder Betriebsstätten in niedrig besteuernden Ländern tätig werden.

— Musil, A.: Rechtsprechungswende des EuGH bei den Ertragsteuern? Der Betrieb 62, 1037–1043
In dem Beitrag wird die Rechtsprechungshistorie des EuGH dargestellt und hierbei auf wichtige Leitentscheidungen zu speziellen Themengruppen eingegangen, insbesondere zur Frage der Wegzugs- sowie Hinzurechnungsbesteuerung.

— Mennen, H. et al.: Mitarbeiterentsendung. Schäffer-Pöschel, 2. Aufl., Stuttgart (2018)
Die Verfasser erläutern die Grundlagen der internationalen Mitarbeiterentsendung und gehen umfassend auf steuerliche und rechtliche Problemfelder ein.

Literatur

Brähler, G. (2019). *Internationales Steuerrecht* (9. Aufl.). Wiesbaden: Gabler.
Grotherr, S., Herfort, C., & Strunk, G. (2019). *Internationales Steuerrecht* (4. Aufl.). Achim: Erich Fleischer.
Heckerodt, D. (2018). „Finale" ausländische Betriebsstättenverluste – Back to the roots. *IWB, 21*, 521–528.
Linn, A., & Pignot, B. (2018). Die gewerbesteuerliche Kürzung nach § 9 Nr. 7 GewStG ist unionsrechtswidrig. *IWB, 21*, 787–792.
Mössner, J. M. (2018). *Steuerrecht international tätiger Unternehmen* (5. Aufl.). Köln: Schmidt.
Scheffler, W. (2012). *Internationale betriebswirtschaftliche Steuerlehre* (3. Aufl.). München: Vahlen.
Schmidt, L., Sigloch, J., & Henselmann, K. (2005). *Internationale Steuerlehre*. Wiesbaden: Gabler.

Inbound-Sachverhalte

4.1 Beschränkte Steuerpflicht – 148
4.1.1 Beschränkte Einkommensteuerpflicht – 148
4.1.2 Beschränkte Körperschaftsteuerpflicht – 152

4.2 Steuerfolgen des Zuzugs – 152
4.2.1 Natürliche Person – 152
4.2.2 Juristische Person – 154

4.3 Steuerpflichtige Einkünfte im Sinne des § 49 EStG – 156
4.3.1 Tatbestände des § 49 EStG – 156
4.3.2 Besondere Vorschriften der Einkommens- und Steuerermittlung – 158

4.4 Unternehmerische Betätigung im Inland – 161
4.4.1 Direktgeschäfte – 162
4.4.2 Betriebsstätten – 162
4.4.3 Rechtsförmliche Investitionen – 165

4.5 Grenzüberschreitende Arbeitnehmertätigkeit – 170
4.5.1 Grenzpendler – 170
4.5.2 Impatriates – 171

© Springer Fachmedien Wiesbaden GmbH, ein Teil von Springer Nature 2019
T. Egner, *Internationale Steuerlehre,* Studienwissen kompakt,
https://doi.org/10.1007/978-3-658-25324-0_4

4.6 Inländische Kapitalanlagen im
Privatvermögen – 172

4.7 Lern-Kontrolle – 173

Literatur – 175

Inbound-Sachverhalte

Lern-Agenda

Inbound-Sachverhalte liegen vor, wenn im Ausland domizilierte natürliche oder juristische Personen grenzüberschreitende Sachverhalte mit Inlandsbezug realisieren. Dabei kann es sich um Einkommenserzielung, Vermögensanlage oder Transaktionen handeln.

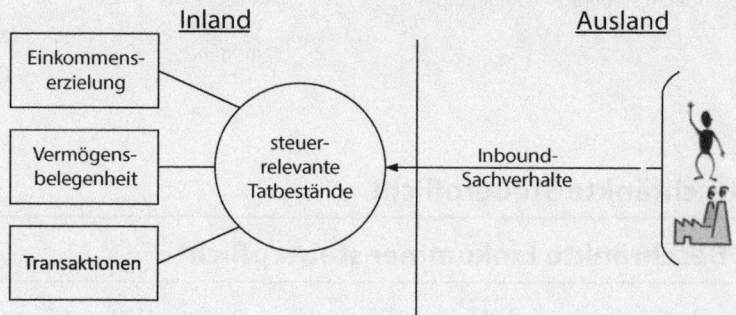

Im Rahmen dieses Kapitels wird der Schwerpunkt im Bereich der Ertragsteuern gelegt. Ausgangspunkt der Betrachtungen ist jeweils Deutschland als Quellenstaat der Einkünfte.

Kapitelstruktur

Grundlage von Inbound-Sachverhalten ist in der Regel das Vorliegen einer beschränkten Steuerpflicht	Beschränkte Steuerpflicht	▶ Abschn. 4.1
Natürliche Personen sowie Unternehmen können nicht nur Einkommensquellen nach Deutschland verlagern sondern auch den Wohnsitz bzw. Sitz oder Geschäftsleitung	Steuerfolgen des Zuzugs	▶ Abschn. 4.2
Nicht jede inländische Einkommensquelle eines Steuerausländers unterliegt der deutschen Besteuerung. Betroffen sind nur die in § 49 EStG aufgelisteten Einkünfte, für die zum Teil besondere Einkommensermittlungsvorschriften gelten	Steuerpflichtige Einkünfte im Sinne des § 49 EStG	▶ Abschn. 4.3
Für eine Unternehmensbetätigung im Inland bestehen verschiedene Alternativen (Direktgeschäft, Betriebsstätte, Personengesellschaft, Kapitalgesellschaft) mit unterschiedlichen steuerlichen Folgen	Unternehmerische Betätigung im Inland	▶ Abschn. 4.4

Neben Unternehmen können sich auch Arbeitnehmer grenzüberschreitend betätigen. Insbesondere innerhalb der EU/EWR gelten besondere Bestimmungen	Grenzüberschreitende Arbeitnehmertätigkeit	▶ Abschn. 4.5
Die grenzüberschreitende Kapitalanlage im Inland unterliegt insbesondere innerhalb der EU besonderen steuerlichen Regelungen	Inländische Kapitalanlagen im Privatvermögen	▶ Abschn. 4.6

4.1 Beschränkte Steuerpflicht

4.1.1 Beschränkte Einkommensteuerpflicht

Eine beschränkte Steuerpflicht liegt vor, wenn weder ein Wohnsitz noch ein gewöhnlicher Aufenthalt im Inland gegeben ist (§ 1 Abs. 4 EStG). Steuerpflichtig ist im Inland erzieltes Einkommen (Quellenprinzip, Territorialprinzip), welches in § 49 EStG enumerativ und abschließend aufgeführt ist.

Eine besondere Form von Inbound-Bezug besteht, wenn der Wohnsitz oder der gewöhnliche Aufenthalt ins Ausland verlagert wird, Einkommensquellen jedoch im Inland zurückbleiben. Dies führt dazu, dass die unbeschränkte Steuerpflicht endet und bei Beibehaltung inländischer Einkünfte eine beschränkte Steuerpflicht entsteht. Allerdings sieht § 2 AStG in diesem Fall unter bestimmten Bedingungen eine Erweiterung der Steuerpflicht über die Einkünfte in § 49 EStG hinaus vor („erweitert beschränkte Steuerpflicht"). Dies ist gegeben, wenn ein Steuerpflichtiger

– innerhalb der letzten zehn Jahre mindestens fünf Jahre als Deutscher unbeschränkt steuerpflichtig war,
– in einem Niedrigsteuergebiet oder keinem ausländischen Staat ansässig ist,
– wesentliche wirtschaftliche Interessen im Inland vorliegen, und
– im Veranlagungszeitraum die beschränkt steuerpflichtigen Einkünfte 16.500 € übersteigen.

Liegt ein solcher Fall vor, kommt es in den zehn Jahren nach Beendigung der unbeschränkten Steuerpflicht zur erweitert beschränkten Steuerpflicht. Steuerpflichtig sind dann alle Einkünfte des § 2 Abs. 1 EStG (Welteinkommen), die nicht nach § 34d EStG als ausländische Einkünfte einzustufen sind. Der Steuersatz ermittelt sich nach der Höhe der gesamten steuerpflichtigen in- und ausländischen

4.1 · Beschränkte Steuerpflicht

Einkünfte, ausgenommen Kapitaleinkünfte im Sinne des § 32d EStG (§ 2 Abs. 5 AStG). Sollte die Steuer nach § 2 AStG diejenigen überschreiten, die sich bei einem inländischen Wohnsitz aufgrund der unbeschränkten Steuerpflicht ergeben hätte, wird die zu erhebende Steuer auf diesen Betrag begrenzt (§ 2 Abs. 6 AStG).

Eine niedrige Besteuerung nach § 2 Abs. 2 AStG kann entweder vorliegen, wenn
- das Steuerniveau im ausländischen Wohnsitzstaat bei einem Einkommen von 77.000 € kleiner als zwei Drittel der deutschen Steuer ist, oder
- die tatsächlich erhobene Einkommensteuer aufgrund einer Vorzugsbehandlung gegenüber der Regelbesteuerung unbeschränkt Steuerpflichtiger zwei Drittel der deutschen Steuer nicht überschreitet.

Die zweite Alternative (Vorzugsbehandlung) wurde insbesondere vor dem Hintergrund der Pauschalbesteuerung in der Schweiz eingeführt, nach der Ausländer mit Wohnsitz in der Schweiz die Einkommensteuer pauschalieren können, wenn sie in der Schweiz keiner beruflichen Tätigkeit nachgehen.

Die Besteuerung greift aber nur, wenn wesentliche wirtschaftliche Interessen trotz des Wegzugs im Inland verbleiben (§ 2 Abs. 3 AStG), weil die Person
- Gesellschafter oder Mitunternehmer eines inländischen Gewerbebetriebs ist,
- eine wesentliche Beteiligung an einer inländischen Kapitalgesellschaft nach § 17 EStG besitzt,
- nicht ausländische Einkünfte erzielt, die mehr als 30 % der Gesamteinkünfte ausmachen oder 62.000 € übersteigen,
- zu Beginn des Veranlagungszeitraums das Vermögen, aus dem nicht ausländische Einkünfte fließen, mehr als 30 % des Gesamtvermögens ausmacht oder 154.000 € übersteigt.

Mit dieser Regelung soll die Verlagerung des Wohnsitzes unattraktiv gemacht werden, weil erst nach zehn Jahren eine volle Wirkung der Vorteile des niedrigen Steuerniveaus im neuen Wohnsitzstaat auftritt. Allerdings kann die Regelung umgangen werden, indem vor dem Wegzug die deutsche Staatsangehörigkeit rechtzeitig abgegeben oder das entsprechende Vermögen mit verlagert wird. Dies kann jedoch eine Wegzugsbesteuerung auslösen (siehe Abschn. 3.2).

Ebenfalls als Inbound-Sachverhalt zu qualifizieren ist die „fiktive unbeschränkte Steuerpflicht" nach § 1 Abs. 3 EStG. Diese liegt vor, wenn kein inländischer Wohnsitz oder gewöhnlicher Aufenthalt gegeben ist, jedoch der Großteil der Einkünfte im Inland erzielt wird. Dabei müssen
- die inländischen Einkünfte nach § 49 EStG mindestens 90 % des Gesamteinkommens ausmachen, oder
- die ausländischen Einkünfte dürfen den Grundfreibetrag (2019: 9168 €) nicht überschreiten.

Der Steuerpflichtige muss die Anwendung der fiktiv unbeschränkten Steuerpflicht beantragen und einen Nachweis der ausländischen Wohnsitzfinanzbehörde über die Höhe der ausländischen Einkünfte vorlegen. Steuerpflichtig sind in diesem Fall nur die inländischen Einkünfte (Territorialprinzip).

Diese sog. „Grenzpendlerregelung" wurde als Folge der EuGH-Rechtsprechung im Fall Schumacker europarechtskonform ausgestaltet (EuGH vom 14.02.1995, ECLI:EU:C:1995:31 = C-279/93).

Beispiel: Leitsatz aus Schumacker-Urteil des EuGH
2. Zwar steht Artikel 48 des Vertrages grundsätzlich nicht der Anwendung von Rechtsvorschriften eines Mitgliedstaats entgegen, nach denen das Einkommen eines Gebietsfremden, der eine nichtselbstständige Beschäftigung in diesem Staat ausübt, höher besteuert wird als das eines Gebietsansässigen, der die gleiche Beschäftigung ausübt; etwas anderes gilt jedoch, wenn der Gebietsfremde in seinem Wohnsitzstaat keine nennenswerten Einkünfte hat und sein zu versteuerndes Einkommen im Wesentlichen aus einer Tätigkeit bezieht, die er im Beschäftigungsstaat ausübt, sodass der Wohnsitzstaat nicht in der Lage ist, ihm die Vergünstigungen zu gewähren, die sich aus der Berücksichtigung seiner persönlichen Lage und seines Familienstands ergeben. Zwischen der Situation eines solchen Gebietsfremden und der eines Gebietsansässigen, der eine vergleichbare nichtselbstständige Beschäftigung ausübt, besteht nämlich kein objektiver Unterschied, der eine Ungleichbehandlung hinsichtlich der Berücksichtigung der persönlichen Lage und des Familienstands des Steuerpflichtigen bei der Besteuerung rechtfertigen könnte. Somit ist Artikel 48 des Vertrages dahin auszulegen, dass er der Anwendung von Rechtsvorschriften eines Mitgliedstaats entgegensteht, nach denen ein Arbeitnehmer, der Staatsangehöriger eines anderen Mitgliedstaats ist, in dem er auch wohnt, und der im Hoheitsgebiet des erstgenannten Staates eine nichtselbstständige Beschäftigung ausübt, höher besteuert wird als ein Arbeitnehmer, der im Hoheitsgebiet des erstgenannten Staates wohnt und dort die gleiche Beschäftigung ausübt, wenn der Staatsangehörige des zweitgenannten Mitgliedstaats sein Einkommen ganz oder fast ausschließlich aus der Beschäftigung erzielt, die er im ersten Mitgliedstaat ausübt, und im zweitgenannten Mitgliedstaat keine ausreichenden Einkünfte erzielt, um dort einer Besteuerung unterworfen zu werden, bei der seine persönliche Lage und sein Familienstand berücksichtigt werden. (Quelle: EuGH vom 14.02.1995, ECLI:EU:C:1995:31 = C-279/93, Slg. 1995 I, S. 225)

Die Anwendung der „normalen" beschränkten Steuerpflicht hat die Personenfreizügigkeit verletzt, da bei Arbeitseinkünften nach § 49 Abs. 1 Nr. 4 i. V. m. § 19 EStG der Einkommensteuertarif für Alleinstehende zur Anwendung kam (§ 50 Abs. 1 EStG). Lag nach einem DBA das alleinige Besteuerungsrecht in

Deutschland und erzielte der Steuerpflichtige in seinem Wohnsitzstaat keine weiteren Einkünfte, konnten in keinem der beiden Staaten seine subjektiven Steuermerkmale berücksichtigt werden. Die Besteuerung der grenzüberschreitenden Konstellation führte somit zu einer höheren Steuer im Vergleich mit einer reinen Inlandskonstellation.

Ergänzt wird diese Regelung durch § 1a EStG, der ebenfalls im Zuge des Schumacker-Urteils eingefügt wurde. Danach können durch Staatsangehörige der EU bzw. der EWR familienbedingte Entlastungen genutzt werden, auch wenn die Familienmitglieder weder Wohnsitz noch gewöhnlichen Aufenthalt im Inland haben und die Voraussetzungen der „fiktiven unbeschränkten Steuerpflicht" nicht selbst erfüllen. Dies gilt zum Beispiel für den Ehegatten, sodass auf die Einkünfte das Splittingverfahren angewendet werden kann. Auf die Staatsangehörigkeit des Ehegatten kommt es nicht an. In diesem Fall sind für die Beurteilung der Grenzen von § 1 Abs. 3 EStG die gemeinsamen Einkünfte heranzuziehen, wobei der Grundfreibetrag zu verdoppeln ist. Neben der Anwendung des Ehegattensplittings sind auch Unterhaltszahlungen an den geschiedenen Ehegatten (§ 10 Abs. 1 Nr. 1 EStG) oder besondere Unterhaltszahlungen nach § 10 Abs. 1 Nr. 1a EStG abzugsfähig.

Die Regelung des § 1 Abs. 3 EStG bezieht sich jedoch nicht nur auf Grenzpendler und kann auch bei anderen Einkünften zur Anwendung kommen:

Beispiel: Fiktive unbeschränkte Steuerpflicht
Der in der Schweiz wohnende Steuerpflichtige Urs Zügli (Staatsangehöriger der Schweiz) erzielt sein Einkommen ausschließlich aus Vermietung und Verpachtung von in Deutschland belegenen Immobilien.
Nach dem DBA Schweiz hat Deutschland das alleinige Besteuerungsrecht. Es liegen Einkünfte nach § 49 Abs. 1 Nr. 6 i. V. m. § 21 EStG vor. Aus § 1 Abs. 3 EStG folgt die Möglichkeit, zur (fiktiv) unbeschränkten Steuerpflicht zu optieren.
Sollte der Steuerpflichtige verheiratet sein, so besteht keine Möglichkeit für die Anwendung von § 1a EStG, da er nicht EU/EWR-Staatsbürger ist. Die Staatsangehörigkeit des Ehegatten ist irrelevant.

- **Abwandlung 1**

Wäre der Urs Zügli deutscher Staatsbürger, könnte § 1a EStG auch keine Anwendung finden, da es an der Ansässigkeit des Ehegatten in der EU/EWR fehlt.

- **Abwandlung 2**

Urs Zügli ist türkischer Staatsangehöriger und seine Ehefrau deutsche Staatsangehörige. Sie leben in Belgien. Auch hier könnte § 1a EStG keine Anwendung finden, da der gemeinsame Wohnsitz zwar in der EU liegt, der einkommenserzielende Steuerpflichtige jedoch nicht Staatsangehöriger der EU/EWR ist.

Abwandlung 2 des Beispiels offenbart eine noch immer bestehende latente EU-Rechtsproblematik, da die Anwendung von § 1a EStG von der Konstellation der Staatsangehörigkeiten bei Ehen aus EU/EWR und Nicht-EU/EWR-Bürgern abhängt. Realisiert die Einkünfte der Nicht-EU/EWR-Bürger, ist die Anwendung von § 1a EStG nicht möglich, im umgekehrten Fall dagegen schon.

4.1.2 Beschränkte Körperschaftsteuerpflicht

Als beschränkt steuerpflichtig gelten Körperschaften, bei denen weder der Sitz noch die Geschäftsleitung im Inland liegt. Steuerpflichtig sind die inländischen Einkünfte der Körperschaft, wobei sich über die Verweisfunktion des § 8 Abs. 1 KStG die steuerpflichtigen Einkünfte nach § 49 Abs. 1 Nr. 2 EStG bzw. § 49 Abs. 2 EStG definieren.

4.2 Steuerfolgen des Zuzugs

4.2.1 Natürliche Person

Die Verlagerung des Wohnsitzes nach Deutschland (Zuzug) ist eine besondere Form eines Inbound-Sachverhalts, da nicht bzw. nicht nur die Einkommensquelle sondern der Steuerpflichtige „verlagert" wird. Als Folge des Zuzugs unterliegen alle ab diesem Zeitpunkt realisierten Einkünfte nach dem Welteinkommensprinzip der inländischen (deutschen) Besteuerung.

Hat der Steuerpflichtige vor seinem Zuzug bereits inländische Einkünfte im Rahmen einer beschränkten Steuerpflicht bezogen, so sind diese in die Veranlagung einzubeziehen (§ 2 Abs. 7 EStG). Soweit bei einer beschränkten Steuerpflicht eigentlich die abgeltende Wirkung der Abzugssteuern nach § 50 Abs. 2 EStG (Arbeitslohn; Kapitalertrag) gelten würde, greift diese nicht. Nach § 32b Abs. 1 Nr. 2 EStG findet darüber hinaus der Progressionsvorbehalt auch für die während der Zeit der beschränkten Steuerpflicht erzielten ausländischen Einkünfte Anwendung.

Beispiel: Unterjähriger Wechsel der Steuerpflicht
Der ledige Steuerpflichtige Emil Schneider arbeitet bis zum 30.06.2019 in Polen und erzielt Einkünfte aus nichtselbstständiger Tätigkeit von 45.000 €. Zum 01.07. entsendet ihn sein Arbeitgeber für fünf Jahre nach Deutschland, sodass er seinen

4.2 · Steuerfolgen des Zuzugs

Wohnsitz in Polen aufgibt. Sein Eigenheim vermietet er dazu für den gesamten Zeitraum und erzielt Einkünfte aus Vermietung und Verpachtung von 6000 €. Die Einkünfte aus nichtselbstständiger Tätigkeit im zweiten Halbjahr 2019 in Deutschland betragen 60.000 €.
Die in Deutschland steuerpflichtigen Einkünfte betragen 60.000 €. Die Anwendung des Einkommensteuertarifs 2019 nach § 32a EStG bei unbeschränkter Steuerpflicht würde 16.419 € ergeben. Durch den Progressionsvorbehalt fällt die Steuer jedoch höher aus. Bei 111.000 € (=51.000 € + 60.000 €) resultiert eine Steuer von 37.839 €. Der durchschnittliche Steuersatz ermittelt sich mit 34,09 %. Damit erhöht sich die Steuerlast auf 20.453 € (=60.000 € * 34,09 %). Durch den Progressionsvorbehalt entsteht eine Mehrsteuer von 4034 €.

Das Problem der Doppelbesteuerung kann entstehen, wenn Vermögenswerte mit stillen Reserven durch den Zuzug dem deutschen Besteuerungsrecht unterworfen werden. Wird im Betriebsvermögen durch den Zuzug ein deutsches Besteuerungsrecht begründet, steht dies einer Einlage gleich (§ 4 Abs. 1 S. 8 EStG). Um eine Doppelbesteuerung zu vermeiden, sieht § 6 Abs. 1 Nr. 5a EStG die Bewertung mit dem gemeinen Wert vor. Der deutsche Staat geht in diesem Fall davon aus, dass im Ausland die stillen Reserven im Zeitpunkt des Wegzugs der Besteuerung unterworfen werden. Deutschland erfasst somit nur die nach dem Zuzug erfolgten Wertänderungen.

Das deutsche Besteuerungsrecht kann begründet werden, indem die Wirtschaftsgüter von einer ausländischen in eine inländische Betriebsstätte überführt werden, zum anderen aber auch dadurch, dass die ausländische Betriebsstätte in einem Staat liegt, mit dem Deutschland kein DBA oder ein DBA mit Anrechnungsmethode vereinbart hat.

Eine entsprechende Regelung findet sich in § 17 Abs. 2 S. 3 EStG. Waren die Anteile, die der steuerpflichtigen Veräußerung nach § 17 EStG zugrunde liegen, bereits im Zeitpunkt des Zuzugs im Eigentum des Steuerpflichtigen, wird für die Ermittlung des Veräußerungsgewinns der Wert der Anteile im Zeitpunkt des Zuzugs vom Veräußerungspreis abgezogen. Somit ist nur eine in Deutschland erfolgte Wertänderung steuerpflichtig. Dies gilt aber nur, wenn der Wegzugsstaat die Wertdifferenz zu den Anschaffungskosten im Wege einer Wegzugsbesteuerung entsprechend § 6 AStG besteuert hat. Ist dies nicht der Fall, kommen die historischen Anschaffungskosten zum Ansatz, sodass auch im Ausland erfolgte Wertsteigerungen erfasst werden.

Beispiel: Verstrickung stiller Reserven
Die Steuerpflichtige Sonja Sonne zieht zum 10.10.2019 aus Frankreich nach Bamberg. Frau Sonne ist mit 5 % an der S-AG (Paris) beteiligt. Sie hat die Beteiligung zu 150.000 € erworben. Im Zeitpunkt des Umzugs wird die Beteiligung mit

200.000 € bewertet. Am 31.12.2019 veräußert Frau Sonne die Beteiligung für 210.000 €.
Wie hoch ist der in Deutschland steuerpflichtige Gewinn, wenn Frankreich beim Wegzug die stillen Reserven
a) nicht besteuert?
b) in Höhe von 50.000 € besteuert?

Lösung:
a) Da Frankreich bei Wegzug die stillen Reserven von 50.000 € nicht versteuert, werden die Veräußerungserlöse mit den historischen Anschaffungskosten verrechnet. Deutschland besteuert nach dem Teileinkünfteverfahren 60 % des Veräußerungsgewinns von 60.000 € = 36.000 €.
b) Da Frankreich bei Wegzug die stillen Reserven (50.000 €) versteuert, wird für die inländische Verstrickung der Wertansatz der Anteile mit 200.000 € vorgenommen. Der Veräußerungsgewinn beträgt dann 10.000 €, sodass nach dem Teileinkünfteverfahren 6000 € steuerpflichtig sind.

In allen anderen Fällen erfolgt eine Verstrickung der stillen Reserven. Dies gilt insbesondere für Veräußerungsgewinne von Kapitalanlagen im Privatvermögen (§ 20 Abs. 2 EStG) und bei privaten Veräußerungsgewinnen nach § 23 EStG. Nimmt der Wegzugsstaat eine entsprechende Besteuerung vor, kann es zu einer Doppelbesteuerung kommen, insbesondere wenn kein DBA vorliegt. Dies begründet sich darin, dass ggf. keine Anrechnung (§ 34c EStG) möglich ist, da es an der Qualifikation als ausländische Einkünfte nach § 34d EStG fehlt. Voraussetzung für die Anrechnung ist, dass der Schuldner Wohnsitz bzw. Sitz oder Geschäftsleitung im Ausland hat (z. B. Wertpapiere mit Fremdkapitalcharakter, § 34d Nr. 6 EStG) oder der Sitz bzw. Geschäftsleitung im Ausland liegt (Aktien, GmbH-Anteile, § 34d Nr. 4b EStG) oder die Vermögensgegenstände im Ausland belegen sind (§ 34d Nr. 8b EStG).

Der Steuerpflichtige muss ggf. überlegen, ob es nicht sinnvoll ist, derartige Vermögenswerte noch im Ausland zu verkaufen, um nicht der Doppelbesteuerung zu unterliegen. Gleiches gilt, wenn die Veräußerungsgewinne im ausländischen Staat steuerfrei oder steuerbegünstigt sind.

4.2.2 Juristische Person

Der Zuzug von Kapitalgesellschaften durch Verlegung der Geschäftsleitung nach Deutschland ist identitätswahrend möglich. Der Sitz der Gesellschaft kann demgegenüber nicht ins Inland verlagert werden. Dies wäre als Neugründung zu bewerten.

Verlagert eine Kapitalgesellschaft die Geschäftsleitung ins Inland, wird eine unbeschränkte Steuerpflicht neu begründet, wenn nicht bereits der Sitz der Gesellschaft in Deutschland war. In der ersten Fallkonstellation lag bisher allenfalls eine beschränkte Steuerpflicht aufgrund einer inländischen Betriebsstätte (§ 49 Abs. 1 Nr. 2 EStG) vor. Besteht mit dem Wegzugsstaat kein DBA, begründet sich durch den Zuzug das Besteuerungsrecht Deutschlands für die Welteinkünfte der Gesellschaft. Ausländische Steuern können ggf. nach § 26 KStG i. V. m. § 34c EStG angerechnet werden. Liegt ein DBA vor, so steht das Besteuerungsrecht regelmäßig dem Geschäftsleitungsstaat zu (Art. 4 Abs. 1 OECD-MA). Soweit ausländische Betriebsstätten verbleiben, erfolgt die Vermeidung der Doppelbesteuerung durch die Freistellungs- oder die Anrechnungsmethode.

Unterliegen durch den Zuzug einzelne Wirtschaftsgüter erstmalig dem deutschen Besteuerungsrecht, so erfolgt die Bewertung als Einlage (§ 4 Abs. 1 S. 8 EStG) mit dem gemeinen Wert (§ 6 Abs. 1 Nr. 5a EStG). Im Ausland entstandene stille Reserven unterliegen somit nicht der deutschen Steuerpflicht.

Erfolgt durch die Verlagerung der Geschäftsleitung eine Zusammenführung mit dem Sitz in Deutschland, wird keine neue Steuerpflicht begründet. Bereits bisher war eine unbeschränkte Steuerpflicht gegeben. Allerdings wird in DBA-Konstellationen regelmäßig nach Art. 4 Abs. 1 OECD-MA (Doppelansässigkeit) das deutsche Besteuerungsrecht hinter das des ausländischen Geschäftsleitungsstaates zurücktreten. Durch die Verlagerung der Geschäftsleitung wird die Gesellschaft alleinig in Deutschland ansässig, sodass entsprechend dem DBA eine Vermeidung der Doppelbesteuerung durch Anrechnung oder Freistellung erfolgt.

Die durch den Zuzug erstmalig dem deutschen Besteuerungsrecht unterliegenden Wirtschaftsgüter sind mit dem gemeinen Wert zu bewerten. Dies gilt auch, wenn durch den Zuzug der Gesellschaft (Geschäftsführung) Einkünfte aus Betriebsstätten in Drittstaaten in Deutschland steuerpflichtig werden.

Beispiel: Zuzug der X-GmbH
Die X-GmbH hat ihren Sitz in Deutschland und ihre Geschäftsführung in Frankreich. In Tschechien wird eine Betriebsstätte unterhalten. Die Geschäftsführung wird aus Frankreich nach Deutschland verlagert.
Nach dem DBA mit Frankreich gilt die Gesellschaft in Frankreich ansässig, da dort die Geschäftsführung angesiedelt ist (Art. 2 Abs. 1 Nr. 4a DBA Frankreich). Durch die Verlagerung der Geschäftsführung besteht keine Doppelansässigkeit mehr. Die alleinige unbeschränkte Steuerpflicht besteht in Deutschland. Für die Betriebsstätteneinkünfte aus Tschechien findet nun das DBA mit Tschechien Anwendung. Nach Art. 7 Abs. 1 i. V. m. Art. 23 Abs. 1 DBA Tschechien hängt die Anwendung der Freistellungs- oder Anrechnungsmethode von der Art der Tätigkeit der Betriebsstätte ab. Handelt es sich nicht um eine Betriebsstätte, die nicht fast ausschließlich der Herstellung und dem Verkauf von Gütern, Waren oder technischen

Dienstleistungen dient, gilt die Anrechnungsmethode. In diesem Fall würde ein neues deutsches Besteuerungsrecht begründet, sodass für Besteuerungszwecke eine Bewertung der Wirtschaftsgüter mit dem gemeinen Wert (§ 4 Abs. 1 S. 8 i. V. m. § 6 Abs. 1 Nr. 5a EStG) erfolgen müsste.
Die vor dem Zuzug entstandenen stillen Reserven würden nicht der deutschen Besteuerung unterliegen. Wertänderungen nach dem Zuzug wären in Deutschland steuerrelevant.

4.3 Steuerpflichtige Einkünfte im Sinne des § 49 EStG

Liegt beschränkte Steuerpflicht vor, greift nicht das Welteinkommensprinzip sondern das Territorialprinzip. Die steuerpflichtigen Inbound-Sachverhalte ergeben sich dabei aus § 49 EStG, der enumerativ die Tatbestände aufzählt. Die Reihung entspricht dabei den sieben Einkunftsarten des § 2 Abs. 1 EStG.

Nach § 8 Abs. 1 KStG bestimmen sich die steuerpflichtigen Einkünfte von Kapitalgesellschaften nach den Regelungen des EStG. Da eine Kapitalgesellschaft stets als gewerblich einzustufen ist, erzielt diese immer Einkünfte aus Gewerbebetrieb nach § 15 EStG.

4.3.1 Tatbestände des § 49 EStG

Der steuerpflichtige Umfang der Einkünfte ist enger gefasst wie bei der unbeschränkten Steuerpflicht und geht an keiner Stelle über deren Umfang hinaus. Im Einzelnen sind u. a. steuerpflichtig:
- Einkünfte aus Land- und Forstwirtschaft, soweit diese im Inland betrieben wird (Nr. 1). Dabei richtet sich die Beurteilung nach der Belegenheit der bewirtschafteten Grundstücke.
- Einkünfte aus Gewerbebetrieb sind u. a. steuerpflichtig, wenn
  - eine inländische Betriebsstätte oder ein ständiger Vertreter im Inland vorliegt (Nr. 2a);
  - sie aus künstlerischen, sportlichen, artistischen oder unterhaltenden Darbietungen im Inland sowie deren inländischen Verwertung stammen und keine Einkünfte aus selbstständiger oder unselbstständiger Arbeit vorliegen (Nr. 2d);
  - eine Veräußerung einer Beteiligung im Sinne von § 17 EStG vorliegt und es sich um eine Beteiligung an einer Kapitalgesellschaft mit Sitz oder Geschäftsleitung im Inland handelt (Nr. 2e);
  - inländische Einkünfte aus Vermietung und Verpachtung von unbeweglichem Vermögen, Sachinbegriffen oder Rechten erzielt werden, ohne

dass eine Betriebsstätte vorliegt (Nr. 2 f). Gleiches gilt für die Veräußerung der zugrunde liegenden Vermögensgegenstände.
- Einkünfte aus selbstständiger Tätigkeit sind zu erfassen, wenn im Inland eine feste Einrichtung oder Betriebsstätte unterhalten wird (Nr. 3). Auch ohne eine derartige Einrichtung besteht Steuerpflicht, wenn die selbstständige Arbeit im Inland ausgeübt oder verwertet wird. Die Tätigkeit als Aufsichtsrat gilt als im Inland ausgeübt, wenn sich der Sitz der Gesellschaft im Inland befindet.
- Einkünfte aus nichtselbstständiger Tätigkeit, wenn diese im Inland ausgeübt oder verwertet wird (Nr. 4). Zudem sind die Einkünfte aus inländischen öffentlichen Kassen zu erfassen, unabhängig davon, wo die Tätigkeit ausgeübt wird. Die Vergütung von Vorständen, Geschäftsführern und Prokuristen ist im Inland steuerpflichtig, wenn es sich um eine Gesellschaft mit Geschäftsleitung im Inland handelt.
- Einkünfte aus Kapitalvermögen sind nur zu erfassen, wenn ein besonderer Inlandsbezug gegeben ist (Nr. 5). Dies gilt bei gewinnabhängigen Vergütungen (z. B. Dividenden, Erträge aus Wandelanleihen) von Kapitalgesellschaften mit Sitz oder Geschäftsleitung im Inland. Bei Forderungen (§ 20 Abs. 1 Nr. 5 und 7 EStG) ist ein Inlandsbezug in Form einer dinglichen Besicherung, insbesondere durch Grundstücke notwendig.
- Einkünfte aus Vermietung und Verpachtung, soweit es sich um im Inland belegenes unbewegliches Vermögen, Sachinbegriffe oder Rechte handelt oder diese in ein inländisches öffentliches Buch oder Register eingetragen sind und keine Zuordnung zu den ersten fünf Einkunftsarten erfolgt (Nr. 6).
- Sonstige Einkünfte (Nr. 7–10), insbesondere
  - Renten aus inländischen Versorgungseinrichtungen (z. B. Rentenversicherungsträger)
  - Einkünfte aus privaten Veräußerungsgeschäften mit inländischen Grundstücken und grundstücksgleichen Rechten (Nr. 8)
  - Einkünfte aus unterhaltenden Darbietungen, wenn sie nicht bereits einer anderen Einkunftsart zuzuordnen sind (Nr. 9)
  - Leistungen aus Verträgen und Einrichtungen der Betrieblichen Altersvorsorge (Nr. 10)

Die Aufzählung ist nicht vollständig, umfasst aber die wesentlichen Tatbestände.

Bei Inbound-Sachverhalten ist somit zunächst zu prüfen, welche Einkunftsart verwirklicht wurde. In einem zweiten Schritt ist anschließend zu klären, inwieweit die Einkünfte nach § 49 EStG tatsächlich zu erfassen sind.

Ergänzend zu den Tatbeständen des § 49 Abs. 1 EStG erweitert § 49 Abs. 2 EStG die Steuerpflicht in den Fällen, in denen sich eine Steuerfreiheit aus Besteuerungsmerkmalen des Steuerpflichtigen im Ausland ergibt („isolierende

Betrachtungsweise"). Dies kann insbesondere bei ausländischen Gewerbebetrieben mit inländischen Einkünften aus Kapitalvermögen auftreten.

Beispiel: Isolierende Betrachtungsweise
Der ausländische Einzelunternehmer Adrian Alter unterhält im Rahmen seines Betriebsvermögens eine Beteiligung in Höhe von 5 % an der X-GmbH mit Sitz und Geschäftsleitung im Inland. Aus der Beteiligung fließt eine Dividende von 10.000 €. Adrian Alter erzielt die Dividendeneinkünfte im Rahmen seines Gewerbebetriebs, sodass nach deutscher Qualifikation wegen § 20 Abs. 8 EStG (Subsidiarität) Einkünfte nach § 15 EStG vorliegen. Steuerpflichtige Einkünfte im Rahmen einer beschränkten Steuerpflicht können somit vorliegen, wenn ein Tatbestand des § 49 Abs. 1 Nr. 2 EStG erfüllt wird. Jedoch liegt weder eine Betriebsstätte vor, noch ist ein anderer Tatbestand erfüllt. Damit wären die Einkünfte nach § 49 Abs. 1 EStG steuerfrei.
Die Steuerfreiheit hängt jedoch am im Ausland begründeten Besteuerungsmerkmal „Gewerbebetrieb". Würde Adrian Alter die Einkünfte im Privatvermögen erzielen, läge Steuerpflicht nach § 49 Abs. 1 Nr. 5 EStG vor, da die X-GmbH Sitz und Geschäftsleitung im Inland hat.
Infolgedessen greift § 49 Abs. 2 EStG: da ohne das Besteuerungsmerkmal „Gewerbebetrieb" Steuerpflicht gegeben wäre, sind die Einkünfte im Rahmen der isolierenden Betrachtungsweise trotz fehlenden Tatbestands nach § 49 Abs. 2 EStG steuerpflichtig.

4.3.2 Besondere Vorschriften der Einkommens- und Steuerermittlung

Bei unbeschränkter Steuerpflicht erfolgt die Besteuerung des Nettoeinkommens (objektive Leistungsfähigkeit) nach Berücksichtigung der persönlichen Umstände des Steuerpflichtigen (subjektive Leistungsfähigkeit) im Wege der Veranlagung. Bei beschränkter Steuerpflicht bleiben die persönlichen Umstände demgegenüber in der Regel außen vor, da es Aufgabe des Wohnsitzstaates ist, diese zu berücksichtigen. Darüber hinaus erscheint eine Veranlagung aufwendig, müsste der Steuerpflichtige dazu doch in Deutschland eine Steuererklärung abgeben. Aus Sicht der Finanzverwaltung besteht zudem die Gefahr, dass der Steuerpflichtige versucht, sich der Besteuerung zu entziehen.

Vor diesem Hintergrund enthalten die §§ 50 und 50a EStG besondere Vorschriften zur Steuerermittlung und -erhebung. Neben die Veranlagung tritt dabei der Quellensteuerabzug als abgeltende Steuererhebung. Dieser kann sich entweder auf die Bruttoeinkünfte oder die Nettoeinkünfte beziehen.

4.3 · Steuerpflichtige Einkünfte im Sinne des § 49 EStG

Soweit eine Nettobetrachtung erfolgt – Veranlagung oder Quellensteuer – können nur Betriebsausgaben oder Werbungskosten berücksichtigt werden, die mit den inländischen Einkünften im Zusammenhang stehen.

Ist eine Veranlagung vorzunehmen, ist der Tarif des § 32a EStG anzuwenden. Allerdings steht den beschränkt Steuerpflichtigen der Grundfreibetrag nicht zu, da dieser das Existenzminimum absichern soll. Dieses ist aber Aufgabe des Wohnsitzstaates. Dementsprechend schreibt § 50 Abs. 1 EStG weiter vor, dass das ermittelte steuerpflichtige inländische Einkommen um den Grundfreibetrag zu erhöhen ist. Anschließend kommt auf dieses Einkommen der Tarif des § 32a EStG zur Anwendung.

Beispiel: Tarifanwendung bei beschränkter Steuerpflicht
Der verheiratete Einzelunternehmer Adam Alt (Unternehmenssitz: Rom) erzielt mit seiner inländischen Betriebsstätte in Bamberg einen steuerpflichtigen Gewinn von 150.000 € (VZ 2019).
Nach der Tarifvorschrift des § 32a EStG ergäbe sich eine Steuer von

$0{,}42 * 150.000\,€ - 8780{,}90 = 54.219\,€$

Würde man zudem berücksichtigen, dass Adam Alt verheiratet ist, ergäbe sich eine Steuerlast von

$(0{,}42 * 150.000/2 - 8780{,}90\,€) * 2 = 45.438\,€$

Da bei beschränkt Steuerpflichtigen aber die persönlichen Lebensumstände nicht zu berücksichtigen sind und nach § 50 Abs. 1 EStG das zu versteuernde Einkommen um den Grundfreibetrag zu erhöhen ist, berechnet sich die Steuer mit

$0{,}42 * (150.000\,€ + 9168\,€) - 8780{,}90\,€ = 58.070\,€$

Eine Ausnahme hiervon gilt bei Einkünften aus nichtselbstständiger Tätigkeit nach § 49 Abs. 1 Nr. 4 EStG. Die Beiträge an die Sozialversicherungsträger können als Sonderausgaben abgezogen werden, soweit sie die Einkünfte aus der nichtselbstständigen Tätigkeit nicht übersteigen. Zudem wird beschränkt steuerpflichtigen Arbeitnehmern der Grundfreibetrag gewährt.

Daneben besteht Anspruch auf Abzug von Sonderausgaben und außergewöhnlichen Belastungen, wenn eine fiktive unbeschränkte Steuerpflicht im Sinne des § 1 Abs. 3 EStG vorliegt. Auch die Nutzung des Splittingtarifs ist möglich, wenn die Voraussetzungen des § 1a EStG erfüllt sind.

Eine Veranlagung ist immer dann vorzunehmen, wenn nicht §§ 50 oder 50a EStG einen Quellenabzug vorsehen. In (◘ Tab. 4.1) werden die Verfahren bezogen auf die Einkunftsarten dargestellt.

Besonderheiten sind im Rahmen der Kapitaleinkünfte zu beachten (◘ Tab. 4.2).

Tab. 4.1 Veranlagung versus Quellenabzug

	Veranlagung	Quellenabzug
Einkünfte aus Land- und Forstwirtschaft	X	
Einkünfte aus Gewerbebetrieb	X	Ausnahmen: Künstlerische, sportliche, artistische und unterhaltende Tätigkeit, außer es erfolgt Lohnsteuerabzug: Quellensteuer von 15 % auf Bruttoeinkommen; 30 % auf Nettoeinkommen bei Nachweis der Ausgaben gegenüber dem zum Steuereinbehalt Verpflichteten, Optionsrecht nur, wenn der Künstler Staatsangehöriger eines EU/EWR-Staates und auch in einem EU/EWR-Staat seinen Wohnsitz unterhält; bei Körperschaften beträgt der Steuersatz stets 15 %. Überlassung von Rechten: 15 % der Bruttovergütung
Einkünfte aus selbstständiger Arbeit	X	Ausnahmen: Künstlerische, sportliche, artistische und unterhaltende Tätigkeit: wie Gewerbebetrieb Tätigkeit als Aufsichtsrat: 30 % der Bruttovergütung; Nachweis von Betriebsausgaben bei EU/EWR-Staatsangehörigen mit Wohnsitz in EU/EWR möglich. Überlassung von Rechten: 15 % der Bruttovergütung
Einkünfte aus nichtselbstständiger Arbeit	Ausnahme: Freibetrag (§ 39a Abs. 4 EStG) über Arbeitnehmer-Pauschbetrag hinaus; Veranlagungsoption für Arbeitnehmer mit Staatsangehörigkeit eines EU/EWR-Mitgliedsstaates und Wohnsitz in der EU/EWR (§ 50 Abs. 2 EStG)	X (Lohnsteuerabzugsverfahren nach §§ 38 ff. EStG, § 50 Abs. 2 EStG)

(Fortsetzung)

Tab. 4.1 (Fortsetzung)

	Veranlagung	Quellenabzug
Einkünfte aus Kapitalvermögen		X (Regelung der §§ 43 ff. EStG finden Anwendung; Kapitalertragsteuer von 25 %)
Einkünfte aus Vermietung und Verpachtung	X	
Sonstige Einkünfte	X	Ausnahmen: Künstlerische, sportliche, artistische und unterhaltende Darbietungen: wie Gewerbebetrieb Überlassung von Rechten: 15 % der Bruttovergütung
X = Regelfall		

Tab. 4.2 Höhe der Kapitalertragsteuer in Abhängigkeit vom Gesellschafter

	Ohne DBA	Mit DBA
Natürliche Person	25 %	15 % (Art. 10 Abs. 2 OECD-MA)
Kapitalgesellschaft	15 % (§ 44a Abs. 9 EStG)	15 % (§ 44a Abs. 9 EStG) bzw. 5 % bei Beteiligung von mindestens 25 % (Art. 10 Abs. 2 OECD-MA)

4.4 Unternehmerische Betätigung im Inland

Einer ausländischen Unternehmung stehen mehrere Möglichkeiten offen, im Inland unternehmerisch tätig zu werden (◘ Abb. 4.1). Die steuerlichen Folgen unterscheiden sich dabei erheblich, insbesondere hinsichtlich der Frage, welcher Staat den Zugriff auf das Steuersubstrat ausüben darf.

Die grundlegendste Form stellen grenzüberschreitende Verträge dar (Direktgeschäfte). Dabei begründet die Unternehmung im Inland keine eigene Geschäftseinrichtung. Daneben kann auch eine eigene Geschäftseinrichtung gegründet werden, entweder rechtlich unselbstständig in Form einer Betriebsstätte oder rechtsförmlich durch eine Personen- oder Kapitalgesellschaft.

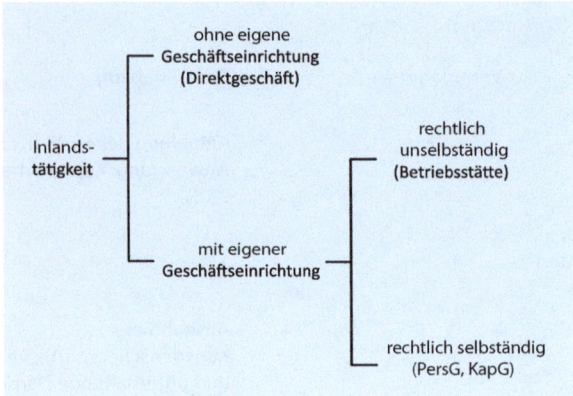

☐ Abb. 4.1 Formen der Inlandstätigkeit

4.4.1 Direktgeschäfte

Durch Direktgeschäfte wird im Inland keine Betriebsstätte begründet, solange auch kein ständiger Vertreter für die Vertragsabschlüsse eingesetzt wird. Dies führt dazu, dass das Besteuerungsrecht ausschließlich im Ausland liegt (Art. 7 Abs. 1 OECD-MA). Diese Grundregel findet sich auch in allen von Deutschland abgeschlossenen DBA wieder. Eine Ausnahme gilt nur dann, wenn ein Tatbestand des § 49 Abs. 1 Nr. 2 EStG erfüllt wird, der keine Betriebsstätte bedingt. Dies gilt zum Beispiel für die inländische Vermietung und Verpachtung.

Soweit ausnahmsweise eine inländische beschränkte Steuerpflicht besteht, gelten die unter ▶ Abschn. 4.3 beschriebenen Grundsätze. Lieferungen an inländische Kunden unterliegen aber nicht der Steuerpflicht. Auch der grenzüberschreitende Einkauf begründet keine Steuerpflicht.

4.4.2 Betriebsstätten

4.4.2.1 Grundlagen

Erfolgt die Tätigkeit mittels einer inländischen Betriebsstätte (§ 12 AO) begründet dies die beschränkte Steuerpflicht in Deutschland nach § 49 Abs. 1 Nr. 2a EStG. Dies ist insbesondere dann gegeben, wenn eine feste Geschäftseinrichtung (z. B. Büroräume, Produktionsanlagen) im Inland vorliegt oder bei Montage- und Bauausführungen die inländischen Tätigkeiten die Dauer von sechs Monaten überschreiten.

Liegt kein DBA mit dem Ansässigkeitsstaat des Stammhauses vor, so findet die Definition des § 12 AO uneingeschränkte Anwendung. Eine Vermeidung der Doppelbesteuerung ist Aufgabe des ausländischen Ansässigkeitsstaates.

DBA enthalten regelmäßig eine eigene Betriebsstättendefinition, die von § 12 AO abweicht. Für die Zuordnung des Besteuerungsrechts ist die DBA-Definition maßgeblich. Dies kann im Einzelfall bedeuten, dass nach § 12 AO bereits eine Betriebsstätte vorliegt, aus Sicht des DBA jedoch noch nicht. Infolgedessen, würde das deutsche Besteuerungsrecht eingeschränkt, da ohne Vorliegen einer DBA-Betriebsstätte das alleinige Besteuerungsrecht im Ansässigkeitsstaat des Stammhauses liegt (Art. 7 Abs. 1 OECD-MA). Denkbar ist auch, dass nach § 12 AO keine Betriebsstätte, nach dem DBA jedoch eine solche schon gegeben ist. In diesem Fall würde das Besteuerungsrecht zwar Deutschland zugeordnet, jedoch könnte dieses nicht ausgeübt werden, da es an einer inländischen Rechtsgrundlage für die Besteuerung fehlt. Voraussetzung der Besteuerung ist, dass sowohl das Besteuerungsrecht nach dem DBA im Inland liegt als auch eine inländische aus den Steuergesetzen resultierende tatsächliche Steuerpflicht besteht.

Soweit nach dem DBA und auch nach § 12 AO eine Betriebsstätte vorliegt, sind die Voraussetzungen für eine inländische Steuerpflicht nach § 49 Abs. 1 Nr. 2a EStG gegeben. Die Vermeidung der Doppelbesteuerung ist Aufgabe des Ansässigkeitsstaats des Stammhauses.

4.4.2.2 Gewinnermittlung

Die inländischen Betriebsstätten ausländischer Unternehmen unterliegen den inländischen Buchführungs- und Aufzeichnungspflichten. Zwar liegt mit Ausnahme eingetragener Zweigniederlassungen im Sinne von § 13d Handelsgesetzbuch (HGB) keine handelsrechtliche Buchführungspflicht vor, doch finden die Grenzen des § 141 AO Anwendung (originäre steuerliche Buchführungspflicht).

> **Auf den Punkt gebracht: Buchführungspflicht**
> Eine inländische Buchführungspflicht nach § 141 AO für die inländische(n) Betriebsstätte(n) eines ausländischen Stammhauses ist gegeben, wenn
> — der Umsatz 600.000 € im Kalenderjahr, oder
> — der Gewinn im Wirtschaftsjahr 60.000 € übersteigt.

Ist aufgrund der Grenzen keine Buchführungspflicht gegeben, muss der Gewinn bzw. Verlust durch eine Einnahmen-Überschuss-Rechnung nach § 4 Abs. 3 EStG ermittelt werden. Soweit mehrere inländische Betriebsstätten vorliegen, sind diese in ihrer Gesamtheit zu betrachten. Auch wenn keine Buchführungspflicht im Sinne des § 141 AO bestehen sollte, müssen dennoch die in der

Abgabenordnung sowie den Einzelsteuergesetzen einem Steuerpflichtigen auferlegten Aufzeichnungspflichten erfüllt werden.

Beispiele zu steuerlichen Aufzeichnungspflichten
- § 143 AO: Wareneingang
- § 144 AO: Warenausgang
- § 4 Abs. 7 EStG: Aufwendungen im Sinne von § 4 Abs. 5 EStG (Repräsentationsaufwendungen)
- § 41 EStG: Lohnkonto beim Lohnsteuerabzug
- § 22 UStG: Steuerberechnung

Für die Betriebsstätte ist von Bedeutung, dass sämtliche Buchführungs- und Aufzeichnungspflichten nach § 146 Abs. 2 AO im Inland zu erfüllen sind. Allerdings kann unter den Voraussetzungen des § 146 Abs. 2a AO die Finanzverwaltung auf Antrag eine Führung und Aufbewahrung elektronischer Bücher und Aufzeichnungen im Ausland genehmigen. Allerdings darf dadurch die Besteuerung nicht behindert sein und der Zugriff nach § 147 Abs. 6 AO (digitale Prüfung) muss gewährleistet sein. Die Finanzverwaltung kann in begründeten Fällen („Beeinträchtigung der Besteuerung") die Rückverlagerung ins Inland fordern.

4.4.2.3 Überführung von Wirtschaftsgütern ins Inland

Wird ein Wirtschaftsgut aus einem ausländischen Stammhaus in eine inländische Betriebsstätte überführt, so wird nach § 4 Abs. 1 Satz 8 EStG eine Einlage fingiert. Die Bewertung erfolgt nach § 6 Abs. 1 Nr. 5a EStG mit dem gemeinen Wert (Verstrickung). Dieser Wert bildet dann auch die Abschreibungsgrundlage.

Die steuerliche Wirkung des Vorgangs muss unter Berücksichtigung der im Ausland ausgelösten Steuerfolgen beurteilt werden. Soweit dort keine Entstrickung der stillen Reserven erfolgt, kommt es zu einem steuerfreien „step-up". Steuerfreien stillen Reserven steht dann ein erhöhtes Abschreibungspotenzial gegenüber. Wird im Ausland ein fiktiver Veräußerungsgewinn besteuert, findet die Besteuerung der stillen Reserven seinen Ausgleich durch die Abschreibung über die Restnutzungsdauer des Wirtschaftsguts.

Eine besondere Konstellation liegt vor, wenn von einer ausländischen Betriebsstätte eines inländischen Stammhauses Wirtschaftsgüter in eine inländische Betriebsstätte oder das Stammhaus überführt werden. In diesem Fall ist nach dem Status der ausländischen Betriebsstätte zu differenzieren. Handelt es sich um eine Anrechnungs-Betriebsstätte, unterliegen die stillen Reserven bereits der deutschen Besteuerung, sodass der (inländische) Buchwert fortzuführen ist. Liegt demgegenüber eine Freistellungs-Betriebsstätte vor, wird das Besteuerungsrecht am Wirtschaftsgut neu begründet, sodass ein Ansatz mit dem gemeinen Wert erfolgt.

4.4.3 Rechtsförmliche Investitionen

4.4.3.1 Rechtsformentypisierung

Die unternehmerische Tätigkeit im Inland kann auch durch eine Personen- oder Kapitalgesellschaft ausgeführt werden. Die steuerliche Behandlung richtet sich stets nach inländischem Recht, sodass in Deutschland nur in wenigen Konstellationen Probleme auftreten. Allerdings kann die ausländische Qualifikation der Gesellschaft von der deutschen Einordnung abweichen. Dies könnte dazu führen, dass aus deutscher Sicht die Personengesellschaft nach dem Transparenzprinzip behandelt wird, demgegenüber im Ausland eine Behandlung nach dem Trennprinzip (Kapitalgesellschaft) erfolgt (Qualifikationskonflikt). Gleiches gilt für die inländische Kapitalgesellschaft, die im Ausland nach dem Transparenzprinzip behandelt wird.

4.4.3.2 Personengesellschaften

In Deutschland werden Personengesellschaften nach dem Transparenzprinzip besteuert. Soweit eine gewerbliche Tätigkeit vorliegt, werden die Gewinne und Verluste den Gesellschaftern im Rahmen einer einheitlichen und gesonderten Gewinnfeststellung zugerechnet. Die Einkünfte unterliegen bei ausländischen Gesellschaftern nach § 49 Abs. 1 Nr. 2a EStG der deutschen beschränkten Steuerpflicht des Gesellschafters. Handelt es sich beim Gesellschafter um eine natürliche Person mit Wohnsitz im Ausland, liegt eine beschränkte Einkommensteuerpflicht vor, handelt es sich demgegenüber um eine ausländische Kapitalgesellschaft, besteht beschränkte Körperschaftsteuerpflicht. Die Gewinne der Personengesellschaft unterliegen auch der Gewerbesteuer.

Beispiel: Inländische Personengesellschaft
An der inländischen XY-OHG sind Herr Xaver und die Y-GmbH mit jeweils 50 % beteiligt. Herr Xaver hat seinen Wohnsitz in Italien, die Y-GmbH hat Sitz und Geschäftsleitung in Frankreich.
Herr Xaver ist in Deutschland beschränkt einkommensteuerpflichtig und unterliegt dem progressiven Einkommensteuertarif mit seinem 50 %-Anteil am Unternehmensgewinn. Die Y-GmbH ist beschränkt körperschaftsteuerpflichtig und

unterliegt mit ihrem Gewinnanteil der proportionalen Körperschaftsteuer von 15 %. Der gesamte Gewinn unterliegt der proportionalen, vom Hebesatz der Gemeinde abhängigen Gewerbesteuer (typisiert ca. 15 %).

Steuerliche Probleme im grenzüberschreitenden Kontext bereiten regelmäßig Vergütungen an Gesellschafter außerhalb des Gesellschaftsverhältnisses, zum Beispiel für die Überlassung von Wirtschaftsgütern und Darlehen oder für Tätigkeiten (z. B. Geschäftsführung). Diese Sonderbetriebseinkünfte stellen nach § 15 Abs. 1 Nr. 2 EStG Einkünfte aus Gewerbebetrieb dar. Das zugrunde liegende Vertragsverhältnis zwischen Gesellschaft und Gesellschafter wird nicht anerkannt. Im Ausland ist diese Umqualifikation der Einkünfte (z. B. Gewerbeeinkünfte statt Zinsen) weitgehend unbekannt.

Deutschland kann eine Besteuerung jedoch nur vornehmen, wenn das Besteuerungsrecht im DBA zugewiesen wird. Um dies zu gewährleisten wurden entsprechende Klauseln in einzelne DBA aufgenommen, zum Beispiel mit Österreich (Art. 7 Abs. 7) oder der Schweiz (Art. 7 Abs. 7).

Beispiel: Art. 7 Abs. 7 DBA Schweiz
Dieser Artikel gilt auch für Einkünfte aus der Beteiligung an einer Personengesellschaft. Er erstreckt sich auch auf Vergütungen, die ein Gesellschafter einer Personengesellschaft von der Gesellschaft für seine Tätigkeit im Dienst der Gesellschaft, für die Gewährung von Darlehen oder für die Überlassung von Wirtschaftsgütern bezieht, wenn diese Vergütungen nach dem Steuerrecht des Vertragsstaates, in dem die Betriebsstätte gelegen ist, den Einkünften des Gesellschafters aus dieser Betriebsstätte zugerechnet werden.

Dadurch wird Deutschland als Betriebsstättenstaat das Besteuerungsrecht zugewiesen, auch wenn der andere Staat nach nationalem Recht eine entsprechende Qualifikation nicht kennt.

Soweit im DBA keine Klausel enthalten ist, kommt es zum Qualifikationskonflikt mit der Folge einer möglichen Doppelbesteuerung. Deutschland nimmt sein Besteuerungsrecht nach § 49 Abs. 1 Nr. 2 a) i. V. m. § 15 Abs. 1 Nr. 2 EStG wahr und besteuert die Sondervergütungen. Der Wohnsitzstaat des Gesellschafters qualifiziert die Einkünfte demgegenüber als Zinsen (Art. 11 OECD-MA) oder sonstige Einkünfte (Art. 21 OECD-MA) und besteuert diese ebenfalls. Nach Auffassung der deutschen Finanzverwaltung ist es Aufgabe des Wohnsitzstaates eine Doppelbesteuerung zu vermeiden. Dies kann zum Beispiel durch die Anrechnung der deutschen Steuer erfolgen.

Um auch ohne Klausel im DBA eine Rechtsgrundlage für die Besteuerung zu haben, wurde in § 50d Abs. 10 S. 1 EStG eine entsprechende Regelung aufgenommen. Diese Regelung ist insofern umstritten, als damit ein „treaty overriding" einhergeht.

4.4.3.3 Kapitalgesellschaften

Die inländische Kapitalgesellschaft unterliegt der Körperschaftsteuer sowie der Gewerbesteuer. Es besteht unbeschränkte Steuerpflicht, da annahmegemäß Sitz und Geschäftsleitung im Inland liegen. Steuerliche Folgen aus der Inbound-Stellung der Gesellschafter ergeben sich bei den Ausschüttungen.

Ausschüttungen inländischer Kapitalgesellschaften unterliegen nach § 49 Abs. 1 Nr. 5a EStG der beschränkten Einkommen- oder Körperschaftsteuerpflicht, abhängig von der Art des Gesellschafters. Auf die Dividenden wird Kapitalertragsteuer von 25 % erhoben (§§ 43 Abs. 1 Nr. 1 i. V. m. 43a Abs. 1 Nr. 1 EStG). Die Kapitalertragsteuer hat nach § 50 Abs. 2 EStG abgeltende Wirkung. Etwas anderes würde nur gelten, wenn der ausländische Gesellschafter über eine inländische Betriebsstätte verfügen würde, der die Beteiligung zuzuordnen ist. Die Dividenden würden dann in die Veranlagung der Betriebsstätte einbezogen werden.

Die Kapitalertragsteuer kann in Abhängigkeit vom Status des Gesellschafters, dem Vorliegen eines DBA und der Höhe der Beteiligung gemindert werden (◘ Tab. 4.2).

Nach § 44a Abs. 9 EStG mindert sich die Kapitalertragsteuer um 10 % auf 15 %, wenn der Gesellschafter eine beschränkt steuerpflichtige Kapitalgesellschaft ist. Im Rahmen von DBA werden zudem regelmäßig niedrigere Quellensteuern vereinbart, die sich zum Teil auch nach der Höhe der Beteiligung staffeln.

Beispiel: DBA Kanada
Im DBA Kanada wird entsprechend dem OECD-MA in Art. 10 Abs. 2 die Quellensteuer auf 15 % beschränkt. Darüber hinaus wird die Quellensteuer auf 5 % reduziert, wenn eine ausländische Kapitalgesellschaft an einer inländischen Kapitalgesellschaft mit mindestens 10 % beteiligt ist.

Die Dividende unterliegt im Heimatland der Besteuerung entsprechend dem dort geltenden Körperschaftsteuersystem. Dies kann zu einer wirtschaftlichen Doppelbelastung führen, da Gesellschafter und Gesellschaft unterschiedliche Steuersubjekte sind.

Soweit die Mutter-Tochter-Richtlinie greift, muss Deutschland die Dividendenzahlung an die ausländische Muttergesellschaft von der Quellensteuer befreien. Nach § 43b Abs. 2 EStG erfolgt dies, wenn für eine Mindesthaltedauer von zwölf Monaten die Mindestbeteiligungsquote von 10 % erreicht ist. Die Mutter-Tochter-Richtlinie geht dabei dem DBA vor.

Greift die Mutter-Tochter-Richtlinie nicht, kam es zu einer Belastung der Dividende mit 15 %. Dagegen wurde erfolgreich vor dem EuGH geklagt, da aufgrund von § 8b KStG derartige Dividenden im Inlandsfall steuerfrei blieben und die Kapitalertragsteuer dennoch angerechnet werden konnte. Bei grenzüberschreitenden Dividenden war die Anrechnung im Ausland jedoch nicht gesichert, da im Falle steuerfreier Dividenden – durch § 8b KStG vergleichbare Regelungen – keine Anrechnung der deutschen Quellensteuer möglich ist.

Der Gesetzgeber reagierte auf dieses Urteil (◘ Tab. 4.3) dadurch, dass seit 2013 Bezüge im Sinne des § 8b Abs. 1 KStG nach § 8b Abs. 4 KStG steuerpflichtig sind, wenn zu Beginn des Veranlagungszeitraums die Beteiligung unmittelbar weniger als 10 % des Grund- oder Stammkapitals betragen hat. Mit den Dividenden zusammenhängende Betriebsausgaben sind abzugsfähig. Die Regelung gilt auch für die Gewerbesteuer.

Durch die dadurch im nationalen Bereich auftretende Doppelbesteuerung kann auch bei ausländischen Dividendenbeziehern weiterhin Quellensteuer erhoben werden, ohne dass eine Diskriminierung vorliegt.

4.4.3.4 Qualifikationskonflikte

Ein Qualifikationskonflikt über die Einordnung einer inländischen Kapitalgesellschaft ist aus deutscher Sicht bei Inbound-Sachverhalten nicht problematisch. Da die Gesellschaft im Inland unbeschränkt steuerpflichtig ist und die Ausschüttungen der beschränkten Steuerpflicht mit abgeltender Kapitalertragsteuer unterliegen, hat die ausländische Qualifikation der inländischen Gesellschaft keine Auswirkungen auf die deutsche Besteuerung. Für den Gesellschafter ist die Besteuerung in seinem Ansässigkeitsstaat nach dem Transparenz- oder Trennprinzip jedoch durchaus von Bedeutung. Findet im Ansässigkeitsstaat in Folge eines Qualifikationskonflikts das Transparenzprinzip Anwendung, werden die Gewinne und Verluste den Gesellschaftern zugerechnet. Soweit ein DBA mit Freistellungsmethode vorliegt, erfolgt im Ansässigkeitsstaat keine weitere Besteuerung. Allenfalls kann der Progressionsvorbehalt greifen. Wurde im DBA die Anrechnungsmethode vereinbart oder liegt kein DBA vor, kommt es in der Regel zu einer Besteuerung im Ansässigkeitsstaat. Die Anrechnung der in Deutschland erhobenen Steuern dürfte kaum möglich sein, da unterschiedliche Steuersubjekte vorliegen (Kapitalgesellschaft in Deutschland, Gesellschafter im Ansässigkeitsstaat), sodass eine Doppelbelastung resultiert. Die Dividendenausschüttung ist im Ausland nicht steuerpflichtig, da diese im Ansässigkeitsstaat als Entnahme anzusehen wäre.

4.4 · Unternehmerische Betätigung im Inland

◘ Tab. 4.3 EuGH vom 20.10.2011, ECLI:EU:C:2011:670 = C-284/09

Kurzbeschreibung	Der EuGH sieht in der ungleichen steuerlichen Behandlung der Kapitalertragsteuer auf Dividendenzahlungen an nationale, bzw. ausländische EU/EWR-Empfänger einen Verstoß gegen die Kapitalverkehrsfreiheit.
Sachverhalt	Schüttet eine in Deutschland ansässige Kapitalgesellschaft Gewinne an im Ausland ansässige Körperschaften aus, muss grundsätzlich Kapitalertragsteuer i. H. v. 26,375 % (inkl. SolZ) abgeführt werden. Gemäß § 44a Abs. 9 EStG kann dieser Steuersatz im Erstattungs- und Freistellungsverfahren nach § 50d EStG auf 15,825 % gesenkt werden. Während eine inländische Empfänger-Körperschaft die Kapitalertragsteuer erstattet bekommt, ist der Abzug für die ausländische Empfänger-Körperschaft definitiv, wenn die ausländische Muttergesellschaft nicht zu mindestens 10 % beteiligt ist.
Wesentliche Aspekte	Grundsätzlich steht es den Mitgliedsstaaten frei über die Ausgestaltung der direkten Steuern zu entscheiden, allerdings darf dies nicht gegen europarechtliche Normen verstoßen. Im vorliegenden Fall sind dies die Mutter-Tochter-Richtlinie (MTR) und die Kapitalverkehrsfreiheit. Im beschriebenen Sachverhalt unterliegen die Dividenden an Gesellschaften mit geringer Beteiligungshöhe im EU/EWR-Ausland der definitiven Quellenbesteuerung, während Dividenden im rein inländischen Sachverhalt nicht belastet werden. Dies stellt eine Diskriminierung im europarechtlichen Sinne dar. Obwohl Deutschland mit jedem der beteiligten Länder ein DBA abgeschlossen hat, in welchem eine Anrechnung ausländischer Quellensteuer vorgesehen ist, kann eine Vermeidung der Doppelbesteuerung nicht immer gewährleistet werden. Wenn der ausländische Staat eine geringere Steuer erhebt, kann die deutsche Quellensteuer nur bis zu diesem Betrag angerechnet werden. Es erfolgt keine komplette Anrechnung und somit keine vollständige Entlastung im Empfängerstaat. Der Sachverhalt verstößt zudem gegen Artikel 40 des EWR-Abkommens.

Wird eine inländische Personengesellschaft im Ausland als Kapitalgesellschaft qualifiziert, so ist wiederum die inländische Besteuerung davon nicht betroffen. Die Gesellschafter haben die Einkünfte als Betriebsstätteneinkünfte der beschränkten Steuerpflicht zu unterwerfen. Im Ausland ist demgegenüber nur die Ausschüttung steuerbar. Folglich würde die Entnahme der Gewinne die Dividendenbesteuerung nach ausländischem Recht auslösen.

Eine weitere Form eines Qualifikationskonflikts kann sich bei der Frage nach der Abkommensberechtigung stellen. Die Finanzverwaltung geht nach dem BMF-Schreiben vom 26.09.2014 (BStBl. I, S. 1258) davon aus, dass Personengesellschaften selbst nicht abkommensberechtigt sind. Aufgrund des Transparenzprinzips kommt es auf die Ansässigkeit der Gesellschafter an.

Bei einem Qualifikationskonflikt in dem Sinne, dass eine im Ausland nach dem Trennprinzip besteuerte Gesellschaft im Inland als transparent zu besteuern gilt (Qualifikation als Personengesellschaft), wird von deutscher Seite keine Abkommensberechtigung angenommen. Diese Auffassung ist aber insofern problematisch, da die Gesellschaft nach ausländischem Recht durchaus als abkommensberechtigt einzustufen ist. Dies wird auch dadurch unterstützt, dass nach Art. 4 OECD-MA die Abkommensberechtigung vorliegt, wenn Ansässigkeit in einem Vertragsstaat gegeben ist. Die deutsche Finanzverwaltung erkennt dies nach dem BMF-Schreiben vom 26.09.2014 (Tz. 1.2) nicht an, da ausschließlich die deutsche Qualifikation maßgeblich sein soll.

4.5 Grenzüberschreitende Arbeitnehmertätigkeit

Steuerliche Besonderheiten ergeben sich bei grenzüberschreitend tätigen Arbeitnehmern. Dabei sind zwei Sachverhalte zu unterscheiden:
- Grenzpendler
- Impatriates.

4.5.1 Grenzpendler

Unter Grenzpendlern sind im Rahmen von Inbound-Sachverhalten natürliche Personen zu verstehen, die in Deutschland arbeiten, aber täglich zu ihrem Wohnsitz im Ausland pendeln. Durch die inländische Arbeitstätigkeit werden die Voraussetzungen der nichtselbstständigen Tätigkeit nach § 19 EStG erfüllt. Da kein inländischer Wohnsitz vorliegt, sind die Einkünfte im Rahmen der beschränkten Steuerpflicht nach § 49 Abs. 1 Nr. 4 EStG zu erfassen. Die Einkommensteuer ist durch den Lohnsteuerabzug abgegolten, soweit nicht eine Veranlagung nach § 50 Abs. 2 Nr. 4 EStG vorzunehmen ist.

Liegt kein DBA vor, wird es regelmäßig zu einer Doppelbesteuerung kommen, da auch der ausländische Wohnsitzstaat die Einkünfte besteuern wird.

Es ist jedoch Aufgabe des Wohnsitzstaates, die Doppelbesteuerung durch Anrechnung oder Freistellung zu vermeiden.

Dies gilt allerdings nicht, wenn ein Fall des § 1 Abs. 3 EStG vorliegt. Nach der Rechtsprechung des EuGH war diese Regelung notwendig, um die Berücksichtigung der subjektiven Elemente des Steuerpflichtigen zu ermöglichen. Ist dies aufgrund fehlender Einkünfte im Wohnsitzstaat nicht möglich, muss Deutschland eine Veranlagung zur Berücksichtigung von Sonderausgaben und außergewöhnlichen Belastungen sowie familienbedingter Begünstigungen durchführen („fiktive unbeschränkte Steuerpflicht", siehe ▶ Abschn. 4.1.1).

Soweit ein DBA vorliegt, sieht das OECD-MA die Besteuerung im Tätigkeitsstaat vor (Art. 15 Abs. 1 OECD-MA). Dementsprechend würde die Besteuerung in Deutschland erfolgen. Im Ansässigkeitsstaat werden die Einkünfte regelmäßig freigestellt. Allerdings enthalten einige DBA Sonderregelungen für Grenzpendler (z. B. mit Frankreich, Österreich und der Schweiz). Danach erfolgt die Besteuerung im Wohnsitzstaat, wenn sich Wohnsitz und Arbeitsstätte in einem Korridor von 20 bis 30 km auf jeder Seite der Grenze befinden. Das DBA Österreich sieht zum Beispiel in Art. 15 Abs. 6 i. V. m. Tz. 8 des Protokolls zum DBA einen beiderseitigen Grenzkorridor von 30 km vor.

4.5.2 Impatriates

Unter Impatriates sind Arbeitnehmer zu verstehen, die von einer ausländischen (Mutter-)Gesellschaft zu einer inländischen (Tochter-)Gesellschaft entsandt werden. Arbeitsrechtlich erfolgt dies meist auf Basis einer Entsendevereinbarung, sodass die Arbeitnehmer weiterhin bei der entsendenden Gesellschaft beschäftigt bleiben. Alternativ werden eine Ruhevereinbarung für den bestehenden Vertrag mit der entsendenden Gesellschaft und ein lokaler Arbeitsvertrag mit der aufnehmenden Gesellschaft geschlossen.

Auch in diesen Fällen gilt grundsätzlich die Besteuerung im Tätigkeitsstaat nach Art. 15 Abs. 1 OECD-MA (Freistellungsmethode). Dementsprechend erfolgt die Besteuerung in Deutschland. Soweit der Wohnsitz nach Deutschland verlagert wurde, liegt unbeschränkte Steuerpflicht der Arbeitseinkünfte vor. Eine Doppelbesteuerung tritt nicht auf, da es dem ausländischen Staat an einem Anknüpfungspunkt für die Besteuerung fehlt. Wird in Deutschland kein Wohnsitz begründet und pendelt der Steuerpflichtige täglich nach Deutschland hinein, wechselt ggf. das Besteuerungsrecht an den Wohnsitzstaat. Zudem kann das Besteuerungsrecht nach Art. 15 Abs. 2 DBA an den Ansässigkeitsstaat wechseln, wenn der wirtschaftliche Arbeitgeber nicht im Tätigkeitsstaat angesiedelt ist.

Letzterer Sachverhalt kann bei Impatriates auftreten, wenn die Entsendung aus dem Ausland nur kurzfristig erfolgt (<183 Tage) und der Arbeitslohn weiterhin durch das ausländische entsendende Unternehmen getragen wird. Dies kann entweder dadurch erfolgen, dass das ausländische Unternehmen weiterhin die Lohnzahlungen vornimmt oder intern mit den entsprechenden Lohnkosten belastet wird, wenn die Zahlung durch die deutsche Gesellschaft oder Betriebsstätte geleistet wird. Eine inländische Betriebsstätte ist zudem wirtschaftlicher Arbeitgeber, wenn der Arbeitnehmer der Betriebsstätte zuzuordnen ist.

Probleme bereitet dieser Übergang des Besteuerungsrechts auf den Ansässigkeitsstaat, wenn der Arbeitnehmer in beiden Ländern über einen Wohnsitz verfügt. In diesem Fall wird mit der sogenannten „tie-breaker-Regelung" (Art. 4 Abs. 2 OECD-MA) der dominierende Wohnsitz ermittelt (▶ Abschn. 3.5.2).

Zu beachten ist, dass das Besteuerungsrecht auch für Einkünfte gilt, die nach Beendigung der Tätigkeit fließen, auch wenn der Steuerpflichtige bereits wieder in sein Heimatland zurückgezogen ist. Dies gilt insbesondere im Wege des „treaty overriding" durch § 50d Abs. 12 EStG bei Abfindungen, die nach der Rechtsprechung des BFH eigentlich dem Ansässigkeitsstaat zugerechnet werden. Im Einzelfall ist jedoch die konkrete Regelung des DBA zu beachten.

4.6 Inländische Kapitalanlagen im Privatvermögen

Die Erträge inländischer Kapitalanlagen natürlicher Personen werden nach § 49 EStG nur partiell der beschränkten Steuerpflicht unterworfen. Zwar fallen Dividendeneinkünfte unter § 49 Abs. 1 Nr. 5a EStG, doch sind vor allem Zinsen nur dann steuerpflichtig, wenn eine Besicherung des Kapitalvermögens durch Grundbesitz oder entsprechende Rechte erfolgt. Andere Formen zinstragender Kapitalanlagen im Sinne des § 20 Abs. 1 Nr. 7 EStG sind steuerfrei.

Um Steuerhinterziehung einzudämmen haben inzwischen über 90 Staaten (ursprünglich 51 Staaten) einen internationalen Informationsaustausch zu Kapitaleinkünften vereinbart. Der Austausch auf Basis des „Common Reporting Standards" soll eine effektive Besteuerung der Kapitaleinkünfte sicherstellen. In Deutschland erfolgte die Umsetzung durch das Finanzkonten-Informationsaustauschgesetz vom 21.12.2015. Die praktische Abwicklung erfolgt durch das BZSt. Vor diesem Hintergrund wurde die EU-Zinsrichtlinie aufgehoben.

Mit den USA ist 2013 auf Basis von FATCA (Foreign Account Tax Compliance Act, 2010) ein Abkommen zum gegenseitigen Informationsaustausch mit Wirkung ab 2014 abgeschlossen worden, sodass US-Steuerpflichtige Deutschland nicht mehr als Steueroase nutzen können.

Hintergrund: Common Reporting Standard und FATCA-Abkommen
Einzelheiten und ausführliche Erläuterungen finden sich unter:
- ▶ https://www.bzst.de/DE/Steuern_International/CRS/CRS_node.html
- ▶ https://www.bzst.de/DE/Steuern_International/FATCA/FATCA_node.html

4.7 Lern-Kontrolle

Kurz und bündig

Inbound-Sachverhalte:
Wirtschaftliche Betätigungen mit internationalem Bezug haben zur Folge, dass meist zwei steuerliche Anknüpfungspunkte bestehen. Folglich kann es zu einer Doppelbesteuerung kommen, wenn sowohl im Ansässigkeitsstaat (Wohnsitz, gewöhnlicher Aufenthalt, Sitz, Geschäftsleitung) als auch im Investitions- bzw. Tätigkeitsstaat eine Besteuerung erfolgt.

Handelt es sich beim Investitions- bzw. Tätigkeitsstaat um Deutschland, gilt grundsätzlich das *Territorialprinzip*, wobei nicht alle (inländischen) Einkünfte, die bei unbeschränkter Steuerpflicht erfasst werden, auch bei lediglich beschränkter Steuerpflicht der Besteuerung unterliegen.

Im Einzelfall bietet sich folgende Reihenfolge der *Prüfschritte* an, um die steuerlichen Konsequenzen einer Inbound-Investition ermitteln zu können.
- 1. Schritt: Art der Steuerpflicht klären
- 2. Schritt: relevante Einkunftsart ermitteln
- 3. Schritt: Einschränkungen des deutschen Besteuerungsrechts durch ein DBA prüfen
- 4. Schritt: deutsche Steuerbelastung ermitteln
- 5. Schritt: Ausländische Steuerpflicht prüfen
- 6. Schritt: Einschränkungen des Besteuerungsrechts im Ansässigkeitsstaat durch DBA prüfen
- 7. Schritt: Ausländische Steuer (Anrechnungsverfahren, Abzugsmethode) berücksichtigen

? Let's check
1. Frau Adler wohnt mit ihrer Familie im österreichisch-deutschen Grenzgebiet und fährt täglich von Österreich über die Grenze nach Deutschland, um dort ihrer Arbeit nachzugehen. Abends kehrt sie zu ihrem Wohnsitz zurück. Welche Art der Steuerpflicht liegt bei Frau Adler vor und welche Folgen ergeben sich daraus? Welche Möglichkeit steht Frau Adler bezüglich ihrer Steuerpflicht zur Verfügung?

2. Die B-AG mit deutschem Sitz führt ihre Geschäfte seit vielen Jahren von Paris aus. Der Ort der Geschäftsleitung wird im Zuge einer Unternehmensreorganisation von Paris nach Berlin verlegt. Hat die Verlegung des Ortes der Geschäftsführung Auswirkung auf die Besteuerung in Deutschland?
3. Die X-B.V. unterhält in Deutschland als niederländisches Unternehmen eine Betriebsstätte. Diese ist nicht als Zweigniederlassung i. S. von § 13d HGB im Handelsregister eingetragen. Der Umsatz der Betriebsstätte liegt bei 800.000 €, der Gewinn bei 20.000 €. Aufgrund welcher Vorschriften ist die Betriebsstätte verpflichtet ihre Gewinnermittlung in Deutschland vorzunehmen?
4. Die italienische Y-SRL ist an einer deutschen Kapitalgesellschaft seit 10 Jahren zu 100 % beteiligt. Diese schüttet ihre erwirtschafteten Gewinne an die Y-SRL aus. Welche Quellenbesteuerung wird für die Dividende vorgenommen?

❓ Vernetzende Aufgaben
1. Die beschränkte Steuerpflicht geht stets mit einer Nicht-Gewährung von sozialen Entlastungsmaßnahmen einher. Warum sind Staaten nicht bereit, ausländischen beschränkt Steuerpflichtigen besondere Entlastungsmaßnahmen zu gewähren und welche Probleme werden hierdurch aufgeworfen?
2. Das deutsche Steuerrecht enthält spezielle Vorschriften (z. B. Einkunftsart selbstständige Arbeit, Sonderbetriebsvermögen bei Personengesellschaften), welche international unüblich sind. Warum hält der deutsche Gesetzgeber an diesen Formen von Regelungen trotz internationaler Qualifikationskonflikte fest?

ℹ️ Lesen und Vertiefen
− Scheffler, W.: Internationale betriebswirtschaftliche Steuerlehre. Vahlen, 3. Aufl., München (Scheffler 2012)
 In diesem Standardwerk werden die wesentlichen Grundlagen betriebswirtschaftlicher Entscheidungsfindung unter Berücksichtigung der Besteuerung dargestellt.
− Cortez, B.: Aktuelle Entwicklungen der Betriebsstättenbesteuerung. Internationale Wirtschaftsbriefe, 2016, 814–825.
 Der Autor stellt in einem umfangreichen Beitrag die aktuellen Entwicklungen des Betriebsstättenbegriffes als zentrales steuerliches Anknüpfungsmoment im internationalen Steuerrecht dar.

- Feyerabend, H.: Besteuerung privater und betrieblicher Kapitalanlagen. C.H.Beck, 2. Aufl., München (2019)
Das Buch beinhaltet die Neuregelungen seit Einführung der Abgeltungsteuer zur Besteuerung von Kapitalanlagen im Privatvermögen und geht in vielen Teilen auf internationale Sachverhalte ein.

Literatur

Brähler, G. (2019). *Internationales Steuerrecht* (9. Aufl.). Wiesbaden: Gabler.
Grotherr, S., Herfort, C., & Strunk, G. (2019). *Internationales Steuerrecht* (4. Aufl.). Achim: Erich Fleischer.
Mössner, J. M. (2018). *Steuerrecht international tätiger Unternehmen* (5. Aufl.). Köln: Schmidt.
Rupp, T., Knies, J.-T., Ott, J.-P., Faust, T., & Hüll, M. (2018). *Internationales Steuerrecht* (4. Aufl.). Stuttgart: Schaeffer-Poeschel.
Schaumburg, H. (2017). *Internationales Steuerrecht* (4. Aufl.). Köln: Schmidt.
Scheffler, W. (2012). *Internationale betriebswirtschaftliche Steuerlehre* (3. Aufl.). München: Vahlen.
Schmidt, L., Sigloch, J., & Henselmann, K. (2005). *Internationale Steuerlehre*. Wiesbaden: Gabler.

Steuergestaltung und Missbrauchsbekämpfung

5.1 Zum Stand der Diskussion – 179

5.2 Formen der Steuergestaltung – 180
5.2.1 Hintergrund und Legitimität von Steuergestaltungen – 180
5.2.2 Instrumente der Steuergestaltung – 182

5.3 Maßnahmen zur Missbrauchsbekämpfung – 195
5.3.1 Maßnahmen auf Ebene der OECD – 195
5.3.2 Europäische Union – 201
5.3.3 Nationalstaatliche Maßnahmen – 203

5.4 Verrechnungspreise – 215

5.5 Lern-Kontrolle – 223

Literatur – 226

© Springer Fachmedien Wiesbaden GmbH, ein Teil von Springer Nature 2019
T. Egner, *Internationale Steuerlehre*, Studienwissen kompakt,
https://doi.org/10.1007/978-3-658-25324-0_5

Lern-Agenda

Der internationale Steuerwettbewerb führt dazu, dass Unternehmen und Privatpersonen versuchen durch Steuergestaltungen ihre Steuerbelastung zu minimieren. Dabei finden auch Gestaltungen Anwendung, deren einzige Zielrichtung in der Steuerersparnis liegt. Häufig werden dazu Unterschiede (Qualifikationskonflikte) in den jeweiligen nationalen Steuersystemen genutzt. Die Abgrenzung zwischen legitimen Steuergestaltungen, missbräuchlichen Gestaltungen und Steuerbetrug ist dabei im Einzelfall durchaus schwierig.

Die Steuerpolitik versucht im Gegenzug durch Missbrauchsbekämpfungsregelungen in den nationalen Steuergesetzen, aber auch durch bi- oder multilaterale Vereinbarungen gegenzusteuern und zumindest eine doppelte Nichtbesteuerung zu vermeiden. Neben den nationalen deutschen Missbrauchsbekämpfungsregelungen werden auch die Entwicklungen auf Ebene der EU und der OECD näher betrachtet.

Ausgehend von Abgrenzungsfragen werden Formen der Steuergestaltung sowie entsprechende Gegenmaßnahmen auf nationaler sowie internationaler Ebene betrachtet.

Kapitelstruktur

Die Diskussion über Steuerbetrug und missbräuchliche Gestaltungen ist vor allem im Zuge der Finanzkrise entstanden	Zum Stand der Diskussion	▶ Abschn. 5.1
Für Unternehmen und Privatpersonen bestehen verschiedene Formen der Steuergestaltung, die beschrieben werden	Formen der Steuergestaltung	▶ Abschn. 5.2
Auf multilateraler, bilateraler und unilateraler Ebene wurden verschiedene Maßnahmen ergriffen, um missbräuchliche Steuergestaltungen einzudämmen	Maßnahmen der Missbrauchsbekämpfung	▶ Abschn. 5.3

5.1 Zum Stand der Diskussion

Die Frage nach der Steuermoral hat in Zeiten der Finanzkrise deutlich an Bedeutung gewonnen. War es lange Zeit anerkannt, durch Steuergestaltungen Steuerzahlungen zu vermindern und sogar Steuern zu hinterziehen, wurde in der Finanzkrise offenkundig, dass diese Mittel dem Staat und somit der Gemeinschaft fehlen. Die Anerkennung ist dem Bewusstsein gewichen, dass Steuern notwendig für das Funktionieren des Gesellschaftssystems sind.

Im Zuge einiger spektakulärer Einzelfälle mit unversteuerten Kapitalanlagen in der Schweiz wurde offenkundig, dass Steuerhinterziehung durch Nichtdeklaration von Kapitaleinkünften kaum mehr möglich ist. Nachdem die USA internationalen Druck ausgeübt hat und mit FATCA droht, nicht-kooperativen Banken den Zugang zum US-Kapitalmarkt zu verunmöglichen, ist eine Diskussion in Gang gekommen, die letztendlich ab 2017 zu einem internationalen automatischen Informationsaustausch über Kapitaleinkünfte geführt hat, der weit über die bisherigen Maßnahmen der EU hinausgeht und an dem sich inzwischen fast 100 Staaten beteiligen. In Deutschland wurde diese Entwicklung insbesondere an der starken Zunahme der Selbstanzeigen ersichtlich.

Parallel hierzu ist eine Diskussion um die Konzernsteuerquoten entbrannt. Insbesondere US-Konzerne sind in den Mittelpunkt geraten, da nach dem bis 2017 geltenden US-Steuerrecht im Ausland erzielte Gewinne nur dann in den USA steuerpflichtig waren, wenn sie in die USA repatriiert wurden. Dies führte dazu, dass die Konzerne zum einen über enorme Finanzmittel außerhalb der USA verfügen und zum anderen die ausgewiesenen Steuerquoten extrem niedrig waren (Tab. 5.1). Bei Ausschüttung der Gewinne in die USA wären Steuern von 35 % angefallen.

Tab. 5.1 Steuerquote für Auslandsgewinne von US-Konzernen (2010)

Unternehmen	Steuerquote (Ausland, %)	Unternehmen	Steuerquote (Ausland, %)
Apple	1	Abbott	12
Google	3	Eli Lilly	13
Amgen	5	Intel	14
Cisco	5	Johnson&Johnson	15
Microsoft	11	Coca-Cola	17

Quelle: Jonas (2013, S. 1111)

Offenkundig wurde dabei auch, dass derzeit im internationalen Steuersystem das Steuersubstrat nicht dort entsteht, wo die wirtschaftliche Wertschöpfung erfolgt. Vielmehr wird über Verrechnungspreise, Finanzierungs- und Lizenzierungsgestaltungen versucht, Einkommen in Niedrigsteuerländer zu verlagern.

Deutschland ist Steuergestaltungen von inländischen Steuerpflichtigen bereits früh entgegen getreten. Dies erfolgte zum einen mit einzelsteuergesetzlichen Regelungen zur Vermeidung von Missbräuchen, zum anderen aber auch mit Generalnormen wie § 42 AO sowie einem Steuermissbrauchsbekämpfungsgesetz in Form des Außensteuergesetzes (AStG).

Allerdings benutzen einzelne Staaten Steuervergünstigungen gezielt als Standortfaktor. Dies kann dadurch erfolgen, dass das Steuerniveau allgemein niedrig gehalten wird. Kritisch zu sehen sind aber vor allem Maßnahmen, die sich gezielt an Steuerausländer richten und Steuerinländern nicht offen stehen. Diese Anreize beziehen sich zum Teil auch nur auf einzelne Tätigkeiten. Gerade Lizenzverwertungsgesellschaften („Patentboxen") werden immer wieder als Gestaltungsinstrument kritisiert, gleichzeitig jedoch von immer mehr Staaten angeboten.

5.2 Formen der Steuergestaltung

5.2.1 Hintergrund und Legitimität von Steuergestaltungen

Steuergestaltungen sind bereits aus dem nationalen Kontext bekannt. Deren Legitimität steht auch nicht grundsätzlich infrage. Es ist vielmehr betriebswirtschaftliche Notwendigkeit Steuerwirkungen in Entscheidungskalkülen zu berücksichtigen und Steuern nicht als unbeeinflussbare Resultante zu betrachten. Der BFH hat in ständiger Rechtsprechung entschieden (jüngst BFH vom 18.07.2013, Az. II R 45/11), dass es dem Steuerpflichtigen offen steht, diejenige Gestaltung zu wählen, die die geringste Steuerlast auslöst. Da das Steuerrecht in der Regel am Zivilrecht ansetzt, führen unterschiedliche zivilrechtliche Realisationswege für ein vorgegebenes Ziel häufig zu unterschiedlichen Steuerbelastungen.

Beispiel: BFH vom 18.07.2013 (Rz. 27): Gestaltung einer Schenkung
Von einem Gestaltungsmissbrauch i. S. des § 42 AO kann insoweit ebenfalls nicht ausgegangen werden. Zum einen sind im Hinblick auf die zivilrechtlichen Rechtsfolgen regelmäßig beachtliche nichtsteuerliche Gründe für die Gestaltung vorhanden. Zum anderen steht es auch Angehörigen frei, ihre Rechtsverhältnisse untereinander so zu gestalten, dass sie für sie steuerlich möglichst günstig sind (vgl. BFH-Urteil vom 16. Januar 1992, V R 1/91, BStBl. II 1992, 541).

5.2 · Formen der Steuergestaltung

Der Steuergesetzgeber hat diesen Gestaltungsspielraum jedoch dahin gehend eingeschränkt, dass alleine Steuersparen keine Gewinnerzielungsabsicht darstellt (§ 15 Abs. 2 EStG, eingefügt durch das Steuerentlastungsgesetz 1984). Eine Gestaltung muss sich somit auch durch andere betriebswirtschaftliche Überlegungen begründen lassen.

Ursächlich für Steuergestaltungen ist, dass die Steuersysteme nicht entscheidungsneutral sind. Dies gilt bereits im nationalen Bereich, umso mehr noch im internationalen Kontext durch das Zusammentreffen verschiedener Steuersysteme.

In der politischen Diskussion wird trotz der grundsätzlichen Legitimation der Steuerplanung und Steuergestaltung differenzierter diskutiert. Neben die Begriffe „Steuergestaltung" und „Steuerbetrug" treten Begriffe wie „Steuervermeidung", „Steuerumgehung" und „Steuermissbrauch", die jeweils weniger im steuerrechtlichen als mehr im steuermoralischen Sinne verwendet werden. Allerdings ist offensichtlich, dass sich steuermissbräuchliche Gestaltungen am Rande zum Steuerbetrug bewegen, Steuervermeidung und Steuerumgehung dagegen stärker ungewollte Steuerlücken ausnutzt (◘ Abb. 5.1). Gegen die hierunter gefassten (juristisch mehr oder weniger zulässigen) Gestaltungen besteht die Absicht der Politik vorzugehen.

Moralisch zu hinterfragen ist, inwieweit Unternehmen und Privatpersonen jedoch Steuerlücken nutzen sollten, die aus dem Nebeneinander der verschiedenen Steuersysteme resultieren, da die dadurch entstehenden Steuerausfälle die jeweiligen nationalen Gemeinwesen finanziell schwächen. Die Globalisierung

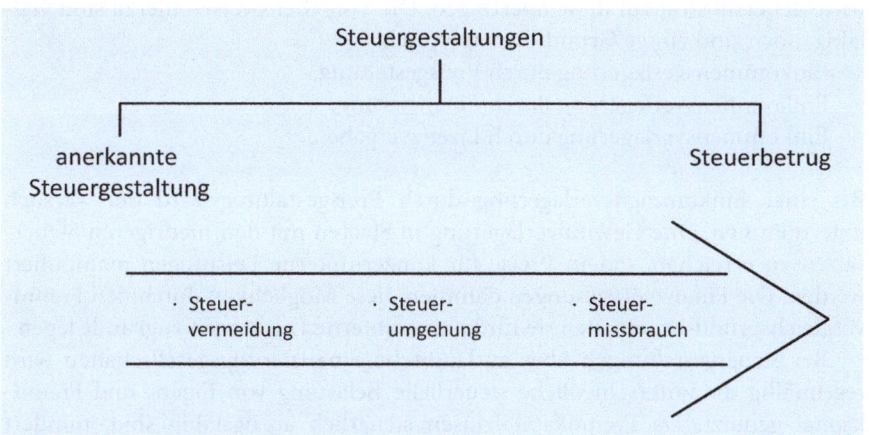

◘ Abb. 5.1   Begriffsabgrenzungen

des Wirtschaftens geht dabei deutlich schneller vonstatten wie die Entwicklung des nationalen Steuerrechts, insbesondere die Harmonisierung des Steuerrechts, wie sich selbst in der EU zeigt. Aus Sicht der Unternehmen kann dem jedoch entgegen gehalten werden, dass durch Steuergestaltungen nicht nur Steuervorteile entstehen sondern durch das Nebeneinander der Steuersysteme auch zusätzliche Lasten (Doppelbesteuerung). Zudem sind die Unternehmen ihren Anteilseignern verpflichtet, was sich auch in den Regelungen des Aktienrechts zeigt. Daneben gibt es auch wissenschaftliche Stimmen (z. B. Schneider 1997, S. 485 ff.), die eine Nutzung von Steuergestaltungsspielräumen fordern, um einen Lern- und Erziehungseffekt beim Gesetzgeber auszulösen.

Etliche Staaten setzen auch bewusst Steueranreize und schaffen damit die Grundlage für Steuergestaltungen. Die Legitimität von Steuergestaltungen ist somit durchaus eine Frage der Perspektive der beteiligten Staaten. Diese Schwierigkeit zeigt sich auch in der Diskussion um einen fairen Steuerwettbewerb in der EU und einer entsprechenden Vereinbarung, keine derartigen Steueranreize mehr zu schaffen.

5.2.2 Instrumente der Steuergestaltung

5.2.2.1 Grundstruktur einer Steuergestaltung

Ausgangspunkt vieler Steuergestaltungen ist das Belastungsgefälle im internationalen Steuerwettbewerb. Als Folge dessen werden in Niedrigsteuergebieten Betriebsstätten oder Tochtergesellschaften gegründet. In einem zweiten Schritt wird Steuersubstrat auf diese übertragen. Die Vorgehensweisen hierzu sind vielfältig, doch sind einige Grundformen typisch:
— Einkommensverlagerung durch Preisgestaltung,
— Einkommensverlagerung durch Finanzierung,
— Einkommensverlagerung durch Lizenzvergabe.

Bei einer Einkommensverlagerung durch Preisgestaltung wird der Versuch unternommen, eine Gewinnverlagerung in Staaten mit den niedrigeren Steuersätzen zu erreichen, indem Preise für konzerninterne Leistungen manipuliert werden. Die Finanzverwaltungen dämmen diese Möglichkeit durch den Fremdvergleichsgrundsatz ein, den sie für konzerninterne Leistungen zugrunde legen.

Bei Steuergestaltungen über ausländische Finanzierungsgesellschaften wird regelmäßig die unterschiedliche steuerliche Belastung von Eigen- und Fremdkapital genutzt. Da Fremdkapitalzinsen steuerlich abzugsfähig sind, mindert sich der Gewinn der fremdfinanzierten Gesellschaft. Soweit die finanzierende Gesellschaft (Betriebsstätte) in einem Niedrigsteuergebiet sitzt, erfolgt dort keine

5.2 · Formen der Steuergestaltung

oder nur eine geringe Besteuerung der Zinserträge. Die Finanzverwaltungen versuchen diese Gestaltungen vor allem durch „thin capitalization rules" oder allgemeine Eingriffe in die Finanzierungsfreiheit (z. B. Zinsschranke) einzudämmen, sodass das Fremdfinanzierungspotenzial eingeschränkt wird.

Ähnlich stellt sich die Vorgehensweise bei Lizenzierungsgesellschaften dar. Die Lizenzvergabe erfolgt über Gesellschaften in Steueroasen. Die lizenznehmenden Gesellschaften in den Hochsteuerländern weisen hohe Lizenzausgaben auf, die als Betriebsausgaben abgezogen werden. Da keine Quellensteuern vorgesehen sind, werden die Lizenzeinnahmen nur gering oder gar nicht belastet. Auch hier werden zunehmend Abzugsbeschränkungen für Lizenzgebühren eingeführt.

> **Auf den Punkt gebracht: Grundform der internationalen Steuergestaltung**
> 1. Schritt: Gründung einer Gesellschaft oder Betriebsstätte in einem Niedrigsteuergebiet
> 2. Schritt: Verlagerung von Gewinnteilen in diese Gesellschaften/ Betriebsstätten

- **Finanzierungsmodell**

Grundbaustein steuersparender Finanzierungsgestaltungen ist die Quellensteuerfreiheit von grenzüberschreitenden Zinszahlungen. Da Zinsen als Betriebsausgaben abzugsfähig sind, kommt es im Staat der Kapitalnutzung zu keiner Besteuerung. Diese erfolgt erst im Sitzstaat der Finanzierungsgesellschaft.

Zwar sieht Art. 11 Abs. 2 des OECD-MA eine Quellensteuer von 10 % vor, doch wird diese in vielen DBA auf 0 % reduziert. Zudem schreibt die EU-Zins- und Lizenzrichtlinie eine Quellensteuerfreiheit innerhalb der EU vor.

Damit sind Staaten mit niedrigen Körperschaftsteuersätzen dazu geeignet, als Standort für Finanzierungsgesellschaften zu dienen, in der EU zum Beispiel Irland. Es steht dabei regelmäßig zum einen die Frage im Mittelpunkt, ob die Hingabe von Eigen- oder Fremdkapital sinnvoller ist, zum anderen, ob die Finanzierung direkt oder über eine in einem dritten Staat zwischengeschaltete Finanzierungsgesellschaft erfolgen soll.

Beispiel: Finanzierungsgesellschaft
Die Muttergesellschaft in Deutschland stellt ihrer ausländischen Tochtergesellschaft (TU) ein Darlehen von 1 Mio. € zur Verfügung (a). Der Steuersatz im Ansässigkeitsstaat der TU beträgt wie in Deutschland 30 %. Der Zins beträgt 10 %. Nach dem DBA zwischen den beiden Staaten wird keine Quellensteuer auf Zinsen erhoben.

Alternativ steht die Darlehensvergabe über eine Finanzierungsgesellschaft (FG) in einem Staat mit niedrigem Steuerniveau (15 %) offen (b). Die Muttergesellschaft ist an beiden Gesellschaften (TU, FG) zu 100 % beteiligt.

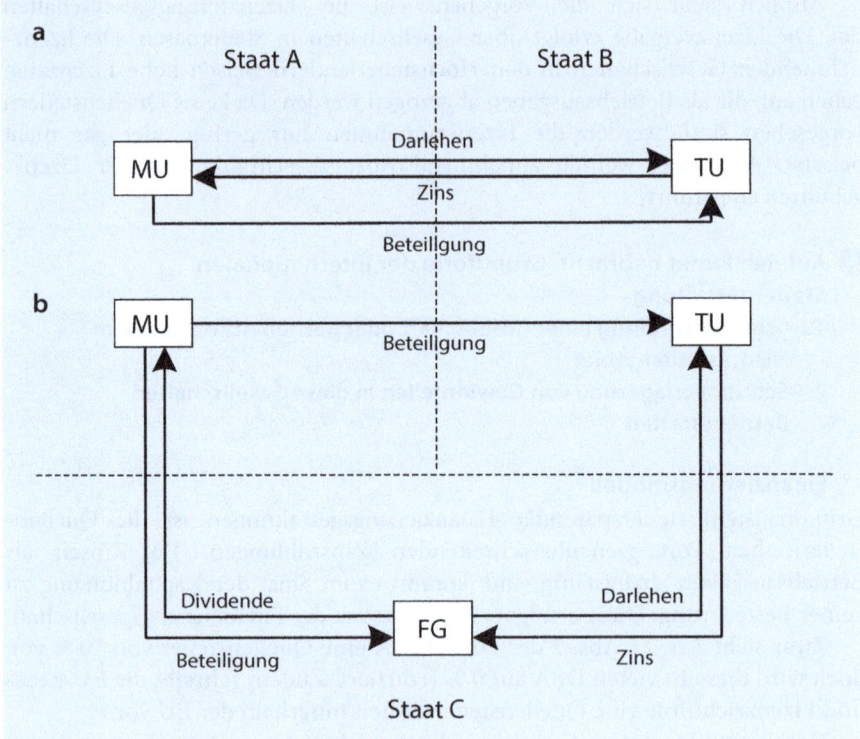

Zwischenschaltung einer Finanzierungsgesellschaft

Bei einer direkten Darlehensvergabe der MU an die TU kommt es zu einer Steuerentlastung von 30 % des Zinsaufwands (=30.000 €) bei der TU durch den Betriebsausgabenabzug der Zinsen. In Deutschland kommt es zu einer Besteuerung von 30 % der Zinsen (=30.000 €). Die Darlehensvergabe ist auf Konzernebene betrachtet steuerneutral.

Durch die Zwischenschaltung der FG ergeben sich bei der TU keine steuerlichen Änderungen. Auf Ebene der FG kommt es jedoch nur zu einer Steuerbelastung von 15 % (=15.000 €), sodass sich auf Konzernebene ein positiver Saldo ergibt. Dies gilt zumindest so lange, wie die Finanzierungsgesellschaft die Mittel wieder investiert und nicht an die Muttergesellschaft ausschüttet. Sollte die FG eine

Ausschüttung vornehmen, so stünden hierfür 85.000 € zur Verfügung. Befindet sich die FG innerhalb der EU, fällt keine Quellensteuer an. Die Dividende unterliegt in Deutschland nach § 8b KStG keiner weiteren Besteuerung. Allerdings sind 5 % der Dividende (4250 €) als nicht abziehbare Aufwendungen zu versteuern. Dies führt zu einer Steuerbelastung von 1275 € (30 % aus KSt und GewSt). Der Steuervorteil reduziert sich damit von 15.000 € auf 13.725 €.

Durch die Ansiedlung der Finanzierungsgesellschaft in einem Niedrigsteuergebiet innerhalb der EU ist es Konzernen möglich, die günstigen Rahmenbedingungen der EU-Richtlinien zu nutzen. Zudem ist auf die Quellensteuersätze in den DBA zu achten.

- **Lizenzierungsmodelle**

Die Modellüberlegungen zur Nutzung von Lizenzierungsmodellen entsprechen denjenigen von Finanzierungsgesellschaften. Es werden Lizenz- und Patentverwertungsgesellschaften in Niedrigsteuergebieten angesiedelt, damit die Lizenzeinnahmen einer nur geringen Besteuerung unterliegen. Die Lizenzgebühren werden von Konzernunternehmen geleistet, die in Staaten mit hohen Steuersätzen angesiedelt sind, mit der Folge, dass diese dort als Betriebsausgaben den Gewinn mindern. Diese Gestaltungen begünstigt auch das OECD-MA, da keine Quellensteuer auf Lizenzzahlungen vorgesehen ist (Art. 12 OECD-MA). Auch innerhalb der EU ist durch die Zins- und Lizenzrichtlinie eine quellensteuerfreie Weiterleitung der Lizenzen vorgesehen.

Neben der Ansiedlung in Niedrigsteuergebieten bietet sich die Nutzung von sog. Patentboxen an, die auch innerhalb der EU, zum Beispiel in den Niederlanden oder in Großbritannien, zu finden sind. Sie sind auch Teil der Gestaltungsmodelle US-amerikanischer Konzerne (siehe ▶ Abschn. 5.2.2.5). Merkmal dieser Patentboxen ist, dass die Lizenzeinnahmen nur gering besteuert werden, in Großbritannien zum Beispiel mit 10 %. Um eine unangemessen niedrige Besteuerung von Lizenzgebühren durch Patentboxen zu verhindern, wurde in Deutschland mit § 4j EStG die Lizenzschranke eingeführt. Hierdurch wird der Betriebsausgabenabzug beim Lizenznehmer in Abhängigkeit vom Steuersatz im Land des Lizenzgebers ganz oder teilweise versagt.

Hintergrund: Übersicht an „Lizenzboxen"
Der Abschlussbericht zu BEPS 5 enthält eine Übersicht zu den festgestellten Präferenzregelungen (Patent- und Lizenzboxen): OECD, Aktionspunkt 5 – Abschlussbericht 2015, Paris 2016, S. 71.

5.2.2.2 Abschirmwirkung von Kapitalgesellschaften

Werden Investitionen im Ausland getätigt, soll es auch zu einem Gewinnrückfluss kommen. Der direkte Rückfluss zum Investor muss aber nicht zwangsläufig angestrebt werden, wenn dies zu einer hohen steuerlichen Belastung führt und der Investor die Mittel nicht unmittelbar benötigt. Neben der Besteuerung im Heimatland können vor allem ausländische Quellensteuern auftreten.

Durch die Zwischenschaltung einer Kapitalgesellschaft kann der unkontrollierte, steuerrelevante Gewinnzufluss verhindert werden. Genutzt wird dabei die Abschirmwirkung der Kapitalgesellschaft. Besteht auf Ebene der Zielgesellschaft kein beherrschender Einfluss und kann somit der zeitliche Anfall des Gewinnstroms ebenso wenig gesteuert werden, wie der Höhe nach, führt die Zwischenschaltung einer Kapitalgesellschaft zu einem Kontrollgewinn. Die Zwischengesellschaft wird dabei an Standorten gegründet, die eine niedrige Besteuerung für Kapitalgesellschaften vorsehen. Daneben sollte ein umfangreiches Netz an DBA bestehen, damit die Quellensteuern auf eingehende Dividenden möglichst gering gehalten werden können.

Die Zwischengesellschaften dienen gleichzeitig der Anlage der erhaltenen Dividenden. Damit übt die Zwischengesellschaft eine wirtschaftliche Betätigung aus, sodass die Qualifikation als Basisgesellschaft seitens der Finanzverwaltung verhindert wird.

Beispiel: Eine Adresse, viele Unternehmen
„In einem unauffälligen Flachdachbau haben 200.000 Unternehmen ihren Sitz. Das kleine Delaware ist Amerikas beliebtestes Steuerparadies."
(Quelle: Schröder, T.: Delaware, Liebling der Weltkonzerne, Zeit online vom 03.05.2013,
▶ http://www.zeit.de/wirtschaft/2013-05/delaware-steuerparadies)

Als Basisgesellschaften werden solche Zwischengesellschaften bezeichnet, die nur der Haltung der Anteile an den Objektgesellschaften dienen und im Zweifel nur aus einem Briefkasten bestehen. In Deutschland werden derartige Modelle nicht anerkannt, da eine missbräuchliche Gestaltung angenommen wird (§ 42 AO). In einem solchen Fall werden die Einkünfte der Zwischengesellschaft unmittelbar der Obergesellschaft zugerechnet (◘ Abb. 5.2).

5.2 · Formen der Steuergestaltung

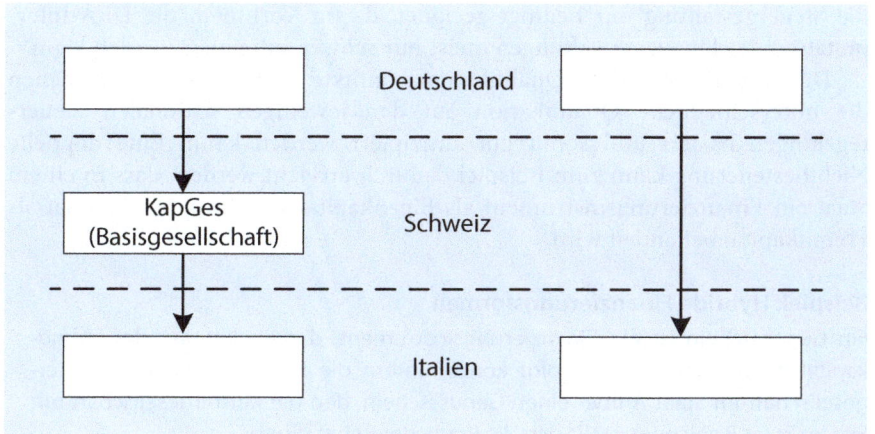

☐ **Abb. 5.2** Basisgesellschaft

5.2.2.3 Steuergestaltung mittels Doppelbesteuerungsabkommen

DBA sollen eigentlich der Vermeidung einer Doppelbesteuerung dienen. Sie können aber auch dazu genutzt werden, die Steuerbelastung über das vorgesehene Maß oder über die vorgesehenen Fälle hinaus zu mildern. Es sind mehrere Varianten bekannt:
- Nutzung von Qualifikationskonflikten,
- Treaty Shopping.

▪ Qualifikationskonflikte

Trotz der Vereinbarung von DBA kann es zu Qualifikationskonflikten kommen. Dies bedeutet, dass die beteiligten Staaten einen Sachverhalt unterschiedlich würdigen. Ursächlich hierfür können zwei Gründe sein.
- Die beiden Staaten interpretieren die Regelungen des DBA unterschiedlich. Hierbei handelt es sich somit um Auslegungsfragen.
- Ein Sachverhalt wird in den beiden Staaten steuerlich unterschiedlich qualifiziert. Hier liegt somit kein Auslegungsproblem vor sondern ein steuersystematisches Problem.

Wird das DBA von den beteiligten Staaten unterschiedlich interpretiert, so kann daraus eine doppelte Nichtbesteuerung resultieren, da beide Staaten das Besteuerungsrecht beim jeweils anderen Staat annehmen. Dies ist für die Steuergestaltung nur bedingt geeignet, da im Vorhinein die DBA-Interpretation der Finanzverwaltungen meist nur schwer antizipiert werden kann.

Demgegenüber sind Qualifikationskonflikte interessant, bei denen die unterschiedliche Qualifikation auf den jeweiligen nationalen Steuerregelungen basiert und somit gut antizipiert werden kann. Eine doppelte Nichtbesteuerung kann zum Beispiel dadurch erreicht werden, dass in einem Staat ein Finanzierungsinstrument als Eigenkapital und im anderen Staat als Fremdkapital behandelt wird.

Beispiel: Hybride Finanzierungsformen
Ein Genussschein ist ein Finanzierungsinstrument, das als Eigen- oder Fremdkapital eingeordnet wird. Erfolgt konzernintern die Finanzierung der Tochtergesellschaft im Staat A über einen Genussschein, den die Muttergesellschaft mit Sitz im Staat B zeichnet, stellt sich die Frage der Behandlung:
Im Staat A erfolgt die Qualifizierung als Fremdkapital. Dies führt dazu, dass das Kapitalentgelt als Fremdkapitalzins behandelt wird und den Gewinn mindert. Nach dem OECD-MA ist eine maximale Quellensteuer von 10 % zulässig.
Im Staat B erfolgt die Qualifikation als Eigenkapital. Das Kapitalentgelt wird somit als Dividende behandelt. Erfolgt – wie zum Beispiel in Deutschland nach § 8b KStG – eine weitgehende Steuerfreistellung der Dividende, wird das Kapitalentgelt von der Muttergesellschaft weitgehend steuerfrei vereinnahmt.
Im Beispielfall wird angenommen, dass bei der Tochtergesellschaft ein Gewinn von 100 anfällt. Dieser wird entweder
− als Zins an die Muttergesellschaft ausgezahlt, oder
− als Gewinn an die Muttergesellschaft ausgeschüttet.

Als dritte Konstellation wird ein Qualifikationskonflikt angenommen. In beiden Staaten beträgt der Steuersatz 30 %.

Im Beispiel zeigt sich (◘ Tab. 5.2) der bereits bekannte Effekt, dass die konzerninterne Finanzierung mit Fremdkapital günstiger ist wie die Finanzierung mit Eigenkapital, da sich bei der Fremdfinanzierung die Steuerbelastung und die Steuerentlastung bei Tochter- und Muttergesellschaft ausgleichen, wenn wie hier identische Steuersätze angenommen werden. Von besonderen Effekten der deutschen Gewerbesteuer (Hinzurechnung von 25 % der Zinserträge) wird abgesehen. Bei einer Finanzierung mit Eigenkapital kommt es demgegenüber

5.2 · Formen der Steuergestaltung

◘ Tab. 5.2 Steuervorteil durch Qualifikationskonflikt

	Qualifikation als Fremdkapital	Qualifikation als Eigenkapital	Qualifikationskonflikt
Tochtergesellschaft:			
Betriebsausgabe/Gewinn	−100	100	−100
Steuerentlastung/-belastung	+30	−30	+30
Quellensteuer	−10	−7	−10
Muttergesellschaft			
Zinsertrag/Dividende	+100	70	100
Steuerbelastung	−30 (+10) = −20	0	0
Gesamtbetrachtung:			
Steuerbelastung	0	−37	+20

zu einer Belastung mit 37 %, bestehend aus der Körperschaftsteuer der Tochtergesellschaft (30 %) und der Quellensteuer von 7 % (10 % von 70), die mangels Dividendenbesteuerung im Staat der Muttergesellschaft nicht anrechenbar ist.

Im Beispiel tritt aufgrund des Qualifikationskonflikts die Konstellation auf, dass die Steuerbelastung durch die Quellensteuer geringer ist wie die Steuerentlastung durch den Betriebsausgabenabzug. Bei der Muttergesellschaft erfolgt wegen der Qualifikation als Dividende keine Besteuerung.

Der Qualifikationskonflikt bei der Beurteilung von Gesellschaften kann dazu führen, dass Trennprinzip und Transparenzprinzip in den DBA-Staaten für die gleiche Gesellschaft angewendet werden. Dieser Qualifikationskonflikt kann zwei Ursachen haben. Zum einen kann die Gesellschaft unterschiedlich als Personen- bzw. als Kapitalgesellschaft bewertet werden, zum anderen kann zwar die gleiche Beurteilung erfolgen, sich aber die Besteuerung unterscheiden. Im internationalen Steuerrecht ist es zwar weit verbreitet, dass Kapitalgesellschaften als juristische Person selbstständig steuerpflichtig sind (sog. Trennprinzip). Demgegenüber greift bei Personengesellschaften das Transparenzprinzip, sodass keine eigene Steuerpflicht der Gesellschaft besteht. Allerdings bestehen hiervon auch Ausnahmen.

So werden in den USA sogenannte S-Corporations – gesellschaftsrechtlich Kapitalgesellschaften – nach dem Transparenzprinzip besteuert, sodass die Besteuerung auf Ebene der Gesellschafter erfolgt. Es handelt sich dabei um ein Optionsrecht der Gesellschafter US-amerikanischer Kapitalgesellschaften mit weniger als 100 Gesellschaftern. Zudem dürfen nur in den USA steuerlich ansässige natürliche Personen Gesellschafter sein. In den USA besteht mit dem „Check-the-box-Verfahren" eine weitere Ausnahme vom Trennprinzip für Kapitalgesellschaften. Für bestimmte Rechtsformen besteht auch hier die Möglichkeit die Besteuerungsmethode zu wählen. Allerdings besteht eine fünfjährige Bindung an die Entscheidung.

Umgekehrt werden in einigen Ländern bestimmte Personengesellschaften nach dem Trennprinzip besteuert. Dies gilt zum Beispiel für die spanische Kommanditgesellschaft. In Frankreich haben Personengesellschaften unter bestimmten Bedingungen das Wahlrecht zur Besteuerung nach dem Trennprinzip der Kapitalgesellschaften.

Die OECD sieht in der Qualifikationsverkettung – der Anknüpfung an die Qualifikation des Ansässigkeitsstaats – eine geeignete Lösung des Problems, Deutschland lehnt diese jedoch grundsätzlich ab. Die Beurteilung ausländischer Gesellschaften erfolgt im Rechtsvergleich zu den inländischen deutschen Personen- und Kapitalgesellschaften (vgl. ▸ Abschn. 3.4.3.1 und 4.4.3.4).

- **Treaty Shopping**

Das Grundkonzept des Treaty Shopping besteht darin, die Vorteile eines DBA zu nutzen, ohne originär anspruchsberechtigt zu sein. Häufigster Anwendungsfall dürfte sein, dass zwischen zwei Staaten kein DBA besteht, mit der Folge, dass hohe Quellensteuern einbehalten werden. Beim Treaty Shopping (◘ Abb. 5.3) werden andere Staaten gesucht, mit denen diese Ländern DBA abgeschlossen haben. Durch Zwischenschalten von Gesellschaften in DBA-Staaten werden die Einkommensströme so umgeleitet, dass die Quellensteuerbelastung minimiert wird.

Es ist durchaus auch denkbar längere Ketten durch weitere Zwischengesellschaften in anderen Staaten zu bilden, um die Quellensteuerbelastung zu senken.

Eine weitere Möglichkeit des „treaty shopping" besteht in der Umwandlung der Einkommenskategorie, zum Beispiel indem durch die Einbringung in eine Betriebsstätte aus Zinsen gewerbliche Einkünfte werden. Dadurch kann anstelle der Besteuerung im Ansässigkeitsstaat eine Besteuerung im Betriebsstättenstaat

5.2 · Formen der Steuergestaltung

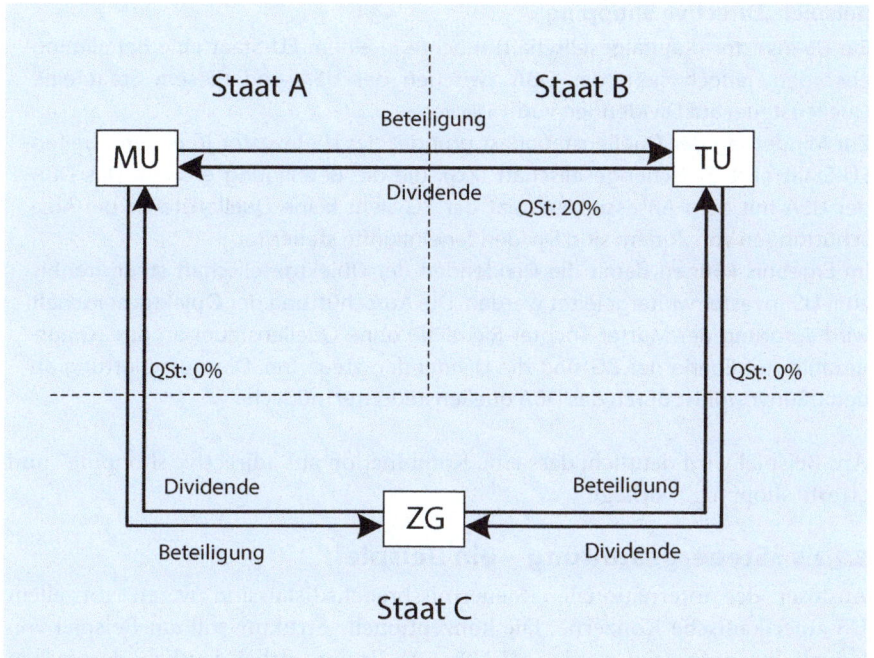

◘ Abb. 5.3 Treaty Shopping

erreicht werden. Findet die Freistellungsmethode Anwendung, kann von einem niedrigeren Steuerniveau des Betriebsstättenstaats profitiert werden. Ein ähnliches Ergebnis kann auch durch die Einlage in eine Kapitalgesellschaft erreicht werden.

5.2.2.4 Steuergestaltungen mittels EU-Richtlinien

Beim sog. „directive shopping" wird der Versuch unternommen, EU-Richtlinien zu nutzen, ohne dass eine eigene Anspruchsberechtigung gegeben wäre. Die Methode entspricht somit dem „treaty shopping", basiert jedoch anstelle der DBA auf EU-Richtlinien.

Genutzt wird „directive shopping" in der Regel durch Personen aus EU-Drittstaaten, die die EU-Richtlinien nicht unmittelbar nutzen können. Durch Zwischenschaltung einer Kapitalgesellschaft mit Ansässigkeit in der EU können zumindest in den nachfolgenden Stufen die EU-Richtlinien genutzt werden.

Ein häufiger Anwendungsfall liegt in der Mutter-Tochter-Richtlinie. Allerdings beinhalten die EU-Richtlinien regelmäßig Missbrauchsklauseln, die das „directive shopping" einschränken sollen.

Beispiel: „Directive Shopping"
Ein US-Investor (Kapitalgesellschaft) möchte in einem EU-Staat eine Beteiligung erwerben, jedoch sieht das DBA zwischen der USA und diesem Staat eine Quellensteuer auf Dividenden von 15 % vor.
Zur Minderung der Quellensteuerlast gründet der US-Investor in einem zweiten EU-Staat eine Zwischengesellschaft (ZG), die die Beteiligung erwirbt. Das DBA der USA mit dem Ansässigkeitsstaat der ZG sieht keine Quellensteuer bei Ausschüttungen vor. Zudem sind Dividendeneinkünfte steuerfrei.
Im Ergebnis können damit die Dividenden der Objektgesellschaft steuerfrei bis zum US-Investor weitergeleitet werden. Die Ausschüttung der Objektgesellschaft wird aufgrund der Mutter-Tochter-Richtlinie ohne Quellensteuer an die ZG ausgezahlt. Auf Ebene der ZG sind die Dividenden steuerfrei. Die Ausschüttung an den US-Investor ist durch das DBA quellensteuerfrei möglich.

Am Beispiel wird deutlich, dass eine Kombination aus „directive shopping" und „treaty shopping" vorliegt.

5.2.2.5 Steuergestaltung – ein Beispiel

Auslöser der internationalen Steuermissbrauchsdiskussion waren vor allem US-amerikanische Konzerne. Die konzeptionelle Struktur soll am Beispiel von Google Inc. aufgezeigt werden (◘ Abb. 5.4). Es wird dabei deutlich, dass neben den „Steuerangeboten" einzelner Staaten vor allem die Schnittstellen zwischen den Steuersystemen genutzt werden.

Die Konstruktion wird als „Sandwich" bezeichnet, da zwischen zwei irische Gesellschaften eine niederländische Gesellschaft eingefügt wird (vgl. Pinkernell 2012, S. 369–374, 2014, S. 123–126; Richter und Hontheim 2013, S. 1260–1264).

1. In einem ersten Schritt wurden immaterielle Rechte auf die in Irland gegründete „Google Ireland Holding" übertragen. Die Besonderheit dieser Gesellschaft liegt darin, dass die Geschäftsleitung nicht in Irland sondern auf den Bermudas angesiedelt ist.
2. Die „Google Ireland Holding" erteilt der niederländischen Gesellschaft (Google Netherlands Holding B.V.) eine Lizenz über die Nutzung der immateriellen Rechte. Diese wiederum gibt eine Unterlizenz an die „Google Ireland Ltd.", die zweite irische Gesellschaft.
3. Der „Google Ireland Ltd." fließen zunächst die Einnahmen der Werbekunden zu. Diese werden in Form von Lizenzgebühren weitgehend an die

5.2 · Formen der Steuergestaltung

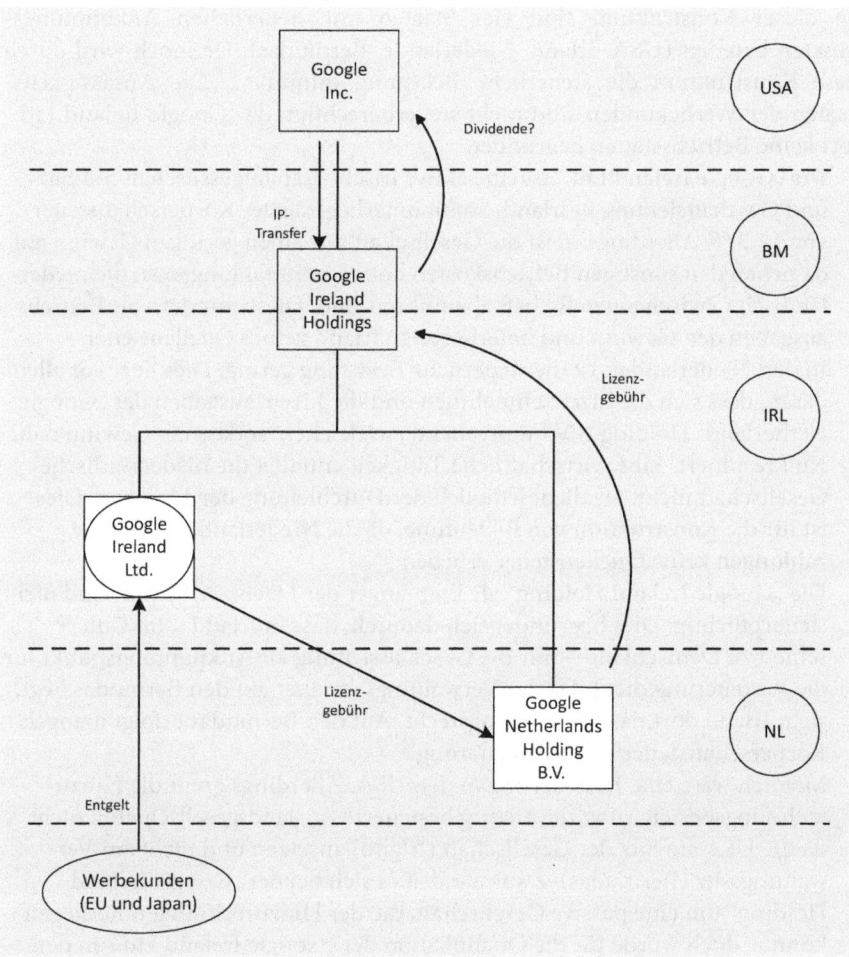

Abb. 5.4 Double Irish & Dutch Sandwich. (Quelle: Pinkernell 2012, S. 373)

niederländische Zwischengesellschaft weitergeleitet. Von dort fließen sie als Lizenzgebühren an die „Google Ireland Holding".

4. Die Gewinne können jetzt entweder in dieser Gesellschaft verbleiben und zur Finanzierung weiterer Investitionen außerhalb der USA dienen, oder in die USA zur Muttergesellschaft ausgeschüttet werden.

An dieser Konstruktion sind vier Staaten mit steuerlichen Anknüpfungspunkten beteiligt (USA, Irland, Niederlande, Bermudas). Dennoch wird durch diese Konstruktion die steuerliche Belastung minimiert. Die Ansässigkeitsstaaten der Werbekunden sind nicht steuerberechtigt, da „Google Ireland Ltd." dort keine Betriebsstätten begründet.

- Die „Google Ireland Ltd." ist eine aktive irische Kapitalgesellschaft mit Sitz und Geschäftsleitung in Irland. Somit unterliegt sie der Körperschaftsteuer von 12,5 %. Allerdings weist die Gesellschaft nur einen geringen Gewinn auf, da neben den sonstigen Betriebskosten hohe Lizenzzahlungen an die niederländische Zwischengesellschaft abzuführen sind. Diese mindern als Betriebsausgaben den Gewinn und unterliegen in Irland keiner Quellensteuer.
- In den Niederlanden ist die steuerliche Belastung gering. Dies liegt vor allem daran, dass sich die Lizenzeinnahmen und die Lizenzausgaben der „Google Netherlands Holding B.V." weitgehend ausgleichen, sodass ein Gewinn nahe Null resultiert. Eine wirtschaftliche Tätigkeit entfaltet die niederländische Gesellschaft nicht. Sie dient lediglich der Durchleitung der Lizenzen. Dies ist für die Konstruktion von Bedeutung, da die Niederlande auf Lizenzzahlungen keine Quellensteuer erheben.
- Die „Google Ireland Holding" als Empfänger der Lizenzen, ist in Irland nicht steuerpflichtig. Dies begründet sich dadurch, dass in Irland – im Unterschied zu Deutschland – nur die Geschäftsleitung als Anknüpfungspunkt für die Besteuerung dient. Da der Verwaltungssitz aber auf den Bermudas liegt, sieht Irland dort das Besteuerungsrecht. Auf den Bermudas erfolgt mangels Körperschaftsteuer keine Besteuerung.
- Möglich wäre eine Besteuerung in den USA. Allerdings greift die Hinzurechnungsbesteuerung für niedrig besteuerte Auslandsgesellschaften nicht, da die USA am Sitz der Gesellschaft (Irland) ansetzen und nicht am Verwaltungssitz (Bermudas). Zwar handelt es sich bei der „Google Ireland Holding" um eine passive Gesellschaft, die der Hinzurechnung unterliegen könnte, doch wurde für die Qualifikation der „Google Ireland Ltd." in den USA nach den „check-the-box-Regeln" zum Transparenzprinzip optiert. Damit gilt die Gesellschaft als Betriebsstätte der „Google Ireland Holding". Im Ergebnis gilt damit auch die „Google Ireland Holding" als aktiv, da die Tätigkeiten der Betriebsstätten dem Stammhaus zugerechnet werden.
- Eine Ausschüttung von Dividenden in die USA unterbleibt, da dann eine Besteuerung der Dividenden erfolgen würde (nach US-Steuerrecht bis 2017).

Im Ergebnis stellte das Modell „nur" eine Steuerstundungsgestaltung dar, da spätestens bei der Repatriierung der Gewinne in die USA eine Nachbesteuerung erfolgt. Bis zum Gewinntransfer in die USA konnten jedoch weitgehend die

Bruttogewinne (vor Steuern) reinvestiert werden, was gegenüber anderen Konzernen, denen diese Möglichkeiten nicht offen stehen, zu Wettbewerbsvorteilen führte. Im Rahmen der US-Steuerreform sind die Steuersätze für die Gewinnrepatriierung deutlich gesenkt worden.

Für eine deutsche Gesellschaft wäre diese Gestaltung nicht möglich, da die „Google Ireland Holding" als passive Gesellschaft der Hinzurechnungsbesteuerung unterliegen würde.

5.3 Maßnahmen zur Missbrauchsbekämpfung

Den internationalen Konzernen gelingt es mit den in ▶ Abschn. 5.2 beschriebenen Gestaltungen immer besser, die steuersystembedingten Unterschiede zwischen den Staaten zu nutzen, um niedrig besteuerte Einkünfte zu erzielen. Vor diesem Hintergrund wurden auf drei Ebenen Maßnahmen ergriffen, um (wieder) eine angemessene Besteuerung herzustellen:
– OECD,
– EU,
– Nationalstaaten.

Dies geschieht zum einen in Form multilateraler Abkommen, ebenso wir durch Anpassung von DBA und EU-Richtlinien. Auf nationaler Ebene wird als Folge des „treaty shopping" vor allem mit „treaty overriding" reagiert.

Die multilateralen Abkommen sind vor allem deswegen notwendig, da ansonsten alle DBA einzeln angepasst werden müssten. Durch die multilateralen Vereinbarungen sollen einzelne Regelungen für eine Vielzahl von DBA unmittelbar Geltung erhalten.

5.3.1 Maßnahmen auf Ebene der OECD

Neben den verschiedenen Musterabkommen, die vor allem als Grundlage für bilaterale Verhandlungen beim Abschluss von DBA dienen, hat die OECD sich stets auch mit Maßnahmen gegen Steuermissbrauch beschäftigt. Insbesondere das Musterabkommen zum Informationsaustausch ist vor diesem Hintergrund entstanden.

Als ein erster Meilenstein kann der 1998 veröffentlichte Bericht mit dem Titel „Harmful Tax Competition: An Emerging Global Issue" angesehen werden. Organisatorisch wurde das „Forum on Harmful Tax Practice" gegründet, das sich mit Fragen der schädlichen Steuerpraktiken der OECD-Mitgliedstaaten und insbesondere mit Steueroasen beschäftigt hat. Im Mittelpunkt steht die Verlagerung von Kapitaleinkommen von Unternehmen und Privatpersonen in Steueroasen. Als schädlich werden dabei nicht niedrige Steuersätze angesehen, sondern eine fehlende Informationsweitergabe an die Heimatländer der Kapitalanleger. Hierin wird die Ursache für Steuerhinterziehung gesehen. Dabei werden zwei Kategorien an Staaten gebildet:

– Steuerparadiese: diese Staaten verweigern jegliche Informationsweitergabe und verlangen keine substanzielle wirtschaftliche Tätigkeit (Briefkastenfirmen).
– Präferenzielle Steuerregime: in diesen Staaten wird bezüglich der Steuerbelastung nach der Ansässigkeit differenziert und Steuerausländern Steuervorteile eingeräumt.

Beide Formen wurden als schädlicher Steuerwettbewerb definiert und sollten bekämpft werden. Neben einer Reihe von Einzelmaßnahmen war insbesondere die Veröffentlichung einer „Schwarzen Liste" mit den entsprechenden Staaten geplant. Von der OECD wurden 35 Steuerparadiese und 47 präferenzielle Steuerregime identifiziert. Diese sollten sich verpflichten, ihre Steuerpraxis zu ändern und Informationen weitergeben.

Allerdings war festzustellen, dass die betroffenen Staaten versuchten, die Anforderungen der OECD, 12 Abkommen mit Informationsaustausch vorzuweisen, dadurch zu erreichen, dass die Steueroasen untereinander entsprechende Abkommen abgeschlossen haben.

Die Liste der Steuerparadiese und der präferenziellen Steuerregime wurde schnell kleiner. 2009 enthielt die Liste noch vier Einträge von Staaten, die als nicht kooperativ galten: Costa Rica, Malaysia (Labuan), Philippinen und Uruguay. 30 weitere Steuerparadiese hatten zwar dem Informationsaustausch zugestimmt, jedoch noch nicht genügend Informationsabkommen abgeschlossen, u. a. Bahamas, Gibraltar und Liechtenstein. 2012 wurde die Liste letztmalig veröffentlicht, da keine unkooperativen Staaten mehr vorhanden waren, lediglich drei Staaten (Guatemala, Nauru und Niue) hatten ihre Zustimmung noch nicht hinreichend umgesetzt.

Im Zuge der Finanzkrise trat dieses Thema erneut in den Mittelpunkt. Nicht zuletzt der Steuerstreit zwischen den USA und der Schweiz, die auf Basis ihres Bankgeheimnisses eine Informationsweitergabe nur bei Steuerbetrug ermöglichte, brachte hier den Durchbruch. Es wurde deutlich, dass sich bei grenzüberschreitenden Sachverhalten Grenzen der Besteuerung immer dann ergeben, wenn den Staaten die notwendigen Informationen für eine korrekte Besteuerung nicht zur Verfügung stehen.

Eine entsprechende Problembeschreibung liefert die OECD in ihrer Einführung zum Common Reporting Standard, der 2014 als Gegenmaßnahme vorgestellt wurde:

> **Auf den Punkt gebracht: Problembeschreibung**
> „As the world becomes increasingly globalised it is becoming easier for all taxpayers to make, hold and manage investments through financial institutions outside of their country of residence. Vast amounts of money are kept offshore and go untaxed to the extent that taxpayers fail to comply with tax obligations in their home jurisdiction. Offshore tax evasion is a serious problem for jurisdictions all over the world, OECD and non-OECD, small and large, developing and developed. Countries have a shared interest in maintaining the integrity of their tax systems. Cooperation between tax administrations is critical in the fight against tax evasion and in protecting the integrity of tax systems. A key aspect of that cooperation is exchange of information."
> (Quelle: OECD, CRS, Part I: Introduction, Rz. 1)

Am 13.02.2014 hat die OECD einen globalen Standard für den Informationsaustausch (Common Reporting Standard, CRS, 2. Aufl. 2017; ▶ https://read.oecd-ilibrary.org/taxation/standard-for-automatic-exchange-of-financial-account-information-in-tax-matters-second-edition_9789264267992-en#page1) vorgelegt, der seit 2017 zur Anwendung kommt. Die Regelungen lehnen sich an die US-amerikanischen FATCA-Regelungen an und sind auf Betreiben der G20 entwickelt worden. Mit FATCA will die USA im Ausland belegenes Einkommen und Vermögen von US-Steuerpflichtigen erfassen. Der OECD-Standard umfasst zum einen ein Musterabkommen (Model Competent Authority Agreement, CAA), zum anderen einen Due Diligence-Prozess.

Das Musterabkommen regelt, welche Informationen auszutauschen sind. Dies betrifft u. a. sämtliche Formen von Kapitaleinkünften. Daneben sind auch bestimmte Versicherungsprodukte betroffen. Damit sind nicht nur Banken auskunftspflichtig sondern auch andere Anlagegesellschaften. Die Informationen sind nicht nur für natürliche Personen zu übermitteln, sondern auch für juristische Personen. Der Datenaustausch soll automatisiert innerhalb von 9 Monaten nach Kalenderjahresende erfolgen.

Auf materieller Ebene hat die OECD vor dem Hintergrund der Finanzkrise und der internationalen Diskussion von missbräuchlichen Gestaltungen –

vor allem der niedrigen Konzernsteuerquoten einiger Konzerne – das Aktionsprogramm „BEPS (Base Erosion and Profit Shifting)" aufgelegt. Dieses Aktionsprogramm wurde inzwischen zu einem Treiber der Entwicklungen im internationalen Steuerrecht. Das BEPS-Projekt umfasst 15 Themenbereiche, zu denen 2015 die Abschlussberichte vorgelegt wurden (◘ Tab. 5.3).

Hintergrund: OECD-Maßnahmen
- OECD, Gewinnverkürzung und Gewinnverlagerung – Situationsbeschreibung und Lösungsansätze, Paris 2014.
- OECD, Aktionsplan zur Bekämpfung der Gewinnverkürzung und Gewinnverlagerung, Paris 2014.
- OECD, BEPS-Projekt Erläuterungen. Abschlussberichte 2015, Paris 2016.

Die Maßnahmen richten sich im Einzelnen gegen hybride Finanzinstrumente und Gesellschaftsformen oder Qualifikationskonflikte, die steuerfreie Einkünfte entstehen lassen. Daneben soll das Besteuerungsrecht der Quellenstaaten gestärkt werden, damit die Besteuerung sich stärker an der wirtschaftlichen Wertschöpfung ausrichtet.

Da nicht alle BEPS-Aktionspunkte bereits finale Ergebnisse erzielten (z. B. AP 1 zur Besteuerung der digitalen Wirtschaft) verfolgt die OECD einzelne Themen weiter. Die Regelungen haben zum Teil auch bereits Einzug in das OECD-Musterabkommen 2017 und die OECD-Verrechnungspreisleitlinien 2017 gefunden. Zielsetzung ist eine wertschöpfungsorientierte Aufteilung des Besteuerungssubstrats. Dies erscheint insbesondere vor dem Hintergrund der starken Fokussierung der Anknüpfungspunkte der Besteuerung auf Personal und materielle Wirtschaftsgüter nicht mehr gegeben zu sein. Dementsprechend werden alternative Ansätze der Besteuerung für digitale Geschäftsmodelle gesucht. Dies betrifft zum einen plattformbasierte Geschäftsmodelle (wie z. B. Amazon oder Ebay) aber auch datenbasierte Modelle (wie z. B. Google oder Facebook).

Die einzelnen Aktionspunkte bilden den Ausgangspunkt für eine Reihe von Maßnahmen der EU sowie der nationalen Gesetzgeber.

Für eine effiziente und zügige Umsetzung wurde das Multilaterale Abkommen (MLI) durch Deutschland und 67 weitere Staaten unterzeichnet. Die teilnehmenden Staaten können entsprechende Regelungen und DBA's auswählen, die gemäß der im BEPS hinterlegten Aktionspunkte überarbeitet werden sollen. Eine grundsätzliche Verpflichtung besteht hierfür abgesehen von einigen Ausnahmen jedoch nicht. So möchte Deutschland zum Beispiel einige Ausnahmen für das Vorliegen einer Betriebsstätte in einigen ausgewählten DBA's durch das MLI überarbeiten, während die Antifragmentierungsregelung

Tab. 5.3 BEPS-Aktionspunkte

Aktionspunkt	Bezeichnung	Anmerkung
1.	Besteuerung der digitalen Wirtschaft	Fortführung durch OECD; Vorschläge der EU zur Digitalsteuer
2.	Hybride Gestaltungen	Umsetzung in EU durch ATAD II; in Deutschland bereits bestehende Regelungen (§ 8b I S.2 KStG, § 14 I S.1 Nr. 5 KStG, § 4i EStG und § 50d IX EStG)
3.	Erarbeitung von Standards für die Hinzurechnungsbesteuerung	Umsetzung in EU durch ATAD; in Deutschland bereits über §§ 7-14 AStG vorhanden
4.	Verhinderung von Steuerverkürzungen durch Regelungen zur Versagung des Zinsabzugs	Umsetzung durch ATAD; in Deutschland besteht bereits Zinsschranke (§ 4h EStG, § 8a KStG)
5.	Arbeiten gegen schädlichen Steuerwettbewerb	Umsetzung in EU durch Richtlinie 2015/2376/EU vom 8. Dezember 2015 über den Austausch von Tax Rulings; in Deutschland durch EU-Amtshilfe-Gesetz
6.	Verhinderung von Abkommensmissbrauch	Umsetzung in EU durch ATAD; in Deutschland bereits § 42 AO
7.	Aktualisierung des Betriebsstättenbegriffs	In OECD-MA 2017 berücksichtigt; über MLI (AP 15) für Alt-DBA anwendbar
8.–10.	Aktualisierung der Verrechnungspreisleitlinien	In OECD VP-RL 2017 berücksichtigt
11.	Entwicklung von Methoden und Regelungen, um Daten über Gewinnkürzungen und Gewinnverlagerungen zu erlangen	Die Steuerausfälle sollen zwischen 4 und 10 % des KSt-Aufkommens betragen
12.	Entwicklung von Offenlegungsregelungen für aggressive Steuerplanungen	Umsetzung in EU durch EU-Richtlinie 2018/822/EU zur Anzeigepflicht grenzüberschreitender Steuergestaltungen; umzusetzen bis 31.12.2019
13.	Verrechnungspreisdokumentation und Country-by-Country-Reporting (CbC-R)	CbC-Reporting in Deutschland umgesetzt durch §§ 138a–138c AO

(Fortsetzung)

Tab. 5.3 (Fortsetzung)

Aktionspunkt	Bezeichnung	Anmerkung
14.	Verbesserung der Verwaltungszusammenarbeit in Verständigungs- und Schiedsverfahren	Umsetzung über die DBA; innerhalb der EU gilt die EU-Schiedskonvention
15.	Multilaterales Instrument	Umsetzung im Pariser Abkommen vom 07.06.2017 mit 67 Unterzeichnerstaaten

(Umgehung des Betriebsstättenstatus durch Separierung von Hilfs- und Nebentätigkeiten) keine Anwendung finden soll. Durch das MLI werden bestehende DBA lediglich ergänzt beziehungsweise abgeändert. Es entsteht somit eine weitere Prüfungsstufe bezüglich internationaler Sachverhalte. Die ausgewählten Regelungen im Rahmen des MLI müssen auch entsprechend in den nationalen Gesetzen hinterlegt sein, damit sie ihre Wirkung entfalten können. Bezüglich der von Deutschland ausgewählten Betriebsstätten-Thematik ist dies gegeben, da Hilfs- und Nebentätigkeiten gem. § 12 AO erfasst sind.

Beispiel zur Prüfungssystematik
Ein ausländischer Onlinehändler X wickelt den Bestell- und Zahlungsvorgang über den Sitzstaat seines Unternehmens ab. Um die Ware zeitnah an die deutschen Kunden zu bringen unterhält er Waren- und Versandlager in deutschen Städten. Diese sind mit komplexen Logistiksystemen, modernen Technologien und qualifizierten Mitarbeitern ausgestattet, die auch Kundendaten auswerten und daraus entsprechende Algorithmen über deren Kaufverhalten ableiten. Gemäß § 12 AO liegt hier eine Betriebsstätte vor (Warenlager, das der Unternehmenstätigkeit dient). Aufgrund der Schrankenwirkung des DBA's liegt nach Art. 5 Abs. 4 OECD-MA keine Betriebsstätte vor, was zur Folge hätte, dass der Gewinn im Land des X zu besteuern wäre. Jedoch ist nun das MLI zu prüfen und eine Tätigkeitsanalyse für die Betriebsstätte durchzuführen. Aufgrund der angegebenen Tätigkeiten und Ausstattung der Betriebsstätte kann man nicht von einer Hilfs- und Nebentätigkeit ausgehen, was zur Folge hat, dass eine in Deutschland steuerpflichtige Betriebsstätte vorliegt. Allerdings gilt dies nur dann, wenn beide Staaten das DBA für das MLI freigegeben haben und auch beide Staaten die Anwendung der Neuregelung angenommen haben. Deutschland hat dieser Erweiterung zugestimmt.

Die OECD unterhält eine Datenbank (▶ http://www.oecd.org/tax/treaties/MLI-matching-database.htm), durch die festgestellt werden kann, welche Vorbehalte die einzelnen Staaten angebracht haben. Nur wenn die jeweils betroffenen Länder die DBA eingebracht und die gleichen Regelungsoptionen angenommen haben, kommt es zur Überschreibung des DBA. Deutschland hat derzeit 35 DBA freigegeben.

5.3.2 Europäische Union

Die Maßnahmen der EU richten sich zum einen gegen den „unfairen" Steuerwettbewerb innerhalb der Union und zum anderen grundsätzlich gegen internationale Missbrauchsformen durch Unternehmen und Staaten.

Die erste Maßnahme bildete 1997 der „Verhaltenskodex für die Unternehmensbesteuerung" (98/C 2/01, Abl. C 2, S. 2 vom 06.01.1998; ► http://ec.europa.eu/taxation_customs/taxation/company_tax/harmful_tax_practices/index_de.htm) im Bereich der direkten Steuern. Damit sollte ein schädlicher Steuerwettbewerb eingeschränkt werden.

> **Auf den Punkt gebracht: Schädlicher Steuerwettbewerb**
> Als schädliche Maßnahmen sind solche Maßnahmen anzusehen, die gemessen an dem üblicherweise in dem betreffenden Mitgliedstaat geltenden Besteuerungsniveau eine deutlich niedrigere Effektivbesteuerung bewirken.

Die Mitgliedstaaten einigten sich darauf, dass zum einen keine neuen schädlichen Steuerregelungen erlassen werden (Stillhalteverpflichtung) und zum anderen bis spätestens 2011 alle bestehenden steuerschädlichen Regelungen zu beseitigen sind (Rücknahmeverpflichtung). In 1999 wurde eine Zusammenstellung von 66 Regelungen (40 in EU-Ländern, drei in Gibraltar und 23 in assoziierten Gebieten) veröffentlicht. Der Katalog wird regelmäßig angepasst. Als Konsequenz sind bereits mehr als 100 Regelungen abgeschafft oder geändert worden.

Allerdings stellt der Kodex keine Richtlinie und somit kein durch die EU sanktionierbares Instrument dar. Die einzige Möglichkeit der EU-Kommission gegen Mitgliedstaaten vorzugehen, die nicht kooperieren, liegt in der Einleitung von Verfahren wegen unzulässigen Beihilfen.

Daneben hat die EU-Kommission eine Mitteilung zur Förderung des verantwortungsvollen Handelns im Steuerbereich veröffentlicht (KOM (2009) 201end vom 28.04.2009). Darin werden drei zentrale Zielsetzungen genannt:
- Zusammenarbeit der Steuerverwaltungen und Informationsaustausch,
- Vermeidung schädlichen Steuerwettbewerbs,
- Vermeidung steuerlicher Beihilfen.

Auf dieser Basis hat die EU eine Reihe von Richtlinien erlassen, die der Zusammenarbeit der Finanzverwaltungen dienen. Daneben enthalten die EU-Richtlinien im Bereich der direkten Steuern Missbrauchsregelungen, die dadurch Eingang in das nationale Steuerrecht finden. Im Zuge der Finanzkrise gilt dies insbesondere für die Mutter-Tochter-Richtlinie. Hier hat der EU-Rat die Kommission am 21.05.2013 aufgefordert, entsprechende Maßnahmen zu ergreifen, um eine doppelte Nichtbesteuerung zu vermeiden. Während eine Regelung hybrider Gesellschaften weitgehend unstrittig ist, bestehen seitens einiger EU-Staaten Bedenken gegen eine allgemeine Missbrauchsklausel.

Hintergrund: Empfehlungen der Kommission
- Vom 06.12.2012 für Maßnahmen, durch die Drittländer zur Anwendung von Mindeststandards für verantwortungsvolles Handeln in Steuerbereich veranlasst werden sollen (C (2012) 8805 final); ▶ http://ec.europa.eu/taxation_customs/resources/documents/taxation/tax_fraud_evasion/c_2012_8805_de.pdf
- Vom 06.12.2012 betreffend aggressive Steuerplanung (C (2012) 8806 final); ▶ http://ec.europa.eu/taxation_customs/resources/documents/taxation/tax_fraud_evasion/c_2012_8806_de.pdf

Die Empfehlungen richten sich an die Mitgliedstaaten und umfassen im Fall der Empfehlung zu Mindeststandards, dass die Mitgliedstaaten „Schwarze Listen" zu nicht kooperierenden Staaten führen sollen. Als nicht kooperativ gelten Staaten, die sich nicht am Informationsaustausch beteiligen oder Gestaltungsmöglichkeiten im Sinne des EU-Verhaltenskodexes durch Drittstaaten einräumen. Im Rahmen der Empfehlung betreffend aggressive Steuerplanung werden Regelungen zur Anpassung der DBA und die Einführung allgemeiner Missbrauchsregelungen vorgeschlagen. Zudem wird die Einführung eines „Country-by-Country-Reportings" empfohlen. Die Zielsetzung beider Empfehlungen liegt vor allem in der Vermeidung steuerfreier oder niedrig besteuerter Einkünfte.

Darüber hinaus wurde die EU-Kommission durch das EU-Parlament (Entschließung vom 21.05.2013/2060(INI)), aufgefordert, stärker gegen Steueroasen vorzugehen und die Kommission beauftragt, den Begriff der Steueroase zu klären. Gegen betroffene Staaten sollten Maßnahmen wie die Kündigung von DBA, die Verweigerung von Fördermitteln oder die Einführung von Zollschranken ergriffen werden.

Diese Diskussion hat zur Verabschiedung der Richtlinie (EU) 2016/1164 vom 12.07.2016 mit Vorschriften zur Bekämpfung von Steuervermeidungspraktiken mit unmittelbaren Auswirkungen auf das Funktionieren des Binnenmarkts (ATAD I; ABl. L 193/1 v. 17.07.2016) geführt. Die EU möchte damit eine europaweit einheitliche Implementierung des BEPS-Projekts erreichen. Die einzelnen Regelungen sind bis zum 31.12.2018 umzusetzen. Die ATAD I

beschränkt sich auf Körperschaftsteuersubjekte und beinhaltet Bestimmungen zu:
- Zinsabzugsbeschränkung (Art. 4)
- Wegzugsbesteuerung (Art. 5)
- missbräuchlichen Gestaltungen (Art. 6)
- Hinzurechnungsbesteuerung (Art. 7 und 8) und
- hybriden Strukturen (Art. 9).

Dem folgte die ATAD II-Richtlinie (EU) 2017/952 vom 29.5.2017 zur Änderung der Richtlinie (EU) 2016/1164 bezüglich hybrider Gestaltungen mit Drittländern (ABl. L 144/1 v. 07.06.2017). Dadurch sollen hybride Gestaltungen von Drittstaaten-Körperschaften mit EU-Betriebsstätten betroffen sein. Grundsätzlich sollen alle Gestaltungen verhindert werden, die eine doppelte Abzugsfähigkeit von Betriebsausgaben oder eine doppelte Nichtbesteuerung von Betriebseinnahmen zum Ziel haben. Die Umsetzungserfordernisse für Deutschland sind beschränkt, da bereits weitgehend entsprechende Regelungen bestehen.

5.3.3 Nationalstaatliche Maßnahmen

Internationale Abkommen waren lange Zeit weitgehend von der Idee geleitet, Doppelbesteuerung zu vermeiden. Die Nationalstaaten haben demgegenüber Maßnahmen ergriffen, um Missbrauch zu vermeiden und dies im nationalen Steuerrecht verankert. Dies gilt zum Beispiel auch für Deutschland, das 1972 das Außensteuergesetz als Missbrauchsbekämpfungsgesetz geschaffen hat.

Vorreiter der Missbrauchsbekämpfung war die USA, die schon Mitte des letzten Jahrhunderts unilaterale Maßnahmen ergriffen hat, aber auch DBA um Missbrauchsklauseln ergänzt und sogar etliche DBA mit Steueroasen gekündigt hat.

Nachfolgend werden wesentliche Maßnahmen Deutschlands im Zuge der Missbrauchsbekämpfung vorgestellt sowie punktuell auf einige Besonderheiten anderer Staaten eingegangen.

5.3.3.1 Informationsabkommen mit Steueroasen

Im Zuge der Erstellung der „Schwarzen Liste" der OECD hat Deutschland konkrete Maßnahmen gegen Steueroasen ergriffen. Durch das Gesetz zur Bekämpfung der Steuerhinterziehung vom 29.07.2009 (BGBl. I, S. 2302) wurde in § 51 Abs. 1 Nr. 1 BSt. f EStG und § 33 Abs. 1 Nr. 2 BSt. e KStG die Grundlage

für eine Rechtverordnung geschaffen, mit der die Erweiterung der Mitwirkungspflichten bei Aktivitäten in Steueroasen geregelt werden soll. Durch die Steuerhinterziehungsbekämpfungsverordnung (SteuerHBekV) vom 18.09.2009 (BGBl. I, S. 3046) wurde diese Ermächtigung ausgeschöpft. Als Maßnahmen sind vorgesehen:
- Versagung des Betriebsausgaben- bzw. Werbungskostenabzugs bei Nichterfüllung der Mitwirkungs- und Aufzeichnungspflichten;
- keine Entlastung/Ermäßigung von der inländischen Kapitalertragsteuer für eine ausländische Gesellschaft, wenn der wirtschaftlich Berechtigte nicht benannt wird;
- keine Anwendung des Abgeltungsteuertarifs und des Teileinkünfteverfahrens oder von § 8b KStG, wenn der Steuerpflichtige die Finanzverwaltung nicht zur Auskunftseinholung in der Steueroase ermächtigt.

Diese auf den ersten Blick einschneidenden Maßnahmen sind jedoch nie zur Anwendung gekommen. Die Regelungen greifen nach § 51 EStG und § 33 KStG nur für Staaten, die nach der OECD-Liste als unkooperativ gelten. Das Bundesfinanzministerium hat 2010 festgestellt, dass die OECD-Liste leer ist.

Entsprechende Regelungen wurden auch von anderen europäischen Staaten eingeführt, wobei nicht zwingend eine Ankopplung an die OECD-Liste erfolgt. So führten zum Beispiel Frankreich und Italien entsprechende Listen ein, die jeweils mehrere Staaten enthalten.

5.3.3.2 Umsetzung von Missbrauchsklauseln der EU-Richtlinien

Die einzelnen EU-Richtlinien enthalten regelmäßig auch Missbrauchsregelungen, die zur Anwendung in nationales Recht umgesetzt werden müssen. Eine zentrale Regelung zur Einschränkung des „treaty shopping" durch die Zwischenschaltung von Kapitalgesellschaften in der EU findet sich in § 50d Abs. 3 EStG. Dadurch soll der Missbrauch der Mutter-Tochter-Richtlinie durch Drittstaaten-Konzerne unterbunden werden. Gleiches gilt für die Quellensteuerentlastung der Zins- und Lizenzrichtlinie. Die Einschränkungen des § 50d Abs. 3 EStG gelten auch, wenn sich die Entlastung aus einem DBA ableitet.

§ 50d Abs. 3 EStG setzt die Anwendung der Mutter-Tochter-Richtlinie aus, wenn diese bei einer unmittelbaren Beteiligung der Obergesellschaft an der Objektgesellschaft nicht zur Anwendung käme. Dies ist regelmäßig der Fall, wenn die Obergesellschaft in einem EU-Drittstaat ansässig ist.

Allerdings sieht § 50d Abs. 3 EStG vor, dass unter bestimmten Bedingungen trotz der Ansässigkeit der Obergesellschaft in einem EU-Drittstaat die Mutter-Tochter-Richtlinie greift. Dafür muss eines der beiden Kriterien erfüllt sein:
— Die Zwischengesellschaft weist wesentliche Erträge aus eigener wirtschaftlicher Tätigkeit aus und nicht nur Erträge aus der Holdingfunktion gegenüber den Objektgesellschaften.
— Für die Einschaltung der Zwischengesellschaft bestehen wesentliche wirtschaftliche Gründe und sie verfügt über eine angemessene betriebliche Ausstattung für die Teilnahme am allgemeinen wirtschaftlichen Verkehr.

Eine weitere Ausnahme sieht § 50d Abs. 3 EStG vor, wenn die Anteile der Zwischengesellschaft an der Börse notiert sind.

Da die Regelungen zu den wesentlichen Erträgen, den wirtschaftlichen Gründen und der betrieblichen Ausstattung allgemein gehalten sind, regelt die Finanzverwaltung die Einzelheiten in einem umfangreichen Schreiben (BMF, Schreiben betr. Entlastungsberechtigung ausländischer Gesellschaften (§ 50d Abs. 3 EStG) vom 24.01.2012, BStBl. I, S. 171–176). Dabei stellt die Finanzverwaltung klar, dass die eigene Tätigkeit der Zwischengesellschaft über die Vermögensverwaltung hinausgehen muss (Tz. 5.1).

Allerdings hat der EuGH mit Urteil vom 14.06.2018 (ECLI:EU:C:2018:437 = C-440/17) die Unionsrechtswidrigkeit von § 50d Abs. 3 EStG festgestellt, nachdem mit dem verbundenen Urteil vom 20.12.2017 (ECLI:EU:C:2017:1009 = C-504/16 und C-613/16) bereits die Unionsrechtswidrigkeit der Vorgängerfassung von § 50d Abs. 3 EStG beschieden wurde. Die Unionsrechtswidrigkeit bezieht sich insbesondere darauf, dass nicht grundsätzlich bei Verwaltungseinkünften von einem Gestaltungsmissbrauch ausgegangen werden darf. Der EuGH fordert mindestens einen konkreten Missbrauchshinweis, sodass grundsätzliche eine Einzelfallprüfung erfolgen muss. Das BMF hat mit Schreiben vom 04.04.2018 (BStBl. I, S. 589) die Anwendung von § 50d Abs. 3 EStG zwar eingeschränkt, jedoch nur einige wenige Aspekte aufgegriffen. Insbesondere sollen nicht nur wirtschaftliche Gründe für eine Gestaltung ausreichend sein, es soll vielmehr weiterhin eine eigene wirtschaftliche Tätigkeit erforderlich sein. Vor dem Hintergrund der neuen EuGH-Rechtsprechung wird der Gesetzgeber § 50d Abs. 3 EStG noch weiter einschränken und eine Einzelfallprüfung anordnen müssen.

Soweit keine Anspruchsberechtigung einzelner Gesellschafter der Zwischengesellschaft besteht, entfällt die Quellensteuerbefreiung teilweise. Die Höhe der nicht zu gewährenden Entlastung richtet sich zum einen nach den Erträgen aus eigener wirtschaftlicher Tätigkeit und zum anderen nach der wirtschaftlichen Rechtfertigung der Zwischenschaltung.

Beispiel: Missbrauchsregelungen
Frau Beate Bunt, ansässig auf den Jungferninseln gründet für ihre Investitionstätigkeit in Europa eine Zwischengesellschaft in Luxemburg (Z-KapG), die sich u. a. auch an der deutschen B-GmbH beteiligt. Die in Luxemburg ansässige Zwischengesellschaft erzielt zu 40 % Erträge aus eigener wirtschaftlicher Betätigung, die anderen 60 % sind Beteiligungserträge. Für diese Erträge kann zu 50 % eine wirtschaftliche Rechtfertigung erfolgen und es liegt ein angemessener Geschäftsbetrieb vor.
Da Frau Bunt keine eigene Anspruchsberechtigung geltend machen kann (bei direkter Beteiligung würde eine Quellensteuer von 25 % anfallen), ist die Höhe der Entlastungsberechtigung zu ermitteln.
- Zu 40 % besteht die Berechtigung auf Basis der Erträge aus eigener wirtschaftlicher Betätigung.
- Zu 30 % ergibt sich diese aus der zu rechtfertigenden Zwischenschaltung (50 % von 60 %).

Insgesamt kann die Z-AG eine Erstattung der Quellensteuer zu 70 % beanspruchen, 30 % der Quellensteuer sind zu erheben.

Als Missbrauchsregelung im Sinne einer Anspruchskontrolle sind § 50d Abs. 1 und 2 EStG zu verstehen. Danach ist zunächst die volle Quellensteuer durch den Gläubiger einzubehalten. Ermäßigungsbeträge aus den DBA oder den EU-Richtlinien (§§ 43b, 50g EStG) werden auf Antrag und Nachweis der Berechtigung durch das Bundeszentralamt für Steuern erstattet.

5.3.3.3 DBA-Klauseln und „treaty overriding"

Zielsetzung dieser beiden Maßnahmen ist die Vermeidung einer missbräuchlichen Nutzung von DBA. Soweit einzelne DBA neu verhandelt werden, wird vonseiten Deutschlands der Versuch unternommen, durch Zusatzklauseln insbesondere eine doppelte Nichtbesteuerung zu vermeiden. Daneben wurden entsprechende Klauseln im Wege des „treaty overriding" in Einzelsteuergesetze aufgenommen, sodass sich in diesem Fall die missbräuchliche Wirkung des DBA nicht entfalten kann.

Es handelt sich zum einen um Rückfallklauseln, die ein deutsches Besteuerungsrecht aufleben lassen, wenn aufgrund der Freistellungsmethode dieses im anderen Vertragsstaat liegt, dieser sein Besteuerungsrecht jedoch nicht nutzt. Zum anderen soll durch Aktivitätsklauseln die Nutzung von Steuervorteilen eingeschränkt werden. Einen Überblick gibt ◘ Abb. 5.5.

5.3 · Maßnahmen zur Missbrauchsbekämpfung

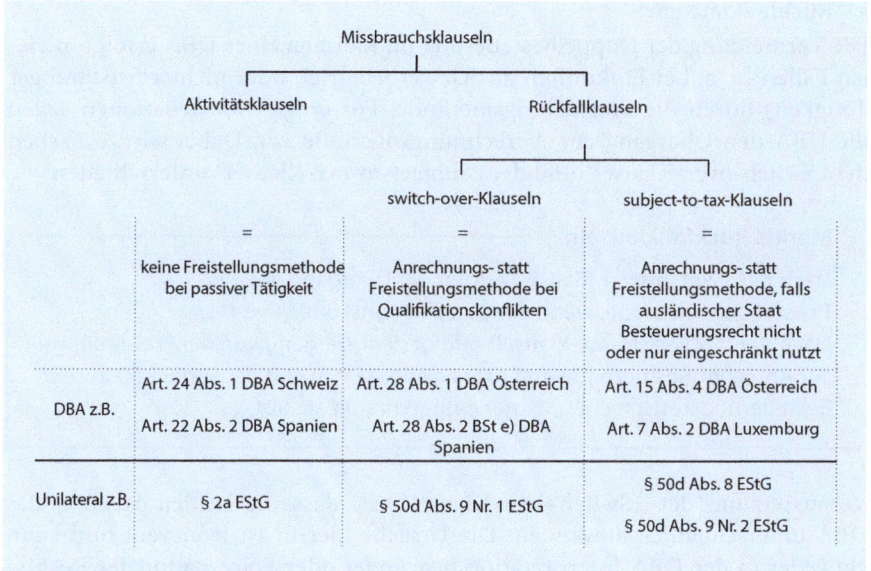

◻ Abb. 5.5 Missbrauchsklauseln

- **Aktivitätsklauseln**

Sowohl in DBA als auch unilateral sieht Deutschland bei passiven Tätigkeiten eine Einschränkung steuerlicher Begünstigungsregelungen vor. Nach den DBA-Klauseln erfolgt nur bei als aktiv qualifizierten Tätigkeiten die Vermeidung der Doppelbesteuerung durch die Freistellungsmethode. Liegt demgegenüber keine aktive Tätigkeit vor, so erfolgt der Übergang zur Anrechnungsmethode. Zielsetzung ist vor allem, dass durch die Zwischenschaltung von Gesellschaften im Ausland (Steueroasen) ein niedrigeres Steuerniveau wie in Deutschland realisiert werden kann.

Auch in § 2a EStG findet sich eine Aktivitätsklausel, die bei Einkünften aus Gewerbebetrieb die Nutzung von Verlusten aus ausländischen Betriebsstätten vermeiden soll. Die Regelung bezieht sich aber nur noch auf EU-Drittstaaten. In Deutschland können nur Verluste berücksichtigt werden, wenn sich die ausländische Betriebsstätte fast ausschließlich mit der Herstellung oder Lieferung von Waren und der Bewirkung gewerblicher Leistungen beschäftigt. Die Einschränkungen gelten auch für den negativen Progressionsvorbehalt (§ 32b Abs. 1 S. 2 Nr. 2 EStG).

- **Rückfallklauseln**

Die Vermeidung der Doppelbesteuerung im Rahmen eines DBA erfolgt in vielen Fällen (u. a. bei Einkünften aus Gewerbebetrieb oder nichtselbstständiger Tätigkeit) durch die Freistellungsmethode. Für einige Konstellationen sehen die DBA den Übergang zur Anrechnungsmethode vor. Dabei wird zwischen der „Switch-over-Klausel" und der „Subject-to-tax-Klausel" unterschieden.

> **Merke! Rückfallklauseln**
>
> Nach der „Switch-over-Klausel" erfolgt der Übergang von der Freistellungsmethode, wenn ein Qualifikationskonflikt vorliegt.
> Nach der „Subject-to-tax-Klausel" erfolgt der Übergang von der Freistellungs- zur Anrechnungsmethode im Ansässigkeitsstaat, wenn der andere Staat sein Besteuerungsrecht nicht oder nur eingeschränkt ausübt.

Voraussetzung der „Switch-over-Klausel" ist, dass die beiden Staaten, das DBA unterschiedlich anwenden. Die Ursache hierfür ist irrelevant und kann entweder in der DBA-Interpretation begründet oder Folge nationaler Rechtsgrundsätze sein.

Auch auf unilateraler Ebene findet sich mit § 50d Abs. 9 Nr. 1 EStG eine entsprechende Regelung. Verzichtet der ausländische Staat aufgrund einer unterschiedlichen Auslegung des DBA auf die Besteuerung, führt Deutschland die Besteuerung durch. Dadurch soll eine doppelte Freistellung vermieden werden.

Bei den „Subject-to-tax-Klauseln" soll ebenfalls eine doppelte Freistellung vermieden werden. Zudem soll Steueranreizen ausländischer Staaten entgegen gewirkt werden. In den DBA findet sich eine entsprechende Klausel häufig bei den Einkünften aus Gewerbebetrieb und den Einkünften aus nichtselbstständiger Tätigkeit.

Auch auf unilateraler Ebene kennt Deutschland entsprechende Vorschriften in § 50d Abs. 8 EStG und in § 50d Abs. 9 Nr. 2 EStG. Erfolgt im ausländischen Staat aufgrund einer dort bestehenden Steuerfreistellung keine Besteuerung, so fällt das Besteuerungsrecht an Deutschland zurück, wenn die Steuerbefreiung im Quellenstaat nur für beschränkt Steuerpflichtige gilt. Begründet sich die Steuerfreiheit demgegenüber durch eine allgemeine Steuerfreistellung, die auch unbeschränkt Steuerpflichtige in Anspruch nehmen können, bleibt es bei der Freistellungsmethode.

Beispiel: Schädliche Steuerfreistellung
Die X-GmbH errichtet im Ausland (A) eine Betriebsstätte. Ausländische Investoren erhalten hierfür eine Steuerbefreiung von der Körperschaftsteuer über zehn Jahre. Im DBA mit dem Staat A wurde die uneingeschränkte Freistellungsmethode vereinbart. Deutschland kann die Einkünfte aus der ausländischen Betriebsstätte besteuern, da die Steuerfreiheit nur beschränkt Steuerpflichtigen eingeräumt wird (§ 50d Abs. 9 Nr. 2 EStG).

Über den § 50d Abs. 9 Nr. 2 EStG hinaus schränkt § 50d Abs. 8 EStG die Freistellungsmethode bei Einkünften aus nichtselbstständiger Tätigkeit noch weiter ein. Es erfolgt ein Übergang zur Anrechnungsmethode, wenn der Steuerpflichtige nicht nachweist, dass die im Tätigkeitsstaat fällige Steuer tatsächlich entrichtet wurde oder der ausländische Staat auf diese Steuer verzichtet hat.

Die steuerliche Behandlung von Rückfallklauseln ist aber umstritten, da es sich um eine Form des „treaty override" handelt. Der BFH sieht einen Verfassungsverstoß, da Völkerrecht durch nationales Recht überschrieben wird. In drei Verfahren zu § 50d Abs. 8–10 EStG hat der BFH das Bundesverfassungsgericht (BVerfG) angerufen (◻ Tab. 5.4), um den Vorrang von Völkerrecht zu klären. In einem ersten Urteil hat das BVerfG (2 BvL 1/12 v. 15.12.2015) dieser Ansicht jedoch widersprochen und einen „treaty override" legitimiert. Begründet wird dies damit, dass Art. 59 Abs. 2 GG völkerrechtlichen Verträgen nur den Rang einfacher Bundesgesetze einräumt. Der Grundsatz „lex posterior" führt dazu, dass spätere Gesetzgeber in der Lage sein müssen, diese Gesetze zu revidieren.

- **Sonstige Klauseln**

Ein Fall von „treaty overriding" besteht auch bei der steuerlichen Behandlung von grenzüberschreitenden Vergütungen an Gesellschafter von Personengesellschaften (Sonderbetriebsvergütungen, § 15 Abs. 1 Nr. 2 EStG). Aus deutscher Sicht sind derartige Vergütungen den Einkünften aus Gewerbebetrieb

◻ **Tab. 5.4** Vorlagen an das BverfG

BFH	BVerG	Rechtsnorm
BFH vom 10.01.2012, Az. I R 66/09 (entschieden durch Urteil vom 15.12.2015)	2 BvL 1/12	zu § 50d Abs. 8 EStG
BFH vom 20.08.2014, Az. I R 86/13	2 BvL 21/14	Zu § 50d Abs. 9 EStG
BFH vom 11.12.2013, Az. I R 4/13	2 BvL 15/14	zu § 50d Abs. 10 EStG

zuzurechnen. International ist diese (Um-)Qualifikation unüblich, sodass die jeweils unmittelbar verwirklichten Einkunftsarten realisiert werden. Dieser Qualifikationskonflikt tritt sowohl bei Inbound- als auch Outbound-Sachverhalten auf (siehe ▶ Abschn. 3.4.3.4 und 4.4.3.4).

In § 50d Abs. 10 EStG wird für alle Fälle, in denen im DBA keine ausdrückliche Regelung zu Sonderbetriebserträgen vorhanden ist, festgelegt, dass die Sonderbetriebserträge dem Betriebsstättenstaat zuzuordnen sind. Gleiches gilt für die mit den Erträgen verbundenen Aufwendungen.

Beispiel: Sonderbetriebsvermögen
Der im Ausland ansässige Rudi Rost beteiligt sich an der inländischen gewerblich tätigen XY-KG als Kommanditist. Zudem gibt er der KG ein Darlehen. Die Zinsen unterliegen aus deutscher Sicht nach § 15 Abs. 1 Nr. 2 i. V. m. § 50d Abs. 10 EStG der inländischen Besteuerung als Einkünfte aus Gewerbebetrieb, sodass auch nach dem OECD-MA Deutschland das Besteuerungsrecht zusteht (Art. 7).
Der ausländische Staat wird in der Regel Einkünfte aus Kapitalvermögen annehmen und nach Art. 11 OECD-MA die Besteuerung im Wohnsitzstaat anwenden.
Durch die deutsche Besteuerung kommt es zu einer Doppelbesteuerung. Deutschland sieht hier den Ansässigkeitsstaat in der Verantwortung, zum Beispiel durch Anrechnung die Doppelbesteuerung zu vermeiden.

Die Doppelbesteuerung tritt auch bei der Überlassung beweglicher Wirtschaftsgüter auf, da nach dem OECD-MA das Besteuerungsrecht im Wohnsitzstaat liegt (Art. 21).

Zur Sicherung des Besteuerungsrechts für Deutschland wird im Fall von Sonderbetriebsvermögen nicht der Versuch unternommen, einen Qualifikationskonflikt zu lösen, vielmehr wird dieser durch § 50d Abs. 10 EStG noch gefestigt. Inwieweit dies zulässig ist, muss das BVerfG klären (◘ Tab. 5.4).

5.3.3.4 Thin Capitalization Rule

Neben dem „treaty overriding" kann sich auch eine nationale steuerliche Regelung gegen die Wirkung der internationalen Steueraufteilungsregelungen richten. Dies hat Deutschland im Bereich der Unternehmensfinanzierung durch die „Zinsschranke" versucht.

Grundsätzlich gilt für die Unternehmensfinanzierung der Grundsatz der Finanzierungsfreiheit. Allerdings sahen sich die Gesetzgeber in mehreren Ländern veranlasst, diese einzuschränken. Dies kann entweder gezielt für konzerninterne Finanzierungen vorgenommen werden, um Gewinntransfers in Niedrigsteuergebiete zu begrenzen oder sich grundsätzlich gegen eine

5.3 · Maßnahmen zur Missbrauchsbekämpfung

„überhöhte" Fremdfinanzierung richten. Grenzen für einen angemessenen Grad der Fremdfinanzierung sind in beiden Fällen jeweils willkürlich, weil es kein objektives Maß hierfür geben kann.

Hintergrund: BEPS Aktionspunkt 4
OECD, Begrenzung der Gewinnverkürzung durch Zins- und wirtschaftlich vergleichbaren Aufwendungen, Aktionspunkt 4 – Abschlussbericht 2015, Paris 2016.
(Quelle: ▶ https://www.oecd-ilibrary.org/docserver/9789264255050-de.pdf?expires=1546348300 &id=id&accname=guest&checksum=B00D81A63A58F96A1C901CC249BA7594)

In Deutschland erfolgte mit der Unternehmenssteuerreform 2008 der Übergang von einer spezifischen zu einer allgemeinen Missbrauchsregelung. Während bis 2008 nach § 8a KStG nur die übermäßige Gesellschafter-Fremdfinanzierung zu einer Umqualifizierung von Zinsen in Dividenden führte, wird seit Einführung der Zinsschranke jegliche Form der Fremdfinanzierung einbezogen. Nach § 4h EStG darf der Saldo aus Zinsaufwendungen und Zinserträgen nur in Höhe von 30 % des EBITDA (earnings before interest taxes depreciation and amortization) abgezogen werden.

Zwar bestehen Ausnahmen in Form
- einer allgemeinen Freigrenze von 3 Mio. €,
- einer Stand-alone-Regel für Unternehmen ohne Konzerneingliederung, und
- Konzerngesellschaften, wenn das Eigenkapital der durchschnittlichen Eigenkapitalquote des Konzerns entspricht,

doch zeigen diese Ausnahmen die Zielrichtung der Zinsschranke. Die übermäßige Fremdfinanzierung von inländischen Tochtergesellschaften ausländischer Konzerne soll verhindert werden.

Hintergrund: Gesetzesbegründung zur Zinsschranke
Die sog. Zinsschranke bei der Körperschaftsteuer ist deshalb grundsätzlich gegen eine übermäßige Fremdkapitalfinanzierung der Unternehmen gerichtet und soll verhindern, dass allein aus Gründen der Steueroptimierung eine hohe Fremdkapitalquote angestrebt wird. Sie soll insbesondere verhindern, dass Konzerne mittels grenzüberschreitender konzerninterner Fremdkapitalfinanzierung in Deutschland erwirtschaftete Erträge ins Ausland transferieren. Weiterhin soll die Zinsschranke verhindern, dass Konzerne sich gezielt über ihre deutschen Töchter auf dem Kapitalmarkt verschulden und über die gezahlten Zinsen vor allem in Deutschland die Steuerbemessungsgrundlage verringern.
(Quelle: BT-Drs. 16/4841, S. 31)

Ergänzend finden sich in § 8a KStG gesellschafterbezogene Regelungen für Kapitalgesellschaften. Danach findet die "Stand-alone"-Ausnahme nur dann Anwendung, wenn der Zinsaufwand, der an einen wesentlich beteiligten Gesellschafter (>25 %)

fließt, 10 % des Saldos aus Zinsaufwand und Zinsertrag nicht übersteigt. Entsprechend gilt die Konzernklausel nur, wenn die 10 %-Grenze für Zinszahlungen an andere Konzerngesellschaften nicht überschritten wird.

Allgemeine Zinsschranken wurden aber in den letzten Jahren von mehreren EU-Staaten eingeführt, da sie vor den entsprechenden Problemen wie Deutschland standen. Durch die Anti Tax Avoidance Richtlinie (ATAD; Richtlinie (EU) 2016/1164, ABl. L193/1 vom 19.07.2016, i. d. F. der Richtlinie (EU) 2017/952, ABl. L 144/1 vom 07.06.2017) ist eine Zinsschranke bis zum 31.12.2018 in allen EU-Staaten einzuführen (Art. 4), soweit nicht eine entsprechend wirksame Regelung besteht. In letzterem Fall besteht eine Bestandsschutzregelung bis 2024. Für Deutschland ergibt sich lediglich ein geringfügiger Anpassungsbedarf.

5.3.3.5 Außensteuergesetz

Das Außensteuergesetz wurde durch das „Gesetz zur Wahrung der steuerlichen Gleichmäßigkeit bei Auslandsbeziehungen und zur Verbesserung der steuerlichen Wettbewerbslage bei Auslandsinvestitionen" vom 08.09.1972 eingeführt. Vorläufer des Außensteuergesetzes gab es bereits während der Weimarer Republik in der Form des „Gesetzes gegen die Steuerflucht".

Mithilfe des Außensteuergesetzes versucht der Gesetzgeber – ergänzend zu Bestimmungen der Abgabenordnung oder anderen Einzelgesetzen – die Besteuerung von Auslandsbeziehungen zu regeln. Insbesondere sollen steuerliche Gestaltungen verhindert werden, mit deren Hilfe Vermögen und Einkünften in niedrig besteuerte Länder verlagert werden.

§ 1 AStG definiert den Fremdvergleichsgrundsatz und die Berichtigung von Einkünften, während anschließend die erweitert beschränkte Steuerpflicht in den §§ 2–5 geregelt wird. Weitere Regelungsinhalte sind u. a. die Wegzugsbesteuerung (§ 6) und die Hinzurechnungsbesteuerung (§§ 7–14).

Ein wesentliches Missbrauchsbekämpfungsinstrument ist die Hinzurechnungsbesteuerung, mit der die Zwischenschaltung von Kapitalgesellschaften vermieden werden soll. Die Hinzurechnungsbesteuerung führt dazu, dass die anteiligen Gewinne von Zwischengesellschaften als an den Gesellschafter ausgeschüttet gelten (§ 10 AStG). Die Gewinnermittlung erfolgt nach deutschen steuerlichen Vorschriften, wobei die Besteuerung auf Ebene der Zwischengesellschaft zum Abzug kommt. Erzielt die Zwischengesellschaft einen Verlust, kommt es zu keiner Hinzurechnung. Die Regelung ist somit asymmetrisch ausgestaltet. Auf die fiktive Gewinnausschüttung ist weder das Teileinkünfteverfahren (§ 3 Nr. 40 EStG) noch die Befreiungsvorschrift des § 8b Abs. 1 KStG oder die Abgeltungsteuer (§ 32d EStG) anzuwenden. Es kommt somit zu einer Besteuerung der gesamten fiktiven Gewinnausschüttung mit dem regulären Einkommen- oder Körperschaftsteuertarif. Im Gegenzug zur Gewinnhinzurechnung sind die Dividenden der Zwischengesellschaft steuerfrei (§ 3 Nr. 41 EStG, § 8b Abs. 1 KStG).

Die Hinzurechnungsbesteuerung findet aber nur dann Anwendung, wenn typisierend eine missbräuchliche Gestaltung vorliegt. Dies ist dann gegeben (§ 7 AStG), wenn
— eine Beteiligung an einer in einem Niedrigsteuergebiet ansässigen Kapitalgesellschaft,
— durch einen im Inland unbeschränkt Steuerpflichtigen vorliegt, und
— die Kapitalgesellschaft weitgehend passive Einkünfte erzielt.

Ein Niedrigsteuergebiet ist anzunehmen, wenn die Ertragsteuern weniger als 25 % betragen. Dies gilt auch, wenn eine höhere Steuer zwar geschuldet, aber nicht durchgesetzt wird (§ 8 Abs. 3 AStG). Dieser Steuersatz erscheint vor dem Hintergrund der Absenkung der Körperschaftsteuer auf 15 % und einer Mindestgewerbesteuer von 7 % überhöht, da er über einer in Deutschland ohne Missbrauchsgestaltung erreichbaren Steuerbelastung (22 %) liegt.

Die Beteiligung an einer ausländischen Zwischengesellschaft führt erst dann zur Hinzurechnung, wenn sie durch in Deutschland unbeschränkt Steuerpflichtige beherrscht wird (Beteiligung > 50 %). Erzielt die Zwischengesellschaft Einkünfte mit Kapitalanlagecharakter, so ist jede Beteiligung von mindestens 1 % schädlich.

Die Hinzurechnungsbesteuerung erfolgt nur, wenn die Zwischengesellschaft vorwiegend passive Einkünfte erzielt (§ 8 AStG). Dabei definiert § 8 AStG katalogmäßig die aktiven Tätigkeiten, sodass sich die Passivität als negative Definition ableitet. Der Katalog ist geprägt durch eine Vielzahl von Ausnahmen und Rückausnahmen, orientiert sich aber an den sieben Einkunftsarten des EStG. Als grundsätzlich aktiv gelten dabei (§ 8 Abs. 1):
— eine Land- und Forstwirtschaftliche Tätigkeit (Nr. 1),
— die Herstellung, Bearbeitung und Verarbeitung von Sachen, die Energieerzeugung sowie das Suchen und Gewinnen von Bodenschätzen (Nr. 2),
— Gewinnausschüttungen von Kapitalgesellschaften (Nr. 8).

Bei allen anderen Einkunftsarten ist eine Einzelprüfung vorzunehmen. Bei der Vermietung und Verpachtung von unbeweglichem Vermögen erfolgt die Qualifikation als aktiv nur, wenn der Steuerpflichtige nachweist, dass er bei direkter Vermietung nach dem DBA Anspruch auf die Anwendung der Freistellungsmethode hat (Nr. 6b). Hierbei wird deutlich, dass es nicht nur um die Tätigkeit an sich geht, sondern um die Steuerfolgen bei einer direkten Abwicklung ohne Zwischengesellschaft.

Für die Hinzurechnungsbesteuerung besteht eine Reihe von Ausnahmen. Auf Basis der Rechtsprechung des EuGH ist die Anwendung innerhalb der EU diskriminierend (Verstoß gegen die Niederlassungsfreiheit, Urteil vom 12.09.2006, ECLI:EU:C:2006:544 = C-196/04), da in den §§ 7–14 AStG nach der Ansässigkeit differenziert wird, sodass grenzüberschreitende Gestaltungen schlechter gestellt werden wie Inlandssachverhalte. Nach § 8 Abs. 2 AStG kann der Nachweis erbracht werden, dass die Gesellschaft wirtschaftlich tätig ist und sich am allgemeinen wirtschaftlichen Verkehr bei einer angemessen geschäftlichen Ausstattung beteiligt. Ist dies gegeben, dann entfällt die Hinzurechnungsbesteuerung, wenn die Zwischengesellschaft in einem EU-Mitgliedsstaat ansässig ist und keine Einkünfte mit Kapitalanlagecharakter erzielt.

Daneben bestehen Freigrenzen bei gemischter – aktiver und passiver – Tätigkeit. Überschreiten die passiven Erträge 10 % der gesamten Bruttoerträge nicht, wird auf die Hinzurechnung verzichtet. Dies gilt aber nur dann, wenn der absolute Betrag, der dem Gesellschafter zuzurechnen wäre, 80.000 € nicht übersteigt. Wird die 10 %-Grenze überschritten, erfolgt stets die Hinzurechnung.

Um eine Umgehung der Hinzurechnungsbesteuerung bei ausländischen Zwischengesellschaften durch eine Betriebsstättenlösung zu verhindern, enthält § 20 Abs. 2 AStG eine „Switch-over-Klausel" von der Freistellungs- zur Anrechnungsmethode, wenn eine Betriebsstätte passive Einkünfte im Sinne des § 8 AStG erzielt, in einem Niedrigsteuergebiet liegt und das entsprechende DBA die Freistellungsmethode vorsieht.

Die Regelungen der §§ 7–14 und § 20 Abs. 2 AStG sind Vorschriften, die dem „treaty overriding" zuzuordnen sind. Um die Anwendungsreihenfolge zu klären, enthält § 20 Abs. 1 AStG eine entsprechende Vorbehaltsregelung. Danach geht die Hinzurechnungsbesteuerung grundsätzlich den DBA vor.

Durch die Anti Tax Avoidance Richtlinie besteht die Notwendigkeit die Hinzurechnungsbesteuerung anzupassen (Art. 7 und 8). Zwar enthält die Richtlinie nur Mindeststandards, die meist unterhalb des deutschen Regelungsniveaus bleiben, doch ergeben sich im Detail Anpassungszwänge. Daneben ist zu überlegen, ob von der absoluten Grenze zu Bestimmung des Niedrigsteuergebiets auf die in der ATAD-Richtlinie vorgesehene relative Grenze übergegangen wird. Infrage steht auch, inwieweit weiterhin Dividendenbezüge aktive Einkünfte sein können, da die ATAD-Richtlinie diese den passiven – und damit schädlichen – Einkünften zuordnet.

5.4 Verrechnungspreise

Transaktionen innerhalb eines Konzerns oder zwischen Stammhaus und Betriebsstätte sind geprägt von einem fehlenden Interessensgegensatz. Infolgedessen fehlt es an marktlichen Preismechanismen, sodass durch eine fiktive Preisfestlegung zwischen den Parteien Gewinnverschiebungen möglich werden. Es liegt nahe, dass eine Tendenz besteht, Gewinne in niedriger besteuernde Staaten zu verlagern und dadurch die Gewinne im höher besteuernden Staat entsprechend zu verkürzen.

Beispiel: Gewinnverlagerung durch Preisgestaltung
Betrachtet wird eine Warenlieferung von 1000 Stück durch die Tochtergesellschaft an die Muttergesellschaft. Bei der Tochtergesellschaft fallen Aufwendungen von 5 € je Stück an. Bei der Muttergesellschaft fallen weitere 3 € an Kosten an. Der Verkauf an Dritte durch die Muttergesellschaft erbringt einen Erlös von 15 € je Stück.
Der Konzerngewinn beträgt: $1000 \cdot (15 - 8) = 7000$ €.

Gewinn Tochtergesellschaft (€)	Verrechnungspreis (€)	Gewinn Muttergesellschaft (€)
$1000 \cdot (5 - 5) = 0$	5	$1000 \cdot (15 - 8) = 7000$
$1000 \cdot (6 - 5) = 1000$	6	$1000 \cdot (15 - 9) = 6000$
$1000 \cdot (7 - 5) = 2000$	7	$1000 \cdot (15 - 10) = 5000$
$1000 \cdot (8 - 5) = 3000$	8	$1000 \cdot (15 - 11) = 4000$
$1000 \cdot (9 - 5) = 4000$	9	$1000 \cdot (15 - 12) = 3000$
$1000 \cdot (10 - 5) = 5000$	10	$1000 \cdot (15 - 13) = 2000$
$1000 \cdot (11 - 5) = 6000$	11	$1000 \cdot (15 - 14) = 1000$
$1000 \cdot (12 - 5) = 7000$	12	$1000 \cdot (15 - 15) = 0$

In Abhängigkeit vom Verrechnungspreis für die Warenlieferung der Tochter ergibt sich die Aufteilung des Gesamtgewinns entsprechend auf die beiden Gesellschaften.
Denkbar wäre sogar, dass durch Verrechnungspreise von weniger als 5 € oder mehr als 12 € auch Verluste bei der Tochtergesellschaft bzw. der Muttergesellschaft entstehen.

Entscheidend für die Verrechnungspreisproblematik ist, dass die jeweiligen Gesellschaften bzw. Betriebsstätten separat besteuert werden. Eine

Konzernbesteuerung durch die Ermittlung eines konsolidierten Konzerngewinns und einer anschließenden Verteilung dieses Gewinns auf die beteiligten Staaten würde das Verrechnungspreisproblem in vielen Fällen lösen. Einen Ansatz dazu bieten die EU-Richtlinienentwürfe zur „Gemeinsamen Konsolidierten Körperschaftsteuer-Bemessungsgrundlage" (GKKB).

Die Finanzverwaltungen haben ein berechtigtes Interesse, die innerkonzernlichen Verrechnungspreise auf Marktüblichkeit zu überprüfen. Zur Beurteilung, ob die Preisgestaltung angemessen ist, findet das Fremdvergleichsprinzip (arm's length principle) Anwendung, das sowohl in Art. 9 Abs. 1 OECD-MA als auch in § 1 AStG verankert ist. Allerdings hat der EuGH mit Urteil vom 31.05.2018 (ECLI:EU:C:2018:366 = C-382/16, „Hornbach-Baumarkt") eingeschränkt, dass ggf. wirtschaftliche Gründe vorliegen können, die ein Abweichen von fremdüblichen Bedingungen rechtfertigen können (z. B. Existenzsicherung). Dem Unternehmen ist in solchen Fällen eine Rechtfertigungsmöglichkeit einzuräumen. Die Finanzverwaltung erkennt zumindest bei sanierungsbedingten Maßnahmen wirtschaftliche Gründe an (BMF v. 06.12.2018, BStBl. I, S. 1305).

Hintergrund: Verwaltungsanweisungen
- Grundsätze für die Prüfung der Einkunftsabgrenzung bei international verbundenen Unternehmen (Verwaltungsgrundsätze) vom 23.02.1983 (BStBl. I, S. 218), zuletzt geändert durch BMF vom 12.04.2005 (BStBl. I, S. 570).
- Grundsätze für die Prüfung der Einkunftsabgrenzung zwischen nahestehenden Personen mit grenzüberschreitenden Geschäftsbeziehungen in Bezug auf Ermittlungs- und Mitwirkungspflichten, Berichtigungen sowie auf Verständigungs- und EU-Schiedsverfahren (Verwaltungsgrundsätze-Verfahren), BMF vom 12.04.2005 (BStBl. I, S. 570).
- Grundsätze für die Anwendung des Fremdvergleichsgrundsatzes auf die Aufteilung der Einkünfte zwischen einem inländischen Unternehmen und seiner ausländischen Betriebsstätte und auf die Ermittlung der Einkünfte der inländischen Betriebsstätte eines ausländischen Unternehmens nach § 1 Abs. 5 AStG und der Betriebsstättengewinnaufteilungsverordnung (Verwaltungsgrundsätze Betriebsstättengewinnaufteilung), BMF v. 22.12.2016 (BStBl. 2017 I, S. 182).

Der Fremdvergleich kann in verschiedenen Ausprägungen durchgeführt werden, da die Vergleichbarkeit mit Transaktionen Dritter häufig eingeschränkt ist (◘ Abb. 5.6). Liegt bezüglich der wesentlichen Merkmale einer Transaktion Übereinstimmung vor, findet der uneingeschränkte Fremdvergleich Anwendung (§ 1 Abs. 3 S. 1 AStG). Besteht mit Transaktionen Dritter nur eine eingeschränkte Vergleichbarkeit sind Anpassungsrechnungen notwendig, die den Unterschieden Rechnung tragen sollen (§ 1 Abs. 3 S. 2). In beiden Fällen liegen jedoch konkrete Marktdaten zugrunde. Können solche Werte nicht bestimmt werden, muss ein hypothetischer Fremdvergleich vorgenommen werden. Dies bedeutet, dass durch interne Planungsrechnungen der

5.4 · Verrechnungspreise

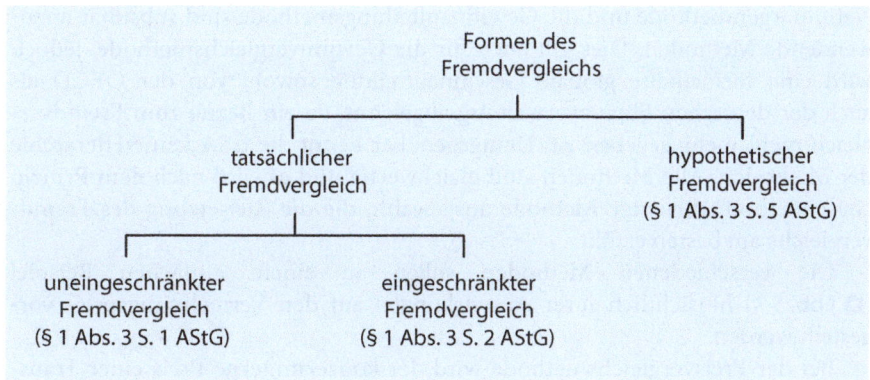

Abb. 5.6 Formen des Fremdvergleichs

Tab. 5.5 Systematik der Verrechnungspreismethoden

	Transaktion	Unternehmen
Preis	Preisvergleichsmethode Wiederverkaufspreismethode Kostenaufschlagsmethode	
Gewinn	Transaktionsbezogene Nettomargenmethode Transaktionsbezogene Gewinnzerlegung	Globale Gewinnzerlegung Globaler Gewinnvergleich

Einigungsbereich zwischen Käufer und Verkäufer zu ermitteln ist. Die Gewinnerwartungen der Transaktionspartner sind zu berücksichtigen. Es ist derjenige Wert des Einigungsbereichs auszuwählen, der zwischen unabhängigen Dritten wahrscheinlich als Preis bestimmt worden wäre. Dementsprechend fehlt es an einem konkreten Marktwert, vielmehr findet eine fiktive Ermittlung statt.

Zur Umsetzung des Fremdvergleichs stehen verschiedene Methoden zur Verfügung (Tab. 5.5). Diese knüpfen zum einen am Preis an und zum anderen am Gewinn. Daneben ist zu unterscheiden, ob sich die Methode auf die einzelne Transaktion oder auf das Unternehmen bezieht.

Nach den OECD-Verrechnungspreis-Richtlinien (VP-RL) und der deutschen Finanzverwaltung ist zwischen Standardmethoden und anderen Methoden zu unterscheiden (Kapitel I, Teil II und III OECD-VP-RL, BMF-Schreiben vom 23.02.1983, Verwaltungsgrundsätze, Rz. 2.4). Den Standardmethoden ist der Vorzug zu geben. Als Standardmethoden zählen die Preisvergleichs-, die Wiederverkaufs- und die Kostenaufschlagsmethode. Die Transaktionsbezogene

Nettomargenmethode und die Gewinnaufteilungsmethode sind subsidiär anzuwendende Methoden. Dies gilt auch für die Gewinnvergleichsmethode, jedoch wird eine formelhafte globale Gewinnaufteilung sowohl von der OECD als auch der deutschen Finanzverwaltung abgelehnt, da ein Bezug zum Fremdvergleich nicht mehr gegeben ist. Demgegenüber kennt die USA keine Hierarchie der Methoden. Alle Methoden sind gleichwertig und es wird nach dem Prinzip „best method" diejenige Methode ausgewählt, die die Zielsetzung des Fremdvergleichs am besten erfüllt.

Die verschiedenen Methoden sollen an einem einfachen Beispiel (◘ Abb. 5.7) hinsichtlich ihrer Auswirkungen auf den Verrechnungspreis vorgestellt werden.

Bei der Preisvergleichsmethode wird der konzerninterne Preis einer Transaktion mit dem Preis bei fremden Dritten verglichen. Da häufig keine zu den konzerninternen Transaktionen vergleichbaren Außentransaktionen vorhanden sind (interner Preisvergleich) können auch entsprechende Transaktionen zwischen Dritten herangezogen werden (externer Preisvergleich). Im Rahmen der Preisvergleichsmethode können begrenzte Unterschiede in den Transaktionsbedingungen durch Anpassungen ausgeglichen werden. Da KU_1 die Ware an Dritte zu 80 verkauft, würde nach dem inneren Preisvergleich dieser Wert – bei gleichen Transaktionsbedingungen – auch für die konzerninterne Transaktion anzusetzen sein.

Die Preisvergleichsmethode ist aus theoretischer Sicht das ideale Verfahren, da es der Idee nach dem Fremdvergleichsgrundsatz entspricht. Allerdings fehlen häufig vergleichbare Transaktionen. Lediglich bei standardisierten Produkten und Dienstleistungen ist die Methode deshalb anwendbar.

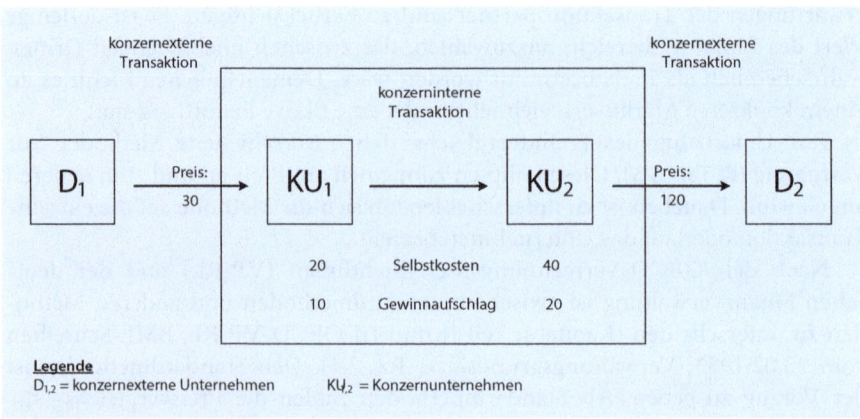

◘ **Abb. 5.7** Struktur des Geschäftsprozesses

5.4 · Verrechnungspreise

Ist die Preisvergleichsmethode nicht anwendbar, kann auf kalkulationsbasierte Methoden zurückgegriffen werden. Dabei erfolgt die Ermittlung des Verrechnungspreises entweder aus Sicht des Beschaffungsmarkts oder des Absatzmarkts:

Bei der Wiederverkaufspreismethode erfolgt eine Absatzorientierung. Vom Wiederverkaufspreis des KU_2 werden die Selbstkosten und der Gewinnaufschlag von KU_2 abgezogen, sodass sich hieraus der Verrechnungspreis ergibt. Im Beispiel ergibt sich ein Verrechnungspreis (VP) von

$$VP = \text{Wiederverkaufspreis} - \text{Selbstkosten } KU_2 - \text{Gewinnaufschlag } KU_2$$

$$VP = 120 - 40 - 20 = 60$$

Diese Methode ist insbesondere dann anwendbar, wenn KU_2 nur einen geringen oder eindeutig bestimmbaren Wertbeitrag leistet. Dies kann zum Beispiel bei Vertriebsgesellschaften gegeben sein. Die dabei übernommene Funktion von KU_2 ist ebenso begrenzt wie das zu tragende Risiko.

Alternativ kann auch die Kostenaufschlagsmethode Anwendung finden. Hier stellt der Beschaffungsmarkt den Ausgangspunkt dar. Zum Konzerneinstandspreis werden die Selbstkosten sowie der Gewinnaufschlag von KU_1 addiert.

$$VP = \text{Einstandspreis} + \text{Selbstkosten } KU_1 + \text{Gewinnaufschlag } KU_1$$

$$VP = 30 + 20 + 10 = 60$$

Die beschriebenen Methoden zeichnen sich dadurch aus, dass der Preis für die Transaktion bestimmt wird. Bei den gewinnorientierten Methoden wird demgegenüber nicht der Preis der Transaktion sondern der aus dem Gewinn für die Konzernunternehmen folgende Transaktionsgewinn ermittelt. Dabei kann die Gewinnbetrachtung sowohl auf Transaktions- als auch auf Unternehmensebene erfolgen.

Bei der Transaktionsbezogenen Nettomargenmethode erfolgt ein Vergleich der Gewinnmarge bei Transaktionen mit Dritten und der Gewinnmarge bei konzerninternen Transaktionen (innerer Margenvergleich). Alternativ kann auch ein Vergleich mit Gewinnmargen bei Geschäften Dritter untereinander erfolgen (äußerer Margenvergleich). Die Gewinnmarge berechnet sich als:

$$\text{Gewinnmarge} = \frac{\text{Gewinn}}{\text{Bezugsgröße (z. B. Kosten, Umsatz)}}$$

Im Beispiel liegt für KU_1 de Gewinnmarge bei 20 % (=10/50). Dementsprechend ergibt sich für KU_1 ein Gewinn von 10 (wie als Gewinnaufschlag angegeben). Der Verrechnungspreis lässt sich nun in Höhe von 60 (=30 + 20 + 10) bestimmen.

Die Methode der Transaktionsbezogenen Gewinnzerlegung ermittelt in einem ersten Schritt den Erfolg des Konzerns durch die Transaktion (T). Anschließend wird in einem zweiten Schritt der Erfolg auf die beteiligten Konzerngesellschaften aufgeteilt. Ausschlaggebend sind die Funktionen und Risiken der Gesellschaften.

Konzernerfolg (T)   = Konzernverkaufspreis − Konzernaufwand

   − Konzerneinkaufspreis

$120 - (20 + 40) - 30 = 30$

Geht man davon aus, dass die Funktion und das Risiko von KU_2 doppelt so groß ist wie von KU_1 (entsprechend der Gewinnaufschläge), so ergibt sich für KU_1 ein Gewinnanteil von 10 und für KU_2 von 20.

Während bei den bisherigen Methoden stets die Transaktion im Mittelpunkt stand, lösen sich die Globalen Gewinnmethoden hiervon und betrachten den Konzerngewinn. Bei der Globalen Gewinnzerlegung wird der Konzerngewinn ermittelt und nach einem Verteilungsschlüssel auf die Konzernunternehmen verteilt. Beim Globalen Gewinnvergleich wird ebenfalls nicht die Transaktion betrachtet. Vielmehr werden Renditekennzahlen für die Konzernunternehmen ermittelt und anschließend die Kennzahl mit derjenigen eines konzernfremden Unternehmens verglichen. Zeigt sich eine Abweichung jenseits der Toleranzgrenze, wird der Gewinn der Konzerngesellschaft korrigiert. Es wird die Vermutung aufgestellt, dass Renditeunterschiede der Vergleichsunternehmen auf Verrechnungspreise zurückzuführen sind.

Um im Nachhinein einer Kontrolle durch die Finanzverwaltung zugänglich zu sein, bestehen umfangreiche Mitwirkungspflichten, insbesondere Aufzeichnungspflichten. Grundlage hierfür bildet § 90 Abs. 3 AO.

> **Auf den Punkt gebracht**
> „Ein Steuerpflichtiger hat über die Art und den Inhalt seiner Geschäftsbeziehungen im Sinne des § 1 Absatz 4 des Außensteuergesetzes Aufzeichnungen zu erstellen. Die Aufzeichnungspflicht umfasst neben der Darstellung der Geschäftsvorfälle (Sachverhaltsdokumentation) auch die wirtschaftlichen und rechtlichen Grundlagen für eine den Fremdvergleichsgrundsatz beachtende Vereinbarung von Bedingungen, insbesondere Preisen (Verrechnungspreisen), sowie Informationen zum Zeitpunkt der Verrechnungspreisbestimmung, zur verwendeten Verrechnungspreismethode und zu den verwendeten Fremdvergleichsdaten (Angemessenheitsdokumentation). Hat ein Steuerpflichtiger Aufzeichnungen im Sinne des Satzes 1 für ein Unternehmen zu erstellen,

das Teil einer multinationalen Unternehmensgruppe ist, so gehört zu den Aufzeichnungen auch ein Überblick über die Art der weltweiten Geschäftstätigkeit der Unternehmensgruppe und über die von ihr angewandte Systematik der Verrechnungspreisbestimmung, es sei denn, der Umsatz des Unternehmens hat im vorangegangenen Wirtschaftsjahr weniger als 100 Millionen Euro betragen."
(§ 90 Abs. 3 Satz 1 – 3 AO).

Für die Vorlage der Unterlagen gegenüber der Finanzverwaltung ist in der Regel eine Frist von 60 Tagen vorgesehen, bei außerordentlichen Geschäftsvorfällen von 30 Tagen, jedoch kann die Frist im Einzelfall auch verlängert werden.

Die Konkretisierung von § 90 Abs. 3 AO erfolgt durch die Gewinnabgrenzungsaufzeichnungsverordnung (GAufzV v. 12.07.2017, BGBl. I, S. 2367), in der die Mitwirkungspflichten bei Sachverhalten mit Auslandsbezug näher geregelt sind. Die GAufzV regelt explizit die Aufzeichnungspflichten bei Geschäftsbeziehungen zu nahe stehenden Personen im Sinne von § 1 Abs. 2 AStG.

Die Neufassung von 2017 setzt die Dokumentationsvorgaben des BEPS-Aktionspunkts 13 um und geht zum Teil sogar über diese hinaus. Aus der Dokumentation muss ersichtlich werden, dass der Fremdvergleichsgrundsatz eingehalten wurde. Die Aufzeichnungen sind schriftlich oder elektronisch (§ 2 GAufzV) sowie zeitnah (§ 3 GAufzV) zu erstellen. Als zeitnah gilt die Erstellung innerhalb von sechs Monaten nach Ende des Wirtschaftsjahres in dem sich der jeweilige Geschäftsvorfall ereignet hat. Die Aufzeichnungen müssen allgemeine Informationen über Beteiligungsverhältnisse, Geschäftsbeziehungen sowie Funktions-, Risiko-, und Verrechnungspreisanalysen enthalten (§ 4 GAufzV). Diese Dokumentationsanforderungen werden auch als Verrechnungspreisdokumentation (◘ Tab. 5.6) bezeichnet.

Die Verrechnungspreisdokumentation ist dreiteilig aufgebaut. Zur Stammdokumentation (Master File), die insbesondere der Darstellung der Konzernstrategie dient, kommt die landesspezifische Dokumentation (Local File) sowie ggf. das Country-by-Country-Reporting. Ein Master File ist zu erstellen, wenn die Umsatzschwelle von 100 Mio. € im Vorjahr überschritten wird, das Country-by-Country-Reporting hingegen erst ab einer Umsatzschwelle von 750 Mio. € (§ 138a Abs. 1 AO).

Weniger strenge Anforderungen werden gem. § 6 GAufzV an die Dokumentation bei Steuerpflichtigen, die keine Gewinneinkünfte erzielen sowie an kleine Unternehmen i. S. v. § 6 Abs. 2 S. 1 GAufzV gestellt. Bei Nichteinhaltung der Dokumentationspflichten ist die Finanzverwaltung über § 162 Abs. 3 und 4 AO zur Schätzung sowie zur Festsetzung von Strafzuschlägen ermächtigt.

■ Tab. 5.6 Inhalte einer Verrechnungspreisdokumentation

Darstellung der Beteiligungsverhältnisse, des Geschäftsbetriebs und des Organisationsaufbaus	Welche Beziehungen existieren zu verbundenen Unternehmen i.S. von § 1 Abs. 2 AStG und welche Tätigkeitsbereiche werden von den jeweiligen Gesellschaften übernommen?
Darstellung der Geschäftsbeziehungen zwischen dem Steuerpflichtigen und den verbundenen Unternehmen	Art und Übersicht über Transaktionen zwischen den verbundenen Unternehmen sowie den zugrunde liegenden Verträgen. Darstellung der immateriellen Wirtschaftsgüter, die im Rahmen der Transaktion zur Nutzung überlassen werden
Funktions- und Risikoanalyse	Darstellung der jeweilig ausgeübten Funktionen der verbundenen Unternehmen sowie der übernommenen Risiken. Beschreibung der Wertschöpfungskette und der Berechnung des Wertschöpfungsbeitrags des Steuerpflichtigen im Vergleich zu den nahestehenden Personen (verbundenen Unternehmen)
Verrechnungspreisanalyse	Darstellung der angewandten Verrechnungspreismethoden, Begründung und Nachweis über die Art der Berechnung sowie Angemessenheitsprüfung
Besondere Aufzeichnungspflichten	Beispielhaft: Änderung von Geschäftsstrategien, Verträge über Verrechnungspreiszusagen ausländischer Steuerverwaltungen, Ursache von Verlusten bei Steuerpflichtigen oder nahestehenden Personen

Die Anwendung der Verrechnungspreismethoden wirft aber auch Probleme auf, da nicht gewährleistet werden kann, dass die Finanzverwaltungen der beteiligten Staaten die gleichen Methoden anwenden oder gar identische Verrechnungspreise ermitteln. Dementsprechend sieht Art. 9 Abs. 2 OECD-MA vor, dass der jeweils andere Staat eine Gegenkorrektur in gleicher Höhe vornimmt. Besteht zwischen den Staaten keine Einigkeit über den Verrechnungspreis, ist eine Doppelbesteuerung nicht ausgeschlossen. Zwar sehen alle DBA für solche Fälle ein Verständigungsverfahren (Art. 25 OECD-MA; Merkblatt zum internationalen Verständigungs- und Schiedsverfahren auf dem Gebiet der Steuern vom Einkommen und vom Vermögen: BMF vom 09.10.2018, BStBl. I 2018, S. 1122) vor, doch besteht nach vielen DBA kein Einigungszwang. Allerdings kann dann ggf. im Wege einer Billigkeitsmaßnahme die Doppelbesteuerung vermieden werden. Soweit im DBA vorgesehen, kann auch ein Schiedsverfahren eingeleitet werden.

Innerhalb der EU greift die EU-Schiedskonvention (90/436/EWG vom 23.07.1990, Abl. L 225, S. 10 vom 20.08.1990). Soweit innerhalb von zwei Jahren im Rahmen eines Verständigungsverfahrens keine Einigung erzielt werden kann, besteht die Möglichkeit eines Schiedsverfahrens, in dem die Doppelbesteuerung vermieden werden soll. Es handelt sich dabei nicht um eine Richtlinie, sondern um ein multilaterales Abkommen. Die Mitgliedstaaten werden dadurch rechtlich nicht gebunden. Die Konvention entzieht sich auch der Zuständigkeit des EuGH. In neueren DBA werden häufiger in Ergänzung zu Verständigungs- auch Schiedsverfahren aufgenommen.

Um die Rechtssicherheit für die Steuerpflichtigen zu erhöhen, besteht in Deutschland – nach dem Vorbild der USA – die Möglichkeit von Vorabverständigungsverfahren („Advance Pricing Agreement"; Merkblatt für bilaterale oder multilaterale Vorabverständigungsverfahren auf der Grundlage der DBA zur Erteilung verbindlicher Vorabzusagen über Verrechnungspreise zwischen international verbundenen Unternehmen: BMF vom 05.10.2006, Az. IV B4 – S 1341 – 38/06) mit der Finanzverwaltung über die anzuwendende Verrechnungspreismethode bzw. die Verrechnungspreise.

5.5 Lern-Kontrolle

Kurz und bündig

Der Hase-Igel-Wettlauf:
Durch Steuergestaltungen haben internationale Konzerne die *Konzernsteuerquoten* deutlich gesenkt. Dazu dienten legale Gestaltungsinstrumente, die an den Schnittstellen der jeweiligen nationalen Steuersysteme ansetzten und Qualifikationskonflikte ausnutzten.

Auf internationaler wie nationaler Ebene versuchen die Staaten diese Gestaltungsinstrumente einzuschränken (◘ Abb. 5.8). Die OECD koordiniert die internationale Abstimmung der Steuersysteme, die EU passt die Richtlinien an und die nationalen Steuergesetzgeber schließen Steuerlücken.

Auch Deutschland hat eine Reihe von Gesetzesänderungen vorgenommen, um eine doppelte Nichtbesteuerung *(„weiße Einkünfte")* zu vermeiden und das deutsche Besteuerungsrecht zu sichern. Als Konsequenz kann es im Einzelfall aber auch zur Doppelbesteuerung kommen.

Zielsetzung der internationalen Staatengemeinschaft ist es, die *Besteuerung stärker an der Wertschöpfung zu orientieren*, sodass insbesondere die Nutzung von Steueroasen weniger Steuerausfälle nach sich zieht.

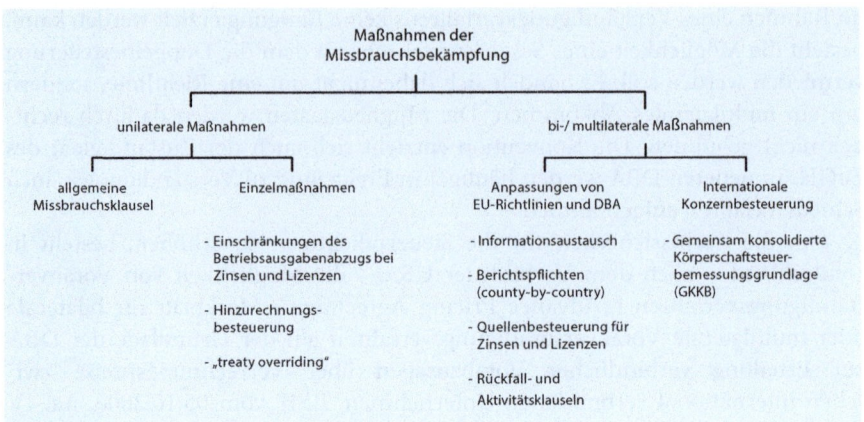

Abb. 5.8 Maßnahmen der Missbrauchsbekämpfung

? Let's check
1. Hybride Finanzierungsmittel führen im internationalen Kontext in vielen Fällen zu Qualifikationskonflikten. Stellen Sie das grundsätzliche Problem dieses Qualifikationskonfliktes dar.
2. Die deutsche A-AG möchte sich zu 8 % an der US-amerikanischen Y-LLC beteiligen. Da sie aufgrund dieser Minderheitsbeteiligung nicht die Gewinnausschüttungen aus der Y-LLC kontrollieren kann und ebenso die Dividenden einer vollen Besteuerung in Deutschland unterliegen (keine Steuerbefreiung nach § 8b Abs. 4 KStG), gründet die A-AG eine Zwischengesellschaft auf den Cayman Islands. Diese dort ansässige Gesellschaft hält die Beteiligung an der Y-LLC und vereinnahmt die Dividenden um eine deutsche Besteuerung zu verhindern. Zeigen Sie die Folgen der deutschen Hinzurechnungsbesteuerung für die gewählte Gestaltung auf.
3. Die luxemburgische Z-S.A.R.L. (Kapitalgesellschaft nach luxemburgischem Recht) gründet in Deutschland ein Tochterunternehmen (Z-AG) um den Vertrieb der hergestellten Waren in Deutschland zu ermöglichen. Die deutsche Z-AG kauft die Waren direkt bei ihrer Muttergesellschaft ein und veräußert diese an Endkunden in Deutschland weiter. Damit in Deutschland kein Gewinn anfällt, wird der Preis der Waren von der Z-S.A.R.L. für die Z-AG nahe unter dem endgültigen Endkundenverkaufspreis festgelegt. Fremde Unternehmen würden die Waren zu einem niedrigeren Preis einkaufen können. Ist dieses Vorgehen unter dem Gesichtspunkt der Steuergestaltung möglich?

4. Der Gründungsgesellschafter Fritz Sand der hanseatischen Sand- und Kiesel-AG (Beteiligung 80 %) möchte der deutschen Besteuerung durch den Wegzug ins Ausland entgehen. Er verlegt seinen Wohnsitz in die Schweiz und kommt nur für wenige Tage im Jahr nach Deutschland zurück. Bereits vor seinem Wegzug hat er die deutsche Staatsangehörigkeit abgelegt. Die Anschaffungskosten für die Beteiligung an der Sand- und Kiesel-AG betrugen 50.000 €. Im Zeitpunkt des Wegzugs liegt der gemeine Wert bei 200.000 €. Zeigen Sie die steuerlichen Folgen für den Gründungsgesellschafter A auf, die aufgrund des Wegzugs in die Schweiz entstehen.

❓ Vernetzende Aufgaben

1. Was versteht man im Rahmen der internationalen Steuergestaltung unter dem Begriff des „Treaty Shopping"? Beurteilen Sie diese Form der Ausnutzung internationaler Abkommen unter den Begriffen der Legitimität und Legalität.
2. Um Missbrauch entgegen zu wirken, hat der deutsche Gesetzgeber eine Vielzahl von Vorschriften erlassen, insbesondere zur Problematik der Verrechnungspreisgestaltung. Um zudem einer übermäßigen Fremdfinanzierung aus dem Ausland entgegen zu wirken, wurde in Deutschland sowie in vielen Nachbarländern die Zinsschranke eingeführt. Der Gesetzgeber hat zudem auch für Lizenzzahlungen eine Beschränkung der Abzugsfähigkeit eingeführt (4j EStG). Vergleichen Sie die Zinsschranke mit der Lizenzschranke hinsichtlich der Ausgestaltung. Können durch diese Schrankenregelungen Einkünfteverlagerung in das Ausland sinnvoll verhindert werden?

ℹ️ Lesen und vertiefen

— Kaul, V.: Der Nexus-Ansatz – Auswirkungen auf IP-Boxen und Alternativansätze. SpringerGabler, Wiesbaden (2018)
Die Verfasserin gibt einen Überblick über den von der OECD entwickelten Nexus-Ansatz für Lizenzgestaltungen bei geistigem Eigentum und die Auswirkungen auf IP-Boxen.
— Wilke, K. et. al.: Fallsammlung Internationales Steuerrecht. NWB, 13. Aufl., Herne (2019)
151 Übungsfälle zum Themengebiet des internationalen Steuerrechts ermöglichen eine vertiefende Bearbeitung von Fällen internationaler Steuerplanung und Besteuerung.

Literatur

Brunsbach, S., Endres, D., Lüdicke, J., & Schnitger, A. (2013). *Deutsche Abkommenspolitik – Trends und Entwicklungen 2012/2013* (ifst-Schriftenreihe, Bd. 492). Berlin: Institut Finanzen und Steuern e. V.

Bürkle, F., & Ullmann, R. (2013). Die Betriebsstättendefinition des Art. 4 OECD-Musterabkommen: Aktuelle Änderungen bei Bau- und Montage- sowie Dienstleistungsbetriebsstätten. *Deutsches Steuerrecht, 52,* 944–949.

Egner, T. (2016). (Aggressive) Steuerplanung – Ein Kind der Globalisierung? In S. Eckert & G. Trautnitz (Hrsg.), *Internationales Management und die Grundlagen des globalisierten Kapitalismus* (S. 321–339). Wiesbaden: Springer Gabler.

Grotherr, S., Herfort, C., & Strunk, G. (2019). *Internationales Steuerrecht* (4. Aufl.). Achim: Erich Fleischer Verlag.

Hanken, J., & Kleinhietpaß, G. (2016). *Verrechnungspreise im Spannungsfeld von Controlling und Steuern* (2. Aufl.). Freiburg: Haufe-Lexware.

Hüning, C., Hennemann-Raschke, V., & Kampes, R. (2017). Änderungen der Gewinnabgrenzungsaufzeichnungs-Verordnung (GAufzV). *IWB, 20,* 779–786.

Jonas, B. (2013). Die schleichende Erhöhung der Steuerquoten. *Betriebs-Berater, 68,* 1111–1116.

Pinkernell, R. (2012). Ein Musterfall zur internationalen Steuerminimierung durch US-Konzerne. *Steuer und Wirtschaft, 42,* 369–374.

Pinkernell, R. (2014). *Internationale Steuergestaltung im Electronic Commerce* (ifst-Schriftenreihe, Bd. 494). Berlin: Institut Finanzen und Steuern e. V.

Richter, L., & Hontheim, S. (2013). Double Irish with a Dutch Sandwich: Pikante Steuergestaltung der US-Konzerne. *Der Betrieb, 66,* 1260–1264.

Schneider, D. (1997). Steuervermeidung: Ein Kavaliersdelikt? *Der Betrieb, 50,* 485–490.

Serviceteil

Tipps fürs Studium und fürs Lernen – 228

Der Abschnitt „Tipps fürs Studium und fürs Lernen" wurde von Andrea Hüttmann verfasst.

© Springer Fachmedien Wiesbaden GmbH, ein Teil von Springer Nature 2019
T. Egner, *Internationale Steuerlehre*, Studienwissen kompakt,
https://doi.org/10.1007/978-3-658-25324-0

Tipps fürs Studium und fürs Lernen

- **Studieren Sie!**
Studieren erfordert ein anderes Lernen, als Sie es aus der Schule kennen. Studieren bedeutet, in Materie abzutauchen, sich intensiv mit Sachverhalten auseinanderzusetzen, Dinge in der Tiefe zu durchdringen. Studieren bedeutet auch, Eigeninitiative zu übernehmen, selbstständig zu arbeiten, sich autonom Ziele zu setzen, anstatt auf konkrete Arbeitsaufträge zu warten. Ein Studium erfolgreich abzuschließen erfordert die Fähigkeit, der Lebensphase und der Institution angemessene effektive Verhaltensweisen zu entwickeln – hierzu gehören u. a. funktionierende Lern- und Prüfungsstrategien, ein gelungenes Zeitmanagement, eine gesunde Portion Mut und viel pro-aktiver Gestaltungswille. Im Folgenden finden Sie einige erfolgserprobte Tipps, die Ihnen beim Studieren Orientierung geben, einen grafischen Überblick dazu zeigt. Abb. A.1.

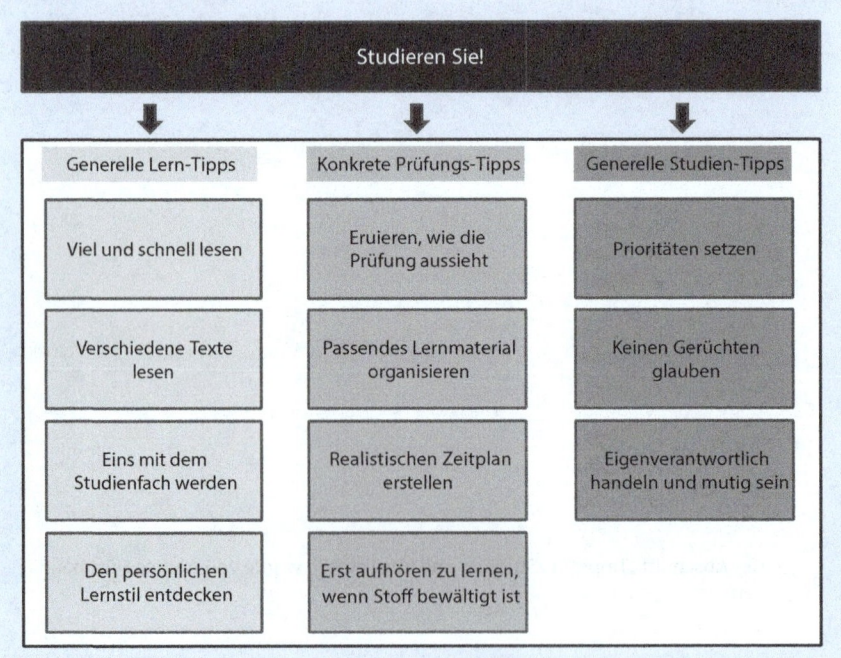

Abb. A.1 Tipps im Überblick

Lesen Sie viel und schnell

Studieren bedeutet, wie oben beschrieben, in Materie abzutauchen. Dies gelingt uns am besten, indem wir zunächst einfach nur viel lesen. Von der Lernmethode – lesen, unterstreichen, heraus schreiben – wie wir sie meist in der Schule praktizieren, müssen wir uns im Studium verabschieden. Sie dauert zu lange und raubt uns kostbare Zeit, die wir besser in Lesen investieren sollten. Selbstverständlich macht es Sinn, sich hier und da Dinge zu notieren oder mit anderen zu diskutieren. Das systematische Verfassen von eigenen Text-Abschriften aber ist im Studium – zumindest flächendeckend – keine empfehlenswerte Methode mehr. Mehr und schneller lesen schon eher ...

Werden Sie eins mit Ihrem Studienfach

Jenseits allen Pragmatismus sollten wir uns als Studierende eines Faches – in der Summe – zutiefst für dieses interessieren. Ein brennendes Interesse muss nicht unbedingt von Anfang an bestehen, sollte aber im Laufe eines Studiums entfacht werden. Bitte warten Sie aber nicht in Passivhaltung darauf, begeistert zu werden, sondern sorgen Sie selbst dafür, dass Ihr Studienfach Sie etwas angeht. In der Regel entsteht Begeisterung, wenn wir die zu studierenden Inhalte mit lebensnahen Themen kombinieren: Wenn wir etwa Zeitungen und Fachzeitschriften lesen, verstehen wir, welche Rolle die von uns studierten Inhalte im aktuellen Zeitgeschehen spielen und welchen Trends sie unterliegen; wenn wir Praktika machen, erfahren wir, dass wir mit unserem Know-how – oft auch schon nach wenigen Semestern – Wertvolles beitragen können. Nicht zuletzt: Dinge machen in der Regel Freude, wenn wir sie beherrschen. Vor dem Beherrschen kommt das Engagement: Engagieren Sie sich also und werden Sie eins mit Ihrem Studienfach!

Entdecken Sie Ihren persönlichen Lernstil

Jenseits einiger allgemein gültiger Lern-Empfehlungen muss jeder Studierende für sich selbst herausfinden, wann, wo und wie er am effektivsten lernen kann. Es gibt die Lerchen, die sich morgens am besten konzentrieren können, und die Eulen, die ihre Lernphasen in den Abend und die Nacht verlagern. Es gibt die visuellen Lerntypen, die am liebsten Dinge aufschreiben und sich anschauen; es gibt auditive Lerntypen, die etwa Hörbücher oder eigene Sprachaufzeichnungen verwenden. Manche bevorzugen Karteikarten verschiedener Größen, andere fertigen sich auf Flipchart-Bögen Übersichtsdarstellungen an, einige können während des Spazierengehens am besten auswendig lernen, andere tun dies in einer Hängematte. Es ist egal, wo und wie Sie lernen. Wichtig ist, dass Sie einen für sich effektiven Lernstil ausfindig machen und diesem – unabhängig von Kommentaren Dritter – treu bleiben.

Bringen Sie in Erfahrung, wie die bevorstehende Prüfung aussieht

Die Art und Weise einer Prüfungsvorbereitung hängt in hohem Maße von der Art und Weise der bevorstehenden Prüfung ab. Es ist daher unerlässlich, sich immer wieder bezüglich des Prüfungstyps zu informieren. Wird auswendig Gelerntes abgefragt? Ist Wissenstransfer gefragt? Muss man selbstständig Sachverhalte darstellen? Ist der Blick über den Tellerrand gefragt? Fragen Sie Ihre Dozenten. Sie müssen Ihnen zwar keine Antwort geben, doch die meisten Dozenten freuen sich über schlau formulierte Fragen, die das Interesse der Studierenden bescheinigen und werden Ihnen in irgendeiner Form Hinweise geben. Fragen Sie Studierende höherer Semester. Es gibt immer eine Möglichkeit, Dinge in Erfahrung zu bringen. Ob Sie es anstellen und wie, hängt von dem Ausmaß Ihres Mutes und Ihrer Pro-Aktivität ab.

Decken Sie sich mit passendem Lernmaterial ein

Wenn Sie wissen, welcher Art die bevorstehende Prüfung ist, haben Sie bereits viel gewonnen. Jetzt brauchen Sie noch Lernmaterialien, mit denen Sie arbeiten können. Bitte verwenden Sie niemals die Aufzeichnungen Anderer – sie sind inhaltlich unzuverlässig und nicht aus Ihrem Kopf heraus entstanden. Wählen Sie Materialien, auf die Sie sich verlassen können und zu denen Sie einen Zugang finden. In der Regel empfiehlt sich eine Mischung – für eine normale Semesterabschlussklausur wären das z. B. Ihre Vorlesungs-Mitschriften, ein bis zwei einschlägige Bücher zum Thema (idealerweise eines von dem Dozenten, der die Klausur stellt), ein Nachschlagewerk (heute häufig online einzusehen), eventuell prüfungsvorbereitende Bücher, etwa aus der Lehrbuchsammlung Ihrer Universitätsbibliothek.

Tipps fürs Studium und fürs Lernen

Erstellen Sie einen realistischen Zeitplan

Ein realistischer Zeitplan ist ein fester Bestandteil einer soliden Prüfungsvorbereitung. Gehen Sie das Thema pragmatisch an und beantworten Sie folgende Fragen: Wie viele Wochen bleiben mir bis zur Klausur? An wie vielen Tagen pro Woche habe ich (realistisch) wie viel Zeit zur Vorbereitung dieser Klausur? (An dem Punkt erschreckt und ernüchtert man zugleich, da stets nicht annähernd so viel Zeit zur Verfügung steht, wie man zu brauchen meint.) Wenn Sie wissen, wie viele Stunden Ihnen zur Vorbereitung zur Verfügung stehen, legen Sie fest, in welchem Zeitfenster Sie welchen Stoff bearbeiten. Nun tragen Sie Ihre Vorhaben in Ihren Zeitplan ein und schauen, wie Sie damit klar kommen. Wenn sich ein Zeitplan als nicht machbar herausstellt, verändern Sie ihn. Aber arbeiten Sie niemals ohne Zeitplan!

Beenden Sie Ihre Lernphase erst, wenn der Stoff bewältigt ist

Eine Lernphase ist erst beendet, wenn der Stoff, den Sie in dieser Einheit bewältigen wollten, auch bewältigt ist. Die meisten Studierenden sind hier zu milde im Umgang mit sich selbst und orientieren sich exklusiv an der Zeit. Das Zeitfenster, das Sie für eine bestimmte Menge an Stoff reserviert haben, ist aber nur ein Parameter Ihres Plans. Der andere Parameter ist der Stoff. Und eine Lerneinheit ist erst beendet, wenn Sie das, was Sie erreichen wollten, erreicht haben. Seien Sie hier sehr diszipliniert und streng mit sich selbst. Wenn Sie wissen, dass Sie nicht aufstehen dürfen, wenn die Zeit abgelaufen ist, sondern erst wenn das inhaltliche Pensum erledigt ist, werden Sie konzentrierter und schneller arbeiten.

Setzen Sie Prioritäten

Sie müssen im Studium Prioritäten setzen, denn Sie können nicht für alle Fächer denselben immensen Zeitaufwand betreiben. Professoren und Dozenten haben die Angewohnheit, die von ihnen unterrichteten Fächer als die bedeutsamsten überhaupt anzusehen. Entsprechend wird jeder Lehrende mit einer unerfüllbaren Erwartungshaltung bezüglich Ihrer Begleitstudien an Sie herantreten. Bleiben Sie hier ganz nüchtern und stellen Sie sich folgende Fragen: Welche Klausuren muss ich in diesem Semester bestehen? In welchen sind mir gute Noten wirklich wichtig? Welche Fächer interessieren mich am meisten bzw. sind am bedeutsamsten für die Gesamtzusammenhänge meines Studiums? Nicht zuletzt: Wo bekomme ich die meisten Credits? Je nachdem, wie Sie diese Fragen beantworten, wird Ihr Engagement in der Prüfungsvorbereitung ausfallen. Entscheidungen dieser Art sind im Studium keine böswilligen Demonstrationen von Desinteresse, sondern schlicht und einfach überlebensnotwendig.

Glauben Sie keinen Gerüchten

Es werden an kaum einem Ort so viele Gerüchte gehandelt wie an Hochschulen – Studierende lieben es, Durchfallquoten, von denen Sie gehört haben, jeweils um 10–15 % zu erhöhen, Geschichten aus mündlichen Prüfungen in Gruselgeschichten zu verwandeln und Informationen des Prüfungsamtes zu verdrehen. Glauben Sie nichts von diesen Dingen und holen Sie sich alle wichtigen Informationen dort, wo man Ihnen qualifiziert und zuverlässig Antworten erteilt. 95 % der Geschichten, die man sich an Hochschulen erzählt, sind schlichtweg erfunden und das Ergebnis von ‚Stiller Post'.

Handeln Sie eigenverantwortlich und seien Sie mutig

Eigenverantwortung und Mut sind Grundhaltungen, die sich im Studium mehr als auszahlen. Als Studierende verfügen Sie über viel mehr Freiheit als als Schüler: Sie müssen nicht immer anwesend sein, niemand ist von Ihnen persönlich enttäuscht, wenn Sie eine Prüfung nicht bestehen, keiner hält Ihnen eine Moralpredigt, wenn Sie Ihre Hausaufgaben nicht gemacht haben, es ist niemandes Job, sich darum zu kümmern, dass Sie klar kommen. Ob Sie also erfolgreich studieren oder nicht, ist für niemanden von Belang außer für Sie selbst. Folglich wird nur der eine Hochschule erfolgreich verlassen, dem es gelingt, in voller Überzeugung eigenverantwortlich zu handeln. Die Fähigkeit zur Selbstführung ist daher der Soft Skill, von dem Hochschulabsolventen in ihrem späteren Leben am meisten profitieren. Zugleich sind Hochschulen Institutionen, die vielen Studierenden ein Übermaß an Respekt einflößen: Professoren werden nicht unbedingt als vertrauliche Ansprechpartner gesehen, die Masse an Stoff scheint nicht zu bewältigen, die